Meinem lieben Kollegen
Hans Maaß
mit besten Wünschen und in
freundschaftlicher Verbundenheit

12/1/03

Freude an der Tora · Freude am Dialog

Henry G. Brandt

Freude an der Tora · Freude am Dialog

Herausgegeben von

Manfred Keller und Andreas Nachama

KAMP

Für die finanzielle Ünterstützung der Drucklegung sagen wir herzlichen Dank:

Bistum Essen
Bistum Münster
Erzbistum Paderborn
Evangelische Akademikerschaft Westfalen
Evangelische Kirche von Westfalen
Land Nordrhein-Westfalen
Landesverband der Jüdischen Gemeinden Westfalen-Lippe
Landschaftsverband Westfalen-Lippe
Stadt Dortmund

Henry G. Brandt: Freude an der Tora · Freude am Dialog

Herausgeber: Manfred Keller und Andreas Nachama
Redaktion: Renate Blätgen und Christiane Fork
Umschlaggestaltung und Layout: Franz Josef Terlinde
Gesamtherstellung: Verlag und Druckkontor Kamp GmbH, Bochum

© Verlag und Druckkontor Kamp GmbH
Bochum 2002
ISBN 3-89709-203-4

Inhalt

Geleitwort *Johannes Rau*	9
Grußwort *Paul Spiegel*	13
Vorwort der Herausgeber	15
Geboren unter weißblauem Himmel Autobiographische Skizze *Henry G. Brandt*	17

TEIL I
FREUDE AN DER TORA

Mit und für den Menschen Einführung *Andreas Nachama*	39

Simchat tora – Jüdische Welten

Judentum hat viele Gesichter	41
Ein Platz der Hoffnung Zur Einweihung der Gedenkstätte Norden	44
Das Scheitern des Ebenbildes Gottes	48

Chag sameach – Jüdisches am Feiertag

Die Freiheit des Menschen	58
Blaupause für die Schöpfung	61
Der Mensch muß sich ändern	64
Die Synagoge weint	67
Aus den Tiefen rufe ich dich an, o Gott	70
Der Lulaw steht für menschliche Tugenden	74
Gottes Wort ist nicht im Himmel	77
Im Licht erkennt der Mensch den sicheren Weg	80
An einen Morgen glauben	83

Schabbat schalom – Toralesen heisst verstehen

Ein guter Name ist besser als viel Reichtum — 86
Lech Lecha (1 Moses 12,1–17,27)

Nicht in Vollkommenheit geboren — 90
Wajeze (1 Moses 28,10–32,3)

Allein – von Angst erfüllt — 93
Wajischlach (1 Moses 32,4–36,43)

Der Mensch denkt und Gott lenkt — 96
Beschalach (2 Moses 13,17–17,16)

Es ist nicht gut, daß der Mensch allein sei — 99
Tezawe (2 Moses 27,20–30,10)

Der Mann, der Schlimmeres verhütet — 102
Ki Tissa (2 Moses 30,11–34,35)

Meine Kinder haben mich besiegt — 106
Pekude (2 Moses 38,21–40,38)

Du bist ein Deserteur — 110
Bechukotaj (3 Moses 26,3–27,34)

Beten mit ganzem Herzen und mit ganzer Seele — 113
Bemidbar (4 Moses 1,1–4,20)

Es gibt keinen Menschen, der nicht seine Stunde hat — 116
Schelach Lecha (4 Moses 13,1–15,41)

Die Hauptsache zur Hauptsache machen — 120
Matot (4 Moses 30,2–32,42)

Himmelwärts erhobenen Hauptes — 124
Nizzawim (5 Moses 29,9–30,20)

Aus dem Leben eines Rabbiners

Der reisende Rabbiner — 127
Sara-Ruth Schumann

Schwer zu erwischen, aber immer da — 131
Anke Klapsing-Reich

TEIL II
FREUDE AM DIALOG

Ein Steg, noch keine feste Brücke — 139
Einführung
Manfred Keller

ANSPRACHEN DES JÜDISCHEN VORSITZENDEN DES DKR

40 Jahre Deutscher KoordinierungsRat — 143
Festakt Bad Nauheim 1991

50 Jahre Gesellschaft für Christlich-Jüdische
Zusammenarbeit Düsseldorf — 146
Festakt Düsseldorf 2001

Verwirklichte Hoffnung – 40 Jahre Staat Israel — 150
Woche der Brüderlichkeit 1988

Europa – Erbe und Auftrag — 153
Woche der Brüderlichkeit 1992

Wenn nicht ich, wer? Wenn nicht jetzt, wann? — 156
Woche der Brüderlichkeit 1998

... denn er ist wie Du — 160
Woche der Brüderlichkeit 2001

Über Grenzen hinweg — 163
Woche der Brüderlichkeit 1991

Gehen zwei zusammen,
 ohne daß sie sich verständigt hätten — 167
Woche der Brüderlichkeit 1989

1945–1995: Aus der Befreiung leben — 170
Woche der Brüderlichkeit 1995

JÜDISCH-CHRISTLICHE DIALOGE VOR ORT

Judentum und Christentum – Zwei Glaubensweisen — 175

Schalom: Dialogpredigt über Jesaja 11,1–10 — 185
Henry G. Brandt und Martin Stöhr

Wie im Himmel so auf Erden   198
Katholikentag Berlin 1990

Glaubensgespräche in der Marktkirche Hannover   204
Hans Werner Dannowski

Dortmunder Dialoge   207
Günter Birkmann
Dialog zu Religion und Politik
Henry G. Brandt und Klaus Wengst

Studienkurs in der Evangelischen Stadtakademie Bochum   214
Einführung in das Judentum
Manfred Keller

BEITRÄGE ZUR NEUORIENTIERUNG VON KIRCHE UND JUDENTUM

Henry G. Brandt und die Synodalerklärung der
Evangelisch-Lutherischen Kirche Hannover   218
Hans Werner Dannowski

Henry G. Brandt und die Synodalerklärung der
Evangelischen Kirche von Westfalen   222
Manfred Keller

Ist der Dialog wirklich schon ein Dialog?   229
Henry G. Brandt

ANHANG

Veröffentlichungsnachweise   235

Abbildungsnachweise   238

Autorinnen und Autoren   239

Geleitwort

Während ich darüber nachdenke, mit welchen Worten eine Würdigung zu Ihrem fünfundsiebzigsten Geburtstag am besten beginnen könnte, sind die Zeitungen und die Fernsehnachrichten bestimmt von der grauenhaften Tat eines Neunzehnjährigen in Erfurt.

„Der Todesengel", so titelt eine auflagenstarke deutsche Zeitung in diesen Tagen und meint damit den jungen Mann, der zum Todesboten wurde für viele und zuletzt für sich selber. Da ist ein Mensch, dem doch auch verheißen war, ein Ebenbild Gottes zu sein, schrecklich gescheitert. Ist auch ein solcher Mensch noch „bei" Gott?

Was für Bilder haben wir in solchen Momenten von Gott und seinem Wirken? „Wo warst Du, Gott?", haben auch am Abend des schrecklichen Tages in Erfurt Menschen in den Kirchen gefragt, in die sie zu Tausenden gekommen waren.

Wir spüren in solchen Momenten, daß Menschen Bilder von Gott brauchen. Das schreibe ich als reformierter Christ an den Rabbiner. Unsere Religionen kennen und betonen das Bilderverbot – „Du sollst Dir kein Bildnis machen ..."

Menschen suchen nach Bildern von Gott, auch wenn der Gott der Juden und der Christen in der Geschichte vom brennenden Dornbusch als bildloser Gott, als nicht abzubildender Gott, verehrt werden wollte. Dennoch entstehen immer wieder mächtige Bilder in Herzen und Köpfen: Bilder von Gott, von Göttern, aber auch von Götzen.

Um die Anwesenheit Gottes in unserem Leben zu erfahren, brauchen wir Formen der Vergewisserung. Wir brauchen – medizinisch gesprochen – „bildgebende Verfahren".

Wie können wir solche Verfahren finden, ohne Götzen und goldene Kälber zu schaffen?

Das geht wohl nur, wenn wir religiöse Rituale finden, in denen wir uns der Nähe Gottes vergewissern können. Sie, verehrter Landesrabbiner Brandt, haben viel über die Bedeutung der großen jüdischen Feiertage geschrieben. Sie haben darüber nachgedacht, was es bedeuten kann, „aus der Befreiung zu leben", was das Leben mit „Rückgrat, Herz und Wachsamkeit" bedeutet.

Sie haben immer wieder versucht, der Dankbarkeit für das Leben eine Form zu verleihen:
An den Festtagen Pessach und Schawuot, an den Festtagen Weihnachten und Ostern erinnern wir uns daran, daß wir uns nicht uns selber verdanken. An diesen Tagen entstehen lebendige Bilder von Gott in unseren Köpfen. An diesen Tagen vergegenwärtigen wir uns die Geschichte Gottes mit den Menschen. Festtage geben dem Kalenderjahr und damit unserem Leben einen Rhythmus.

Die Bilder von Gott werden aber erst dann richtig lebendig, wenn wir uns mit anderen Menschen darüber verständigen. Gerade darum freue ich mich darüber, daß Ihnen der Dialog zwischen Juden und Christen immer wichtig gewesen ist. Sie stehen für die Tradition „dynamischen" Judentums im Dialog. So hat es ein Beobachter beschrieben.

Ein Blick auf Ihren Lebensweg: In München geboren, mußten Sie 1937 emigrieren – über England nach Palästina. Zum Studium gingen Sie nach Belfast. Als Wirtschaftswissenschaftler ausgebildet, arbeiteten Sie zunächst als Marktanalytiker, bevor Sie am Leo-Baeck-College in London studierten und Rabbiner wurden. Als Rabbiner haben Sie in vielen Städten Europas gewirkt: in Leeds und Genf, in Zürich und Göteborg.

1983 wurden Sie hannoverscher Landesrabbiner, und in dieser Zeit habe auch ich Sie kennen- und schätzen gelernt. Gemeinsam mit Hartmut Badenhop haben wir versucht, den christlich-jüdischen Dialog in Deutschland zu fördern und voran zu bringen.

1985 wurden Sie einer der Präsidenten des Deutschen Koordinierungsrates der Gesellschaften für Christlich-Jüdische Zusammenarbeit. Ich durfte im Jahr 2000 die Buber-Rosenzweig-Medaille aus Ihrer Hand entgegennehmen.

Die Woche der Brüderlichkeit ist eng mit Ihrem Namen verbunden und in ihrer bestehenden Form ohne Sie nicht zu denken. In diesem Jahr haben wir in Karlsruhe gemeinsam den Auftakt der fünfzigsten Woche der Brüderlichkeit gefeiert.

Sie sind als „Vermittler zwischen den Welten" nach wie vor ein gefragter Mann. Ich könnte dafür viele Beispiele nennen. Besonders haben Sie sich um die Gleichstellung von Frauen in den jüdischen Gemeinden bemüht – auch das ist ein Zeichen für Ihre Bereitschaft, neue Wege zu gehen.

Die Welt der Jüdischen Gemeinden in Deutschland hat sich in den letzten Jahren stark verändert. Das erfreuliche Wachstum geht mit der Notwendigkeit einher, neues Gemeinschaftsgefühl zu stiften. Auch dafür haben Sie viel getan und Sie werden darin in Zukunft gewiß nicht nachlassen.

Lieber Henry Brandt, ich wünsche Ihnen, daß Sie in diesen Zeiten des Unfriedens und der schrecklichen Konflikte, die den Himmel über Israel und über Palästina verdunkeln, die Freude am Dialog nicht verlieren. Ich wünsche uns, daß wir Ihre Weisheit und Ihren Weitblick noch lange erleben dürfen.

Ad multos annos!

Ihr

Johannes Rau
Bundespräsident

Grußwort

Treffen mit dem Landesrabbiner von Westfalen-Lippe sind für einen Westfalen immer eine Nachbarschaftsbegegnung: Für mich sind diese Begegnungen mit Henry Brandt seit mehr als 20 Jahren aber nicht nur freundschaftliche Gespräche, sondern darüber hinaus stets eine Bereicherung, denn er verkörpert wie nur wenige seiner Generation in Europa jene Generation deutscher Juden, die in der abendländischen Kultur fest verwurzelt, nicht außerhalb der Gesellschaft stehend, sondern an ihr teilhabend und teilnehmend zugleich lebendiges Judentum verkörpern. Henry Brandt ist ein leuchtendes Vorbild für ein modernes Judentum.

Seine jüdisch-selbstbewußte Grundüberzeugung, daß Judentum und Christentum nebeneinander existieren, ist wesentlich beeinflußt von der nach der Schoa übernommenen Verantwortung der christlichen Kirchen für einen gedeihlichen Dialog der beiden die europäische Kultur über zwei Millenia prägenden Religionen miteinander. So ist es folgerichtig, daß er seit 1985 jüdischer Präsident des Deutschen KoordinierungsRates ist und jüdisch-christlichen Dialog in vorderster Front aktiv mit gestaltet.

Rabbiner Henry Brandt ist Pfadfinder auf dem Weg zu einer jüdischen Identität in unserer Zeit, die von einem Wertewandel, wenn nicht von einem Werteverfall, gekennzeichnet ist. Ganz selbstverständlich aktualisiert er in der Tradition Leo Baecks jüdisch-traditionelle Positionen, ohne das Wesen des Judentums aufzugeben, ja er ist ein liberaler Rabbiner in der Tradition Leo Baecks. Rabbiner Henry Brandt steht gleichermaßen für wissenschaftlich-akademische Gelehrsamkeit wie für jüdisch-traditionelles Glaubenswissen – ohne Verrenkungen macht er jenen Spagat, der für die deutsch-jüdischen Rabbiner des 19. und 20. Jahrhunderts identitätsstiftende Grundlage gewesen war. So ist sein Wirken als Lehrbeauftragter an den Universitäten Marburg und Münster nicht zufällige Nebenbeschäftigung, sondern folgerichtig Konsequenz aus Werden und Sein. Zugleich ist Rabbiner Brandt religiöser Eckpfeiler im Bemühen um die Konsolidierung der jüdischen Gemeinden in unserer Zeit der Vereinigung der beiden deutschen Staaten und des Umbruchs durch die zahlenmäßig große Zuwanderung russischsprachiger Juden. Seine enge Verbundenheit mit dem jüdischen Staat drückt sich nicht nur darin aus, daß er von 1948 bis 1950 Flottenoffizier Israels und damit aktiv am Befreiungskrieg beteiligt war, daß er 1939, als die Zeichen in Deutschland für Juden auf Sturm standen, im jüdischen Jischuw Zuflucht suchte und fand, sondern daß er als Ehrenvorsitzender der Freunde des Magen David Adom (Freunde des Roten Davidstern) in Deutschland aktiv Anteil an der Entwicklung des jüdischen Staates nimmt.

Vom Lehrer und Rabbiner Henry Brandt hat die jüdische Gemeinschaft in Deutschland viel gelernt, dafür danken wir ihm. Daß wir noch viele Jahre bis zum biblischen Alter von 120 viel von ihm lernen dürfen, bitten wir den Allmächtigen!

Paul Spiegel
Präsident des Zentralrats der Juden in Deutschland

Vorwort der Herausgeber

Am 25. September 2002 vollendet Landesrabbiner Henry G. Brandt das 75. Lebensjahr. Wir freuen uns, ihm aus diesem Anlaß als Festgabe ein Buch überreichen zu können, das Ausschnitte seines Wirkens in den letzten zwanzig Jahren dokumentiert. Brandts Lebenswerk ist durch zwei Schwerpunkte gekennzeichnet. Zum einen hat der Rabbiner seine Kraft dem Aufbau jüdischen Lebens nach der Schoa gewidmet, zum andern dem gründlichen Wandel in der Beziehung von Juden und Christen.

Als die Weltkrieg-II-Alliierten bereits vor Kriegsende über die Zukunft der Holocaust-Überlebenden berieten, wurde beschlossen, daß diese damals als Displaced Persons bezeichneten Menschen in ihre Heimatländer zurückkehren sollten. Für die deutschen Juden war allerdings eine Ausnahme vorgesehen. Denn keiner konnte sich vorstellen, daß in Deutschland jemals wieder jüdisches Leben möglich sein würde. Deshalb sollten die deutschen Juden vorzugsweise im jüdischen Jischuw in Palästina Aufnahme finden.

Aber es kam anders. Wider Erwarten und allen bitteren Erfahrungen zum Trotz kehrten Juden aus den Ländern ihrer Emigration nach Deutschland zurück. Rabbiner Brandt gehört zu jenen Emigranten, die in den 60er Jahren wieder Verbindung nach Deutschland aufnahmen und ihre Hand reichten, um bei der Erziehung einer neuen Generation jüdischer Menschen mitzuhelfen. Aber erst in den 80er Jahren entschloß er sich selbst, in die alte Heimat zurückzukehren.

Bis zum Jahr 1989 zählten die jüdischen Gemeinden in Deutschland rund 30.000 Mitglieder. Eine deutliche Wende in der zahlenmäßigen Entwicklung bedeutet der Zusammenbruch der Sowjetunion. Seither kamen mehr als 100.000 Juden aus den GUS-Ländern nach Deutschland. Nicht alle wurden

Mitglied in den jüdischen Gemeinden, doch die Gemeindegliederzahl ist überall gestiegen, teilweise um das Fünf- bis Zehnfache. Die Einwanderer bringen die Tradition der russischen Kultur mit, hatten aber nur selten Kontakt mit der Praxis jüdischen Glaubens. Damit veränderte sich die Situation der jüdischen Gemeinden grundlegend. Sorgen um den äußeren Fortbestand gibt es jetzt nicht mehr, wohl aber erhebliche Spannungen innerhalb der Gemeinden und die Sorge um die jüdische Tradition.

Die beiden Jahrzehnte, auf die Henry Brandt als Landesrabbiner von Niedersachsen (1983 bis 1995) und von Westfalen-Lippe (1995 bis heute) inzwischen zurückblicken kann, sind eine Zeit ungeahnter Veränderungen und unvorhergesehener Herausforderungen. Erstaunlich an Brandt ist, daß er – obwohl ihm die Abgründigkeit und Komplexität der Probleme bewußt ist – seine Arbeit in den jüdischen Gemeinden und auf dem Feld der politischen Kultur mit großer Gelassenheit und Heiterkeit tut. Das gilt für den Lehrer und Prediger ebenso wie für den Vermittler und Gesprächspartner im jüdisch-christlichen Dialog. Der tiefste Grund seines Wirkens ist die Freude: Freude an der Tora und Freude am Dialog.

Für dieses Buch, das Brandt als Rabbiner und als Protagonisten des Dialogs zwischen Juden und Christen vorstellt, wurden zum größten Teil eigene Beiträge des Landesrabbiners zusammengetragen. Etliche dieser Texte sind früher schon in Zeitungen, Zeitschriften oder anderen Sammelwerken erschienen, heute aber schwer zugänglich. Dazu kommen Beiträge anderer Autorinnen und Autoren, die über den Alltag des Gemeinderabbiners berichten oder über sein Wirken als Lehrer, als Gesprächspartner und Berater im christlich-jüdischen Dialog. Allen, die geholfen haben, diesen Geburtstagsstrauß zu binden und ansprechend zu präsentieren, sei für ihre Unterstützung unterschiedlicher Art herzlich gedankt.

Manfred Keller   Andreas Nachama

Geboren unter weißblauem Himmel
Autobiographische Skizze

Um die Anfänge zu berichten, muß ich mich auf Hörensagen verlassen, denn so weit reicht mein Erinnerungsvermögen natürlich nicht. Bewußt ist mir allerdings, daß ich sozusagen in eine „andere Welt" geboren wurde, von der viele glaubten – irrtümlicherweise, wie sich herausstellte –, es wäre eine der heilen Sorte gewesen. Die giftige Mischung von Vorurteil, Aggressivität und blinder Gehorsamsbereitschaft brodelte noch unter der dünnen Kruste der so gepriesenen deutschen Hochkultur. Erst etliche Jahre später drang sie an die Oberfläche, um zu explodieren.

Am 25. September 1927 erblickte ich im jüdischen Krankenhaus zu München als zweiter Sohn von Friedrich und Margot Brandt das weißblaue Licht der bayerischen Welt. Bestimmt hatten sich damals meine Eltern die Laufbahnen ihrer Söhne Edgar Hermann und Heinz Georg anders vorgestellt, als sie sich dann später erwiesen. Die Namen, die sie meinem Bruder und mir gegeben haben, zeigen deutlich auf, wie sehr sie im Boden der deutschen Kultur und Lebensweise verwurzelt waren. Beide, Vater und Mutter, stammten aus bewußt jüdischen Familien, so wie man sie vor dem Zweiten Weltkrieg allerorts in Deutschland fand. Ein offenes, doch bescheiden geführtes jüdisches Leben – eingebettet in den Rahmen einer selbstbewußten, weltoffenen und liberalen jüdischen Gemeinde –, problemlos gekoppelt mit einer „normalen Existenz" als Teil der sie umgebenden deutschen Gesellschaft. Mein Vater hatte das Schuhgeschäft von der Pieke auf gelernt. Er besaß und führte gemeinsam mit meiner Mutter zwei respektable Geschäfte dieser Branche. Selbstverständlich wurde zu Hause der Schabbat so gut wie möglich gehalten und der Freitagabend zu Hause war und blieb immer der Höhepunkt der Woche. Die Momente des väterlichen Segens nach dem Kiddusch bleiben unauslöschlich in meiner Erinnerung verankert. Was die Zukunftsplanung für die Söhne betraf, war es weitgehend klar, daß einer der Söhne einmal in Vaters Fußstapfen treten und seine Geschäfte übernehmen würde. Da mein Bruder schon früh ein bemerkenswert technisches Talent an den Tag legte, war wohl ich, im Rahmen einer kommerziellen Laufbahn, dafür vorgesehen.

Prägende Erlebnisse waren für mich die Gottesdienstbesuche in unserer Großen Synagoge. Die andächtige Stimmung, das harmonische Zusammenspiel zwischen einem exzellenten Kantor, einem wunderbaren gemischten Chor, der rauschenden Orgel und einer aufmerksamen und teilnehmenden Gemeinde schufen eine überwältigende Heiligkeit, die ich schon deshalb nie vergaß, weil sie mir gewaltsam und plötzlich entrissen wurde. All dessen wurde ich mir erst viel später bewußt, doch glaube ich, daß diese Jugenderfahrungen mich Jahre später dazu brachten, eine Karriere beim Militär oder in der Wirtschaft für ein Wirkungsfeld im Rabbinat einzutauschen. Obwohl ich mich manchmal schon frage, was geworden wäre, wenn ich die Weichen anders gestellt hätte, habe ich diese Entscheidung niemals bereut.

Doch Deutschland, Bayern und München wollten uns, trotz aller Loyalität und Verbundenheit, nicht haben. Die wunderbare Münchner Hauptsynagoge wurde schon Monate vor der Pogromnacht, dem 9./10. November 1938, abgerissen. Die kleinere orthodoxe Synagoge in der Kanalstraße wurde in jener Nacht der Scham von den Nazis niedergebrannt. Mein Vater kam auf mehrere Wochen ins KZ Dachau und wurde nur entlassen, um seine Geschäfte zu „verkaufen" und die Auswanderung vorzubereiten. Noch kurz vor Kriegsausbruch gelang es uns, über England nach Palästina auszuwandern, und so feierte ich meine Barmizwa bereits in Tel Aviv. Meine Eltern hatten fast nichts aus Deutschland retten können und so mußte das Studium immer mit Arbeit verbunden werden. Da aber die meisten anderen Menschen sich in ähnlichen Situationen befanden, und uns der Krieg nahezu andauernd bedrohte, war dies eine Zeit von beispielhafter Solidarität und begeistertem Idealismus. Damals entstanden viele der Lieder der Pioniere, die man heute noch in nostalgischer Erinnerung singt. Wir hatten wenig, doch waren reich.

1947 meldete ich mich zur Marine-Einheit des Palmach, der Kommandos der Haggana. Mit der Geburt des Staates Israel wurde daraus der Kern der jungen Flotte des jüdischen Staates. Erst als Versorgungsoffizier und dann als Navigator beendete ich meinen Dienst mit dem Kapitänsrang. Die erste Weichenstellung war getan. Abitur und weitere Arbeit in der Bank bis zum Antritt meines Studiums an der Queen's University of Belfast folgten. Die vier Jahre in Nordirland waren eine wunderschöne Zeit, vielleicht auch deshalb, weil ich bei einem der Ferienaufenthalte in London meine spätere Frau kennenlernte – bei einem Synagogenbesuch, nebenbei bemerkt. – Wer sagt, daß Frömmigkeit nicht manchmal ihren Lohn findet?! – Dem Abschluß mit dem Grad B.Sc. (Economics Honours) folgte meine Hochzeit mit Sheila Philips. Zur gleichen Zeit begann ich, für die Ford Motor Company als Marktanalytiker zu arbeiten und mir damit eine Karriere in der Wirtschaft aufzubauen. Es sollte anders kommen. An den Wochenenden gab ich Hebräisch- und Religionsunterricht für eine sich neu entwickelnde Reformgemeinde in Ilford. Anläßlich eines Gesprächs mit dem damaligen Senior Rabbi der West London Synagogue, Dr. Harold Reinhart, bemerkte ich so nebenbei, daß, hätte ich meine Zeit wieder, ich mir wahrscheinlich eine Laufbahn im Rabbinat gewählt haben würde. Er schaute mich etwas zweifelnd an und fragte mich, ob ich das ernst meinte. „Wenn ich dir ein Stipendium im Umfang deines jetzigen Salärs besorge, kommst du dann zum Rabbinatsstudium?" Ich bejahte, und innerhalb von 24 Stunden hatte mein Zweitstudium am Leo-Baeck-College begonnen. Die zweite Weichenstellung war vollzogen.

Es war Brauch am Leo-Baeck-College, daß nach einer gewissen Zeit des Studiums die Rabbinatskandidaten kleineren Gemeinden zugeordnet wurden, um sie zu unterstützen und sie aufzubauen. Mich führte dieses Programm in die nordenglische Stadt Leeds, wo eine kleine Reformgemeinde sich gerade mal über Wasser hielt. Wenn ich an meinen ersten Besuch in Leeds zurückdenke, sträuben sich mir noch heute die Nackenhaare. Als der noch von einer beängstigend schnaufenden Dampflokomotive gezogene Zug die Vororte in Richtung des verrußten und verkommenen Bahnhofs durchquerte, hatte ich nur einen Gedanken: Wann fährt der nächste Zug nach London zurück? Diese Stimmung dauerte nur, bis ich das Empfangskomitee an der Barriere traf. Die Wärme und Freundlichkeit, die mich sofort umgaben, erwiesen sich als vielfach stärker als die ersten äußerlichen Eindrücke während der Anfahrt. Zuerst besuchte ich meine Gemeinde nur alle vierzehn Tage, doch bald kam es zum Umzug mit Kind und Kegel. Die Sinai Gemeinde Leeds wuchs und gedieh und nach wenigen Jahren wurde ein ambitioniertes Bauvorhaben angegangen. Während dieser berauschenden Zeit des Aufbaus wurden viele Freundschaften geknüpft und tiefgreifende Erfahrungen gesammelt. Sie haben den Zahn der Zeit überdauert und wirken bis in die Gegenwart hinein. In der Fülle der Aufgaben und der Begeisterung der ersten Erfolge kamen meine Studien zu kurz und nur die starke Hand meiner Frau brachte mich zum Pfad der akademischen Tugend zurück. 1966 war es schließlich so weit: Auf der Kanzel der eindrucksvollen West London Synagogue erhielt ich aus den Händen meiner Lehrer mein Rabbinerdiplom.

Während dieser Zeit wuchs auch unsere Familie ständig an. Auf die erstgeborene Tochter Lynda Ruth folgten in mehr oder weniger regelmäßigen Abständen unsere weiteren drei Kinder Michael Jeremy, Naomi Elaine und Jonathan David. Zur Zeit, da ich diesen kurzen Bericht schreibe, leben die beiden älteren in Israel bzw. Japan. Die beiden letzteren leben nach wie vor in der Schweiz.

Meine deutschen Sprachkenntnisse waren damals zwar beschränkt, aber sie existierten noch und von mal zu mal hatte ich auch die Möglichkeit, sie aufzufrischen oder zumindest zu bewahren. Außer meinen Verpflichtungen in meinen Gemeinden – deren Zahl war inzwischen auf vier angewachsen – galt mein Interesse dem jüdischen Leben auf dem europäischen Kontinent, besonders in Deutschland. Demzufolge besuchte ich von Zeit zu Zeit einige der liberalen Gruppen und Gemeinden im deutschsprachigen Raum im Auftrag der World Union for Progressive Judaism. Viele Kontakte wurden geknüpft und Verbindungen hergestellt. Jugendliche unserer Gemeinden besuchten Deutschland, insbesondere die Jüdische Gemeinde zu Berlin, und die ersten nichtjüdischen Jugendgruppen aus Deutschland erwiderten die Besuche und waren in unseren Gemeinden in England zu Gast. Wohl erinnere ich mich an die bitteren, aber verständlichen Kontroversen, welche diese Austausche nach sich zogen. Doch am Ende erwiesen sie sich als eminent erfolgreich und fruchtbar. Zu gleicher Zeit knüpften wir jüngeren, fortschrittlicheren Rabbiner erste Kontakte mit interessierten und idealistischen christlichen Gemeinden in der Bundesrepublik. Gerne glaube ich, daß die damals unternommenen ersten Schritte mitgeholfen haben, das Umdenken in den Kirchen über ihre Beziehungen zum Judentum in Gang zu setzen. Unsere freundschaftliche Bekanntschaft mit Paul Spiegel und seiner charmanten Frau datieren ebenfalls aus jener Zeit.

Das Jahr 1970 brachte eine erneute Wende. Ich wurde gebeten, die englischsprechende Jüdische Gemeinde in Genf zu besuchen, um einen Rabbiner für sie zu überprüfen. Nachdem dieser sich dann aber für Südamerika entschieden hatte, trat der damalige Vorsitzende der Gemeinde an mich mit der einladenden Frage heran, ob ich selbst nicht Lust hätte, das Amt ihres Rabbiners zu übernehmen. Ein kurzes Telefonat nach Leeds und wir waren handelseinig. Am Neujahrstag 1971 trafen die Brandts in der bezaubernden Stadt Genf an den Ufern des Lac Léman an. Die englischsprechende Jüdische Gemeinde in Genf war eine verhältnismäßig kleine Gemeinde von 200 Mitgliedern, aber sie hatte es in sich. Viele Nationalitäten waren vertreten: Israelis, Amerikaner, Engländer, Südamerikaner, aber auch deutschsprachige Schweizer, die sich eher in Englisch als in der ortsüblich französischen Sprache zu Hause fühlten. Da war auch noch unsere liberale, fortschrittliche Ausrichtung. Da in Genf viele bedeutende jüdische Weltorganisationen vertreten waren, rekrutierten sich die Mitglieder der Gemeinden aus den höchsten Rängen der jüdischen Gesellschaft, darunter auch sechs Rabbiner, die in administrativen Funktionen tätig waren, doch regelmäßig die Gottesdienste besuchten. Jedes Mal, wenn ich an einem klaren sonnigen Tag über die Montblancbrücke fuhr, mußte ich mich zwicken und mir sagen: Dafür wirst du auch noch bezahlt! Es war zu schön, um von dauerhafter Natur zu sein. Einige Jahre später schmolz plötzlich der Wert des US-Dollars und mit ihm schmolzen die jüdischen Organisationen, die Rentner und die Funktionäre hinweg. Es kam die Zeit, weiterzuziehen.

Inzwischen hatte sich in Zürich eine recht lebhafte Jüdische Liberale Gemeinde gebildet, die sich unter der Leitung von Rabbiner Dr. Lothar Rothschild s.z.l. (deutsche Übersetzung: Das Andenken des Rechtschaffenen möge zum Segen sein.) aus St. Gallen von Zeit zu Zeit zu Freitagabend-Gottesdiensten traf. Nach dessen zu frühem Tod übernahm ich diesen Dienst. Der Umfang, die Anziehungskraft und damit das Verlangen nach erweiterten Aktivitäten wuchsen und so ergab sich der Wunsch, auch zu den Hohen Feiertagen liberale Gottesdienste abzuhalten. Die Zürcher Israelitische Cultusgemeinde, die bisher der Liberalen Gruppe Räume zur Verfügung gestellt hatte, weigerte sich kategorisch, solche Gottesdienste zuzulassen und so blieb nur die Alternative, entweder klein beizugeben und auf die Gottesdienste zu verzichten oder aber eigene Lokalitäten zu suchen. Zur Devise wurde: „Wenn schon, denn schon". Nach längeren Verhandlungen und Debatten, begleitet von den bittersten Angriffen der Cultusgemeinde und deren Rabbiner, wurde die Gründung einer eigenständigen Liberalen Gemeinde beschlossen. Sie gab sich später den Namen OR CHADASCH (Neues Licht). In kurzer Folge wurden eigene Räumlichkeiten und etwas später ein eigener Friedhof erworben. Die Anzahl der Mitglieder wuchs, eine Religionsschule wurde eingerichtet und mir bot sich die Möglichkeit, vollamtlich die neue Gemeinde zu betreuen. Deshalb: Umzug nach Zürich, eine Stadt, die Genf in ihrer Attraktivität nur wenig nachstand. Die Jüdische Gemeinde OR CHADASCH wurde zu einer Erfolgsgeschichte. Wieder vergingen etliche Jahre und bald war das Stadium erreicht, da man sehen und sagen konnte, daß die Gemeinde fest und auf Dauer etabliert war.

Ein Zusammenspiel zwischen einigen internen Problemen, meinem wachsenden Wunsch in den späteren Jahren meines Rabbinats in einer etablierten Gemeinde mit einer festen Infrastruktur zu wirken sowie mein Verlangen, den immerwährenden Auseinandersetzungen zwischen den unterschiedlichen religiösen Strömungen zu entkommen, ergaben den nächsten Schritt. Die altehrwürdige Jüdische Gemeinde der Stadt Göteborg rief mich, das Stadtrabbinat in dieser ansprechenden nordischen Stadt zu übernehmen. Es war keine leichte Entscheidung, da sie eine zeitweilige Familientrennung notwendig machte. Alle unsere vier Kinder waren im Studium, und ein erneuter Umzug wäre unverantwortlicher Unsinn gewesen. Das Ergebnis war eine intensive Reisetätigkeit der Brandts per Luft, Bahn und Auto zwischen Zürich und Göteborg. Die Harmonie in dieser Gemeinde war für mich eine Offenbarung und eine Bestätigung meiner These, daß aufrichtig gehaltene Meinungsunterschiede im Bereich des religiösen Verständnisses keinesfalls zu persönlichen Animositäten führen müssen. Montags und donnerstags betete und lernte ich mit den Mitgliedern der traditionellen Synagoge in Storgatan; am Schabbat amtierte ich in der großen Synagoge, wohin dann auch häufiger die orthodoxen Mitglieder kamen, um dort die Predigt zu hören. Meine schwedischen Sprachkenntnisse waren anfänglich zu bescheiden, um in dieser Sprache zu predigen. Wenn ich unter den Anwesenden hauptsächlich ältere Menschen sah, sprach ich Deutsch. Waren die jüngeren Jahrgänge in der Mehrheit, hielt ich die Predigt in Englisch. Es funktionierte wunderbar, und ich verlebte zwei wunderschöne Jahre in dieser Gemeinde. Dafür gebührt auch meiner Familie Dank, besonders meiner Frau Sheila, die fast Übermenschliches vollbrachte, um die Zeiten der Trennung so gering wie möglich zu halten.

Von der Warte meiner Arbeit her gesehen, waren die Jahre in Göteborg wahrlich angenehm und erfreulich, doch die Entfernung von meiner Heimbasis und meiner Familie in der Schweiz waren eine schwere Belastung. Auch die geographische Randlage von Göteborg begrenzte meine Kontakte zu Kollegen und dem Tagesgeschehen in der jüdischen Welt. Als dann noch die berüchtigten schwedischen Steuerbehörden mit ihren horrenden Steuersätzen die wirtschaftliche Lage in Frage stellten, kam es zum erneuten Aufbruch. Auf einer meiner Heimfahrten legte ich einen Zwischenhalt in Hannover ein. Ein Besuch in der örtlichen Gemeinde und ein paar Gespräche reichten aus, um einen Ruf als Landesrabbiner von Niedersachsen zu erhalten. Wir schrieben das Jahr 1983. Der Landesverband der Jüdischen Gemeinden von Niedersachsen war damals ein kleiner Verein. Er bestand aus drei Gemeinden mit insgesamt vielleicht 500 Mitgliedern – pflegeleicht und überschaubar. Ohnmächtig und mit Schmerzen schauten wir auf den Eisernen Vorhang und auf das harte Schicksal unserer

Schwestern und Brüder in der damaligen Sowjetunion. Jedes Jahr stellten wir einen leeren Stuhl an unseren Sedertisch, in der Hoffnung, daß eines Tages diese unglücklichen Menschen mit uns zusammen und in Freiheit das Fest würden begehen können. Wir hatten keine Ahnung, welche Änderungen sich in der näheren Zukunft ergeben würden.

Es begannen die „fetten" Jahre (keinesfalls im materiellen Sinn). Im Rahmen des Möglichen war es ein ruhiges Arbeiten in einer korrekten Atmosphäre, und wenn einige Male Querschüsse kamen, konnte man ihnen erfolgreich begegnen. Mit Herrn Oberkantor Julius Stolberg s.z.l. (deutsche Übersetzung: Das Andenken des Rechtschaffenen möge zum Segen sein.) besaß ich im liturgischen Bereich einen Kollegen, dessen Kompetenz, Ausgeglichenheit, Friedensliebe und Loyalität ihresgleichen suchte. Etliche Jahre danach kam zu uns Kantor Emil Levy aus den USA. Die Auswirkungen seiner Begeisterung und seines unermüdlichen Fleißes waren sofort zu spüren und die Gottesdienste der Hannoverschen Synagoge wurden Neidobjekte auch in größeren Gemeinden. Innerhalb kürzester Zeit wurden wir eine wahrlich betende und singende Gemeinde und die Zahl der bei den religiösen Anlässen Anwesenden war, im Vergleich zu anderen Gemeinden in der Bundesrepublik, bemerkenswert hoch. Nachdem Levy Hannover verlassen hatte, begann die Zeit des zuerst unbemerkten Nachlassens, die später auch zu meinem Verlassen Hannovers führte.

Nur zwei Episoden aus dieser Zeit möchte ich noch kurz streifen. Einige jüngere Damen aus der Mitgliedschaft erstrebten ein intensiveres und aufgeschloseneres religiöses Leben sowie den Beginn einer größeren Gleichstellung der Frauen im Gemeindeleben. Sie bildeten einen Studienkreis, der sich in Qualität und Ausdauer bewährte. Zu Simchat Tora, dem Torafreudenfest, legte ich, in vollbesetzter Synagoge, einer Frau eine Torarolle in den Arm, zum Mittanzen bei den freudigen Umzügen. Unter dem Gezeter einiger älterer Damen von lauter Stimme und wenig Wissen ergaben sich tumultartige Szenen.

Der Fall wurde zum casus belli aufgebauscht, doch die Wogen glätteten sich wieder. Jedoch die Schlachtenbanner waren enthüllt! Ähnlich kritisch sah man meine intensive Unterstützung für die Neugründung der jüdischen Gemeinde in Oldenburg. Von Anfang an hatten die Pioniere, vorwiegend Frauen, für deren Aufbau beschlossen, daß den Frauen gleiche Rechte im Gottesdienst eingerichtet würden, d.h., sie würden zum Quorum (Minjan) gezählt und zur Toralesung aufgerufen. Das Werk hatte trotz hartem Gegenwind Bestand und heute amtiert in dieser Gemeinde der erste weibliche Rabbiner – mit Erfolg.

Die zweite Episode, die u.a. das Klima zwischen dem Vorsitzenden des Landesverbandes und mir noch mehr eintrübte, war die Auseinandersetzung um das geplante Mahnmal für die Juden aus Hannover, die während der Nazi-Gewaltherrschaft umgekommen waren. Ein Entwurf wurde mit der Zustimmung des genannten Funktionärs verabschiedet, den ich auf keinen Fall gutheißen konnte. Die Bürger wären auf einer Stufenpyramide, auf den Namen der Ermordeten, gesessen und hätten dort ihre Bratwürste und Sonstiges verzehrt! Meine Einschätzung der Lage war, daß man mit Argumenten kein Gehör finden würde, und ich ging sofort und dezidiert an die Öffentlichkeit. Trotz wütender Angriffe blieb ich bei meinem Nein, bis ein ruhigerer Ort für ein neuentworfenes Mahnmal gefunden wurde. Auch dies hat sich in der Zwischenzeit bewährt. Im Herbst, während der Sommerferien, erfuhr ich schriftlich, daß mein Vertrag nach zwölfjähriger Amtszeit nicht verlängert würde. Gerade hatte das Gerücht sich zu verbreiten begonnen, da erhielt ich eine Einladung zu Gesprächen mit dem Landesverband der Jüdischen Gemeinden von Westfalen-Lippe. Es begannen neue „fette" Jahre, nun in jeder Hinsicht! Trotz meiner auch negativen Erfahrungen in Niedersachsen habe ich viel aus diesen Jahren mitgenommen: in erster Linie liebe und dauerhafte Beziehungen und Freundschaften. Obwohl ich es nicht geplant hatte, spaltete sich kurz nach meinem Wegzug die Jüdische Gemeinde Hannover, und eine neue Jüdische Liberale Gemeinde und ein neuer Landesverband der israelitischen Kultusgemeinden in Niedersachsen wurden gegründet. Auch diese haben sich bisher durchaus bewährt.

In den letzen vier bis fünf Jahren veränderten sich Umfang wie Zusammensetzung der jüdischen Gemeinden in Deutschland in rasantem Tempo. Juden und Jüdinnen aus den GUS-Staaten mit ihren Familien – unter ihnen auch eine bedeutende Anzahl von nichtjüdischen Angehörigen – strömten in die Bundesrepublik. Aus bekannten Gründen hatten die meisten vom Judentum wenig Ahnung und die Bindung an die Religion ihrer Ahnen war zumeist auch gering. Ihr Zuzug eröffnete aber ganz neue Perspektiven. Wo man um die Zukunft vieler Gemeinden gebangt hatte, sprang nun neue Hoffnung auf. Statt an die Schließung von Gemeinden zu denken, wendeten sich nun die Gedanken der Erweiterung und der Erneuerung der Gemeindestrukturen zu. Damit veränderten sich auch die Anforderungen an die Rabbiner in diesem Lande, denn der Erfolg oder Mißerfolg der Integration der neuen Zuwanderer im religiösen Bereich hängen weitgehend von ihnen ab. Strenge oder warmes menschliches Verständnis waren hier oft bestimmende Faktoren.

Seit meiner Übersiedlung nach Dortmund sind nun auch schon sieben Jahre vergangen. Dankbar verzeichne ich die gute Atmosphäre und die freundliche Zusammenarbeit in Landesverband und Gemeinden. Auch wenn die Beziehungen auf säkularer Ebene mit Stadt und Land schon immer hervorragend waren, war dies im Bereich des Verkehrs mit den Kirchen und der Gesellschaft für Christlich-Jüdische Zusammenarbeit (GCJZ) keineswegs der Fall, obwohl der Boden für ein gutes Miteinander auch hier durchaus bereit war. Es ist uns gelungen, das auf diesem Gebiet Versäumte wettzumachen und einiges von dem in Hannover Erprobten auch hier einzuführen. Religiöse Gemeinschaftsfeiern, interkonfessionelle theologische Gespräche und eine enge Zusammenarbeit mit der GCJZ demonstrieren das veränderte Klima in dieser Sphäre. Besonders befriedigend empfand ich, daß ich mitgestaltend an der Hauptvorlage der Evangelischen Landeskirche Westfalens 1999, die sich mit der Beziehung der Kirchen zum Judentum befaßt, mitwirken konnte. Auch ein über zwei Jahre laufendes, intensives Seminar über das Judentum, das ich auf Einladung der Evangelischen Stadtakademie Bochum halten durfte, weist in die gleiche Richtung. Vielleicht ist dies der Ort, wo ich meine Lehraufträge an den Universitäten Marburg und Münster erwähnen sollte (einige Jahre auch in Hannover und Osnabrück). Für den Fachbereich Evangelische Theologie habe ich in Marburg Übungen für angehende Pfarrer und Religionslehrer/-lehrerinnen abgehalten. Diese Tätigkeit setze ich derzeit an der Universität Münster in einem Seminar „Einführung in das Judentum" fort, das von der Evangelischen und Katholischen Fakultät gemeinsam angeboten wird. Die Arbeit und die Beziehungen zu meinen Studenten haben mir immer große Freude und Befriedigung beschert. Im Jahre 1994 wurde ich vom Fachbereich Evangelische Theologie an der Universität Marburg als zweiter Jude nach Hans Jonas mit dem doctor honoris causa ausgezeichnet.

Zurückblickend muß ich aber bekennen, daß durch all dieses Tun und Wirken meine Familie zu kurz gekommen ist. Ich war bestimmt seltener und unregelmäßiger zu Hause als die meisten Väter, und wenn ich schon mal zu Hause war, waren meine Gedanken häufig bereits ganz woanders (natürlich nicht immer). Ich verdanke es dem unermüdlichen und dem unentwegten Einsatz meiner Frau Sheila, daß unsere Familie zusammengehalten hat und zu der kompakten und engverbundenen Einheit wurde, die sie jetzt weitgehend noch ist. Sie war die Achse und der ruhende Pol, um die sich unser Familienleben drehte. Ohne sie hätte ich meine Arbeit und mein Wirken bis zum heutigen Zeitpunkt nicht durchstehen können. Dazu bedurfte es aber auch des Verständnisses und des Willens zum Zusammenhalt unserer Kinder: Lynda, Michael,

Naomi und Jonathan, für die ich immer dankbar bleiben werde. Weiter ermutigen und tragen mich die Begegnungen und Gespräche, auch die Umarmungen und Küsse unserer Enkel Dana, Jeremy, Shani, Jason und Dylan. Unsere „angeheirateten" Enkel Matthew und Jonathan sowie natürlich Schwiegersohn und Schwiegertöchter dürfen hier auch nicht unerwähnt bleiben. Von vielen Menschen hatte ich mehr erwartet, als sie geben konnten, und die Stationen meines Lebens waren manchmal durchaus auch von Enttäuschungen gezeichnet, doch mehr als aufgewogen wurden diese durch die Erfahrungen echter und dauerhafter Freundschaften.

Wie lange und in welchen Formen mein Leben sich weiterhin gestalten wird, liegt in den gütigen Händen Gottes. Möge Er es gut mit mir und allen, die mir nah und lieb sind, meinen.

Dortmund, im Siwan 5762/Mai 2002

*Henry G. Brandt mit seiner Mutter und mit seinem Bruder
Edgar Hermann in München*

*Sederabend mit den Eltern und mit dem Bruder
in der Familie Brandt 1964*

Barmizwa von Sohn Michael 1972

Dortmund 1998: Ausstellungsbesuch gemeinsam mit Ignatz Bubis, Präsident des Zentralrats der Juden in Deutschland

Wiesbaden 1994: Ökumenischer Gottesdienst in der Lutherkirche

Recklinghausen 1997: Einweihung der Synagoge

1984: Vorstand des Deutschen KoordinierungsRates
V.l.n.r.: Dr. Adam, Bundespräsident Richard von Weizsäcker,
Prof. Dr. Eckhard von Nordheim, Henry G. Brandt, Dr. Hans Hermann Henrix

Duisburg 1985: Schweigemarsch zum jüdischen Mahnmal nach einer
Christlich-Jüdischen Gemeinschaftsfeier
V.l.n.r.: Henry G. Brandt; Dr. Gerhard Brandt, Präses der Evangelischen
Kirche im Rheinland; Franz Hengsbach, Bischof von Essen

Woche der Brüderlichkeit 1985: Verleihung der Buber-Rosenzweig-Medaille an den evangelischen Theologen Prof. Dr. Heinz Kremers

Woche der Brüderlichkeit 1998: Verleihung der Buber-Rosenzweig-Medaille an Lea Rabin

Woche der Brüderlichkeit 2000: Verleihung der Buber-Rosenzweig-Medaille an Johannes Rau

Hannover 1992: Henry G. Brandt und Stadtsuperintendent Hans Werner Dannowski in der Marktkirche

Westfälische Landessynode 1998: Henry G. Brandt und Präses Manfred Sorg

Dortmunder Dialoge 2002: Prof. Dr. Klaus Wengst und Henry G. Brandt

TEIL I

FREUDE AN DER TORA

Mit und für den Menschen
Einführung

Andreas Nachama

Ausgewiesen durch sein vom 20. Jahrhundert geprägtes jüdisches Schicksal, das ihn von der Isarmetropole München, über den jüdischen Jischuw in Palästina, zu einem Vorkämpfer des Staates Israel als Teil der Haggana, der damals illegalen jüdischen Verteidigungsarmee, zu einem Offizier im Kapitänsrang werden ließ, um dann, zunächst als studierter Ökonom, schließlich als Rabbiner die ihm anvertrauten Gemeinden durch die Klippen des Lebens zu manövrieren. Er lehrt uns den Weg zu gehen, der in jüdische Welten führt und hier führen alle Wege zur Gerechtigkeit, zur Erlösung und zu jenem Weiterleben, das nach unserer Existenz auf dieser Welt unverrückbarer Bestandteil jüdisch-religiösen Seins ist. Rabbiner Brandts Texte zu jüdischen Welten, zu Feiertagen und Sabbaten sind überzeugende Predigten für alle, die hören wollen. Sie sind geschrieben von einem, der das Bestimmende an der Interpretation und am Verstehen der Tora darin sieht, die Lehre mit und für die Menschen zu entfalten von einem Rabbiner, der mit seiner Gemeinde und in seiner Zeit lebt, der die täglichen Nöte, zweifelnden Fragen und lebensbedingten Abenteuer seiner Zeitgenossen kennt – nicht aus dem Elfenbeinturm einer in sich selbst verliebten Wissenschaft oder einer weltvergessenen Orthodoxie geschrieben, sondern mitten aus dem Leben heraus und doch fest verwurzelt in einer Jahrtausende alten Tradition. Im Abendgebet heißt es im zweiten Segensspruch vor dem Schema Israel: „Tora, Gebote und Satzungen lehrst du uns ...", in Beispielen der jüdischen Traditionsliteratur verpackt oder im Kontext unserer Erlebenswelten – das ist die Position von Rabbiner Henry Brandt: wo immer man seiner Texte habhaft wird, erkennt man sie an ihrer Wirklichkeitsnähe, an ihrer liebevollen Wendung zu den Menschen, an der Augenhöhe zwischen erzählend Lehrendem und verstehend Zuhörendem. Hier schwingt sich keiner auf, um von oben herab etwas zu verkünden, hier steht einer unter uns, der im Gewühl des täglichen Getümmels sich nicht beirren läßt, sondern den Weg kennend ihn weist und, die, die es hören wollen, mit auf die Reise nimmt. Davon vermitteln die Berichte „Aus dem Leben eines Rabbiners" von Sara-Ruth Schumann und Anke Klapsing-Reich einen sehr lebendigen Eindruck. Rabbiner Henry Brandts Liberalität basiert auf Wissen, es kennt die jüdischen Welten, aber er kennt auch die ihn und seine Gemeinden umgebenden nichtjüdischen Welten: Rabbiner Henry Brandt bezieht jüdische Positionen nach der Schoa – und hat Freude an der Tora und am Dialog.

Simchat Tora – Jüdische Welten

Judentum hat viele Gesichter

Eine Alternative zur Einheitsgemeinde gibt es nicht. Diese Meinung vertrat das Direktionsmitglied des Zentralrats, Moritz Neumann, in der „Allgemeinen" vom 21. März 1996. Eine These, die naturgemäß Widerspruch provoziert hat. Denn Sinn und Zweck der Einheitsgemeinde, so wie sie sich heute gibt, sind schon seit längerem umstritten. Die Front verläuft dabei nicht zwischen religiösen und weltlichen oder „Drei-Feiertags-Juden": Auch unter Rabbinern gibt es unterschiedliche Meinungen zur Einheitsgemeinde.

Die Argumentation zugunsten der „real existierenden" Einheitsgemeinde kann nicht ohne Widerspruch bleiben, soll das Judentum in Deutschland nicht durch religiöse und geistige Verkrustung ersticken. Moritz Neumann definiert seine Begriffe ganz im Dienste des von ihm gewünschten Resultats, keineswegs aber der Realität entsprechend. So scheinen für ihn „traditionelle Werte", „Traditionsbewußtsein", „Religionsgesetze" und „Halacha" eindeutige, monolithische Größen zu sein; weggepustet die Einsicht zahlreicher Generationen, daß die Tora viele Gesichter hat.

Schon seit seinen Anfängen gab es im Judentum unterschiedliche Strömungen, die sich im Wechselspiel der Diskussionen und Auseinandersetzungen gegenseitig herausforderten und den jeweiligen Kontrahenten auch zu Selbstkritik und Änderungen zwangen. Die von unbelesenen Laien immer wieder vorgebrachte Behauptung: „... war schon immer so gewesen", die wie eine Beschwörungsformel über den Portalen vieler Einheitsgemeinden zu schweben scheint, ist geschichtlich und erfahrungsgemäß nicht haltbar; genausowenig wie die zweckdienliche Feststellung, daß nur die sogenannte Orthodoxie den Erhalt und die Fortsetzung des Judentums gewährleistet.

Die von Moritz Neumann angeführten 90 % der Anwesenden beim Gebet in der Frankfurter Synagoge, die er als Paradebeispiel für seine These des Funktionierens der Einheitsgemeinde anführt, sind alles Mögliche (meistens indifferent oder nicht praktizierende Orthodoxe), nur nicht „liberal-religiös" wie Neumann meint. Denn letzteres bezeichnet ein bewußtes und verpflichtendes jüdisches religiöses Engagement, freilich mit einem abweichenden Zugang zum Schriftverständnis und demgemäß zur religiösen Praxis, zu Ritual und Liturgie. Auch hier geht es in erster Linie um Erhalt und Bewahrung des Judentums, jedoch anders als durch krampfhaftes Anklammern an Denkweisen und Formen des Mittelalters. Gerade die Akzeptanz der Pluralität im Judentum sowie die Bereitschaft, auch Änderungen und Erneuerungen zuzulassen, wenn die Herausforderungen der Gegenwart und die Zukunftsperspektiven es notwendig erscheinen lassen, prägt die nicht-orthodoxen Strömungen und macht sie zu einer unverzichtbaren Notwendigkeit im Judentum unserer Zeit.

Es entspricht leider nicht den Tatbeständen, wenn behauptet wird, daß „Abweichungen" zugelassen würden, wo doch weitgehend bekannt ist, daß die Einheitsgemeinde – so wie sie an den meisten Orten hierzulande praktiziert wird – ihre Funktion als Dach für die verschiedenen jüdischen Weltanschauungen eher schlecht als recht erfüllt. Schuld daran ist der auch von Herrn Neumann vertretene Monopolanspruch einer minoritären, versteinerten Orthodoxie, die hier in Deutschland eine besonders eigenartige Prägung erhalten hat. Beweis dafür ist u.a., daß beispielsweise Menschen, Mitglieder einer jüdischen Gemeinde in der Bundesrepublik, beim Umzug in eine andere Gemeinde plötzlich erfahren müssen, daß sie dort nicht anerkannt und aufgenommen werden. Abweichende liturgische Formen, die liberal-religiösem Gedankengut entsprechen, werden nicht nur nicht geduldet, sondern meistens aktiv bekämpft. Desweiteren wird das brisante Thema der Rolle der Frau im religiösen Leben unserer Zeit vielerorts nicht einmal als diskussionswürdig erachtet.

Die vielbeschworene Einheitsgemeinde – Berlin ausgenommen –, deren scheinbare Toleranz darauf beruht, daß eine Minorität absolutistisch bestimmt und die Mehrheit sich zu unterwerfen hat, kann kaum eine entsprechende Grundlage für ein gesundes religiöses Leben in den Gemeinden sein. Sie taugt auch nicht dazu, die Herzen der Jugend und intelligenter Erwachsener an das Judentum zu binden.

Die Zwangsjacke gehört nicht zu unserer Überlieferung. Das Judentum war immer schon – und ist es auch heute noch – überzeugend und stark genug, Pluralität zu dulden und sie für seine immerwährende Erneuerung zu nutzen.

Ein Platz der Hoffnung
Zur Einweihung der Gedenkstätte Norden

Psalm 57, ein Psalm, der nicht vom Tod, sondern von der Verherrlichung Gottes und vom Kommen seines alle erlösenden Reiches spricht, sei diesen Worten vorangestellt.

Wie läßt sich das Unsagbare sagen, wie läßt sich das Unaussprechbare sprechen? Ich bin mir bewußt, daß das, was ich hier zu sagen hätte, ich nicht sagen kann, weil ich nicht mit Engelszungen begabt bin. Welche Worte soll ich wählen, der ich hier einerseits stehe als Verwalter eines Erbes der Vergangenheit und andererseits auch als ein Erbauer eines neuen jüdischen Lebens in diesem Lande, im Zusammenwirken mit unseren Brüdern und Schwestern aller Gemeinden, die Gott anrufen. Diese Stunde hätte nicht sein dürfen, die Notwendigkeit, hier eine Gedenkstätte zu errichten, hätte niemals werden dürfen. So ist es schwer zu sagen, daß Dankbarkeit unsere Herzen erfüllt oder Genugtuung. All das stimmt nicht und stimmt wiederum doch! Hier sind doch nur Menschen und Menschen können nicht alles umfassen in einem Wort. Dankbarkeit existiert doch in unserer Seele, daß diese Gedenkstätte, nachdem alles, was geschehen ist, errichtet wurde; Dankbarkeit an die Menschen, die sich nicht entmutigen ließen, die sich pausenlos, über Jahre hinweg dafür eingesetzt haben, daß die Erinnerung der jüdischen Gemeinde zu Norden erhalten bleiben sollte. Und namentlich nenne ich für die ganze Gruppe die Eheleute Gödeken, mit denen ich schon viele Jahre in Kontakt stehe und um deren Anstrengungen ich weiß. Ich nenne die Bürger Nordens und ihre Vertreter, den Bürgermeister, den Stadtdirektor, all diejenigen, die dieser Stadt vorstehen, die dieses Projekt verwirklicht haben. Wenn es schon sein mußte, so ist es nun endlich geworden.

Genugtuung ist da, daß die Erinnerung an die ehemalige jüdische Gemeinde Nordens und an ihre Mitglieder wach gehalten wird, denn zu viele Jahre schien es, daß sie in Vergessenheit geraten würde. Es war nichts da, was an sie erinnerte. Es gab lange Jahre des Schweigens, des Verdrängens. Vielleicht gab es Gedanken im Inneren, aber davon drang nichts nach außen, kein Zeichen dafür, daß hier einmal jüdische Menschen gelebt haben, die verraten wurden. Um was und wen geht es hier eigentlich?

Es geht natürlich um eine Institution, eine Gemeinde, eine Synagoge mit all ihren Einrichtungen, aber es geht besonders um Menschen, Bürger dieser Stadt, die sich als nichts anderes wähnten als Bürger dieser Stadt und dieses Landes, dem sie über viele Jahre und Generationen treu ergeben waren und dem sie gedient hatten. In vielen Familien entstanden Lücken durch den Dienst an der Heimat im Krieg wie auch im Frieden. Diese Bürger, sie waren wahrlich ergebene, treue Söhne ihrer Heimat, und Töchter natürlich auch. Sie wohnten hier und sie wähnten sich sicher in dieser Stadt, in der sie unter ihren Mitbürgern lebten, mit denen sie von der Wiege bis zum Grab ihr Leben verbrachten. Sie wollten nichts anderes, als hier aufwachsen, Familien gründen, ihre Existenz meistern, um dann im heiligen Boden des Friedhofs ihrer Stadt begraben zu werden. War das wirklich zu viel verlangt? – Sie wurden verraten, schmählich verraten, weil sie Juden waren, aber der Verrat hatte hauptsächlich menschliche Dimensionen.

Man fragt sich immer zu solch einer Stunde, besonders angesichts der Mitglieder der älteren Generation, die anwesend sind, und in deren Herzen man nicht schauen kann, welche Gedanken sie gerade zu solch einer Stunde bewegen. Wo waren sie damals zu jener Stunde? Bestimmt gibt es darunter einige, die sich freundschaftlich ihren jüdischen Mitbürgern gegenüber verhalten und Zuneigung für sie empfunden haben. Aber es gibt bestimmt auch andere. Nur sie selbst wissen es, vielleicht nur noch wenige andere. In meinen verhältnismäßig wenigen Jahren als Landesrabbiner von Niedersachsen war ich schon an vielen solcher Gedenkstunden beteiligt. Sehr, sehr selten hat sich ein Mensch dazu bekannt, was er in jenen Tagen, Wochen und Jahren Schlimmes begangen hat. Zu wenige waren oder sind bereit, sich dazu zu bekennen, daß auch sie Schuld auf sich geladen haben. Es muß einmal klar gesagt werden: Nicht nur die Henkersknechte in den Lagern, nicht nur die, die ihre Maschinenpistolen in die Nacken ihrer Opfer gesetzt haben, waren die Sünder gegen die Menschheit und gegen ihre Brüder und Schwestern. Jeder Mensch, der seinem Bruder und seiner Schwester in der Stunde der Not den Rücken zuwendet, hat sich schon des Verrats schuldig gemacht. Und so lastet eben auch dieses Vergehen auf vielen in dieser Stadt.

Aber dieses Denkmal würde seinem Zweck nicht gerecht, wäre es nur das, ein Denkmal, nur zur Erinnerung, obwohl dies eine wichtige Komponente ist. Nein, dieses Denkmal, dieser Platz soll auch ein Platz der Hoffnung werden, ein Platz der Mahnung für die Zukunft und deshalb ein Platz für Euch, die Jugend. Ein Platz zur Mahnung, daß so etwas niemals wieder geschehen darf. Ich spreche nicht nur von den Beziehungen zwischen Christen und Juden, ich spreche von den Beziehungen zwischen allen menschlichen Gruppierungen – wie auch immer, wo auch immer, wer auch immer. Denn wir wissen wohl, die Gefahr schlummert immer noch in den bösen Trieben der Menschen, wenn es um andersartige, andersdenkende, andersfarbige Menschen geht.

Es soll auch ein Ort der Versöhnung sein. Es ist eine Komponente jüdischen Glaubens, daß Schuld etwas Persönliches ist. Schuldig ist der, der sich schuldig gemacht hat. Schuld ist nicht vererbbar, jeder ist ganz persönlich für seine Taten verantwortlich. Und so steht hier eine junge Generation Nordener, junge Deutsche, denen keine Schuld anhaftet, die aber – wie es unser Bundespräsident am 8. Mai so hervorragend zum Ausdruck gebracht hat – in der geschichtlichen Verantwortung ihres Volkes stehen. Und das bedeutet, im Sinne dieses Ortes wachsam zu sein und dafür Garant zu stehen, daß die Werte der Menschlichkeit und Brüderlichkeit hier für alle gültig herrschen werden; daß sich die Jugend mit Mut und Tatenfreude dafür einsetzt, daß dieses Land und darin diese Stadt mustergültig für die Welt werden; daß aus dem tiefen Unglück eben auch das Gute erwächst. Das ist eine schwere Verantwortung, aber Eure Gegenwart hier, die Gegenwart von so vielen jungen Menschen läßt hoffen, daß eben gerade die Hoffnung nicht trügt. Denn wenn sie trügen sollte, hätte auch diese Stätte ihren Sinn verloren und dann – wer weiß, wohin das führte?

Verzeihung – dazu ist wohl niemand ermächtigt. Wer kann für die sprechen, die für sich selbst nicht mehr sprechen können? Wer ist so verwegen, sich an Gottes Statt zu setzen? Aber Versöhnung, die ausgestreckte Hand zu ergreifen, zu sagen, gemeinsam wollen wir die Zukunft bauen – das kann man wohl, dazu fühle auch ich mich ermächtigt. Gemeinsam, in Erinnerung und Demut, mit Schmerz, aber auch mit Hoffnung weihen wir diese Gedenkstätte. Ich sage der Jugend Nordens: Kommt oft an diesen Platz, setzt Euch schweigend auf die Stufen, denkt über das Vergangene nach, aber sitzt auf diesen Stufen und träumt, träumt von Eurer Zukunft, von unserer gemeinsamen Zukunft, träumt von Frieden, von Menschlichkeit, von einer Zeit, da jeder unter seinem Feigenbaum, unter seinem Weinstock sitzen kann und keiner ihn aufschreckt. Und wenn Ihr so träumt, werdet Ihr vielleicht unbewußt in Eurem Geiste die Melodien hören, die einmal an diesem Platz gesungen wurden. Und vielleicht werdet Ihr doch in diesen Melodien die Worte schwingen hören: Möge Er, der Frieden in seinen Höhen schafft, Frieden schaffen über uns, Israel und der ganzen Welt! So möge es sein.

Das Scheitern des Ebenbildes Gottes

Massiv und fast unerträglich stürzen die Erinnerungen an die Zerstörung des kontinentaleuropäischen Judentums heute – am 50. Jahrestag der Pogromnacht vom 9. November 1938 – auf uns ein. Sie bewegen uns, die Frage nach dem Wesen des Menschen aufzuwerfen, insbesondere im Zusammenhang mit der Rolle, welche die Bibel ihm zuspricht. Denn so lesen wir im Schöpfungsbericht des 1. Kapitels des Buches Genesis: „Und Gott sprach: Laßt uns Menschen machen in unserem Bild, nach unsrer Gestalt, und sie sollen gewältigen die Fischbrut des Meeres und das Vogelvolk des Himmels, das Vieh und die ganze Erde und alles Gewürm, das sich regt auf der Erde! Da schuf Gott den Menschen in seinem Bild, im Bild Gottes schuf er ihn; Mann und Weib schuf er sie. Und Gott segnete sie und sprach zu ihnen: Fruchtet und mehrt euch, und lullet die Erde und zwingt sie nieder und gewältigt die Fischbrut des Meeres und das Vogelvolk des Himmels und alles Getier, das sich regt auf der Erde!"

Wenn wir von dem Menschen sprechen, den ich mit diesen Worten der Bibel gekennzeichnet habe, dann kann es nicht der Mensch sein, der im Paradies lebte. Denn der hatte von dem Baum der Einsicht, der Kenntnis zwischen dem Guten und Bösen noch nicht gegessen. Was war er für ein Mensch? Gefühle bilden sich aus der Unterscheidung zwischen gut und schlecht.

Die Wahl, die der Mensch jeweils trifft, ist motiviert von dieser Gegenüberstellung des Guten und Bösen, von welcher Warte er sie auch immer sieht. Der Mensch im Paradies war wahrscheinlich ein Wesen ohne Gewissen, denn Gewissen kann auch nur auf dem Hintergrund der moralischen Konfrontation wachsen. Vielleicht hatten wir unrecht zu glauben, daß der Mensch aus dem Paradies, aus dem Glück, auf dem Höhepunkt menschlicher Existenz in die Welt gejagt wurde als Strafe für seine erste Sünde. Mag sein, daß es gar nicht Strafe war, sondern der Beginn seiner menschlichen Aufgabe. Denn anders läßt sich eigentlich das Schöpfungskapitel und der Auftrag „Machet Euch die Erde untertan" nicht verstehen; erst so wird der Auftrag legitim, denn im Paradies waren die Menschen nur die Gärtner und Wächter für den Chef.

Uns stellt sich die Frage nach der Bühne, auf der dieses Ebenbild des Göttlichen – der Mensch – sich bewähren muß. Wo wird er geprüft, wo muß er Anforderungen und Ansprüche stellen? Und da lautet die Antwort wieder: Nicht im Paradies, in einer total heilen Welt, in einem theologischen Schlaraffenland, sondern in dieser unserer Welt mit ihren Problemen, ihren Auseinandersetzungen, Gegensätzen und Widersprüchen, in der die menschlichen Triebe stark und mächtig sind und ihrer Zähmung bedürfen.

Sie, verehrte Zuhörer, wissen ja, wie man über Jahrhunderte und Jahrtausende an diesem Konterfei des „Ebenbildes Gottes" herumgearbeitet und gebastelt, es erklärt und verklärt hat. Man dachte im letzten Jahrhundert wirklich, das Millennium sei bereits angebrochen, man sang: „Alle Menschen werden Brüder", und man fragte: „Was solls mit dem alten Jerusalem, wenn überall die Grenzen fallen, die Zeit der universellen Brüderlichkeit heraufzieht und alle ein Teil davon bilden?" Wir sind alle – dachte man – im Ebenbild Gottes geschaffen, Mann und Frau, und deshalb mit einem unabdingbaren Wert ausgestattet.

Man mag wohl feststellen, das Böse habe ja nicht erst 1939 oder 1933 angefangen, es gab immer schon Mord, Unterdrükkung, Feindschaft und Krieg, auch Zerstörung der Natur gab es schon in der Vergangenheit. Sagte nicht schon der Prediger: „Es gibt nichts Neues unter der Sonne?" Doch heute sprechen wir von der Einzigartigkeit der Schoa, bezeichnen sie als etwas noch nie Dagewesenes. Es ist eigentlich für einen Juden ziemlich aufwühlend, wenn er so etwas ausspricht, denn bisher sagte er: „Es gibt nur eines, das einzigartig, unvergleichbar ist, und das ist Gott allein."

In diese illusorische Idylle brach mit ohrenbetäubender Kakophonie der Aufschrei des 9. November ein – wobei dieses Datum als Symbolbegriff zu verstehen ist. Und dieser kakophonische, betäubende Aufschrei durchbrach die Reverie, diesen Traum vom Ebenbild Gottes, vom Gott-gleichen-Menschen. Dieser schrille Schrei, auf dem Hintergrund des Donners marschierender Stiefel, pulsierender Trommeln und Pauken und ratternder Schüsse, barst das Glas des Spiegels, in dem der Mensch sich selbstzufrieden reflektierte und sich eitel selbst ins Gesicht schaute. Das Glas barst und erwies sich als Fenster, durch dessen Scherben man in die Hölle blickte, und anstelle von Gottes Ebenbild sah man die verzerrte Fratze des Teufels hämisch lachen. Er lachte! Und wir sahen den Menschen nicht mehr, sondern nur ihn, den Teufel.

Vielleicht waren die Mißtöne der Vergangenheit nicht schrill genug und deshalb dachte man, man könne all die Tiefpunkte menschlicher Erfahrungen meistern. Nun sind wir vor das Problem gestellt, ob wir diesen einzigartigen Tiefpunkt der Tiefpunkte auch meistern können; diesen kaltblütig organisierten, bewußt geplanten und gewollten Versuch der Ausrottung eines Volkes, nur weil es einen gewissen Namen trug: Juden, und als Zugabe die Verdichtung vieler anderer Gruppierungen, die man als lebensunwürdig kategorisierte. Da zerbarst eben nicht nur der Spiegel, in dem der Mensch das Ebenbild Gottes zu sehen glaubte, sondern das Ebenbild Gottes selbst zersprang.

Ist damit die Bibel widerlegt? Kann man von ihr folgerichtig behaupten: „Abgehakt, in die Bibliothek unter Antiquitäten verbannt, interessantes Lesewerk über das, wie der Mensch einmal über sich dachte?" Kann der Mensch nicht mehr von sich selber sagen, im Ebenbild Gottes sei er geschaffen, mit allem, was sich daraus ergibt? Müßten wir dem zustimmen – und gute Gründe kann man dafür ins Feld führen –, dann würden unsere Glaubenswelten wie Kartenhäuser zusammenfallen. Denn wenn der Mensch nicht das Ebenbild Gottes ist, welchen Anspruch kann dieses Buch – die Bibel – auf Authentizität, welchen Anspruch als Lehrbuch, als Leuchte auf dem Pfad unseres Lebens zu gelten, erheben? Mehr noch als das Judentum, das sich vielleicht in ein Volkstum retten könnte, wäre das Christentum gefährdet. Wie weit wäre es dann her mit der Lehre, daß die Vergebung der Sünden und die Erlösung bereits in die Welt gekommen sind, angesichts dessen, was in unserer Zeit geschehen ist? In wessen Ebenbilde wäre dann Jesus von Nazareth zu sehen?

Daß diese Gedanken nicht so abwegig sind, möchte ich anhand eines kleinen Dokuments vermitteln. Es ist ein Abschnitt aus einem Gemeindeblatt eines bayerischen Dekanatsbezirkes vom April 1939. Bestimmt hat es keine großen Wellen geschlagen, aber solche Schriften wurden in den 30er Jahren massenhaft produziert, gelesen und angenommen. Und was schreibt der liebe Pfarrer oder Dekan in seinem Blättchen anläßlich des 50. Geburtstages von Adolf Hitler?

Nachdem ein ganzer Passus aus Martin Luther zitiert wurde, schreibt er: „Unser Führer, 50 Jahre alt! Unser Führer! Er ist unser, weil ihn Gott uns geschenkt als einen Wundermann, der vollbracht hat, was wir – die Welt – für unmöglich gehalten haben. Wir erinnern nur an die Volkseinheit, die er aus unserem durch Parteifehden, Konfessionen, Vereinen zerklüfteten Volk gemacht hat. Wir erinnern an die Freiheit, die er diesem Volke wiedererstritten hat durch die Zerreißung der Fesseln des Versailler Vertrages. Wir denken an den Schutz, den er in einer starken Wehrmacht zu Land, zu Wasser und zu Luft uns gegeben hat; den gewaltigen Befestigungen an unseren Grenzen. Stolz sind wir auf die Größe, die er dem Deutschen Reich verliehen hat, indem er angestammte Gebiete zum Vaterlande zurückführte." Dies ist ein Dekanatsbrief und nicht das Pamphlet einer politischen Partei. Und darin heißt es weiter: „Glücklich sind wir, weil er für die Armen und Elenden sorgte. Um des allen willen ist unser Führer, der mit Einsetzung seiner ganzen Persönlichkeit sich uns geschenkt hat, vollkommen selbstlos nur auf sein Deutschland bedacht. An seinem 50. Geburtstag, da danken wir Gott für diesen Mann, den er uns geschenkt, danken wir Adolf Hitler selbst." (Eine interessante Parallele) „In diesen Tagen bitten wir Gott für diesen Mann: Herr, schütze und behüte ihn, segne ihn ferner aus der Fülle deiner Gnade. Wir versprechen unserem Führer Treue und Gehorsam, das ist ja das einzige, was wir ihm geben können."

Solche Abrutscher in das Heidnische gab es damals in Hülle und Fülle. Sie waren eher Norm als Ausnahmen. In dieser Art des Glaubens hatte der Nazarener Jesus eigentlich keinen Platz. Gelegentlich mußte sein Name herhalten, eine nicht existierende Kontinuität vorzutäuschen, doch inhaltlich wurde seine Lehre von einer ihr grundsätzlich entgegengesetzten ersetzt. Eine Krankheit des Geistes hatte die Mehrzahl der Menschen dieses Teils der Welt erfaßt.

Als Gegenmittel gegen diese Krankheit wurden uns diverse ‚Ismen' angepriesen, die alle uns lehren wollten, wie wir aus diesem Schlamassel uns befreien könnten. Sie alle haben uns das Ebenbild Gottes nehmen wollen, weil sie uns, den Menschen, auf den Thron gehoben haben. Wir waren nicht mehr Ebenbild, sondern das Original selbst. Wir, die Menschen, machten uns zu Gott: Nationalsozialismus und Faschismus, Kommunismus, Sozialismus, Kapitalismus, Materialismus, all diese ‚Ismen' stellten den Menschen in den Mittelpunkt. Und wenn der Mensch selbst im Mittelpunkt steht, wessen Ebenbild kann er dann sein? Dann braucht er nichts, an dem er sich modelliert. Und so kamen die ‚Ismen', kamen die Parteien und zum Teil – obwohl sie es nie selbst erkannten – die Religionsinstitutionen und verschleierten das Bild des Göttlichen. Sie gaben das Zepter der Weltherrschaft dem Menschen, ohne ihm gleichzeitig die Gebrauchsanweisung mitzuliefern. Denn die Bibel, die ehedem Gebrauchsanweisung für uns war – und ich hoffe, noch immer ist –, war für sie nicht mehr ‚au courant'. Und das alles, das alles geschah noch im Vorraketen-, im Voratomzeitalter, noch vor der Zeit der Raumfahrt. Und Sie wissen ja alle, wie nahe wir damals schon am Rande des Abgrunds waren. Nun haben sich die Gefahren potenziert. Sollte ähnliches wie die nationalsozialistische Wahnherrschaft sich in irgendeiner Art und Weise nochmals wiederholen, ausgerüstet mit der Macht und dem Wissen, die uns heute eigen sind, dann kämen wir nicht mehr – man darf es fast nicht aussprechen – so ‚glimpflich' davon. Mit diesem ‚glimpflich' beabsichtige ich in keiner Weise, die Schoa zu verharmlosen oder zu relativieren. Nichts liegt mir ferner. Ich wende ihn hier nur an, um darauf hinzuweisen, daß ein ‚nächstes Mal' den Untergang der Menschheit bedeuten könnte.

Mit dieser bitteren Betrachtung, mit dieser sehr herausfordernden und beängstigenden Frage sehen wir uns konfrontiert, wenn wir heute auf die Trümmer schauen, die oft gar nicht mehr da sind, die sich aber auf der Retina unseres Gewissens, unserer Erinnerung für immer festgesetzt haben; wenn wir heute, an diesem Morgen, 50 Jahre nach der Nacht des großen Feuers, auf die Trümmer der Synagogen blicken. Wir gedenken heute, wir erinnern uns, wir beten, wir singen, wir schweigen und – ich glaube – wir haben Angst, eine furchtbare Angst. Wenn man in diesen Tagen der gemeinsamen religiösen Feierstunden genauer hinschaut, dann spürt man ein Gefühl der Gemeinsamkeit zwischen Juden und Christen auch in dieser geheimen Angst, in dem Bewußtsein, wie nahe wir an diesem Rand stehen. Dies wurde mir gestern besonders in einem Gottesdienst in der Neustädter Stadtkirche zu Hannover bewußt. Eine große Anzahl, vorwiegend jugendliche Menschen, gedachten der Pogromnacht. Anschließend gingen sie schweigend zum Denkmal der ehemaligen Synagoge und von dort in die katholische St.-Clements-Kirche, in der sie bis 3.00 Uhr nachts verblieben, um betend wach zu sein in der Stunde, in welcher vor 50 Jahren nebenan die Synagoge brannte. Und man merkte die Betroffenheit dieser doch religiös orientierten Jugend – und ihre Angst. Fast greifbar spürte man den Zweifel am Glauben. Nein, nicht so sehr am Glauben als an den religiösen Institutionen, an den formellen Gebilden, die sich mit Verlautbarungen – so wohlgedrechselt sie auch sein mögen – begnügen. Man spürte eine Verwirrung, eine Ratlosigkeit angesichts dessen, was sie erfahren haben oder besser, was sie als Nichtbeteiligte nur dumpf verspürten. Man merkte es schon dadurch, daß sie versuchten, alternative Formen in diesem Gottesdienst zu entwickeln. Es war bemerkenswert und auch rührend, wie sie mit Musik und eigenen Worten versuchten, ihre Gefühle zum Ausdruck zu bringen.

So hörten wir zum Beispiel ein Wechselspiel zwischen einer Flöte und der Orgel in kaum erkennbarer Variation des bekannten Liedes „Aus tiefer Not". Die Dissonanzen und Disharmonien, welche in immer sich ändernden Formen den Schrei um Hilfe in tiefer Not artikulierten, gingen an die Substanz. Sie wühlten die Seelen auf und entblößten die Anwesenden von allen Prätentionen und Vorbehalten. Besser hätte man die Bedürfnisse dieser Gedenkstunde kaum vorstellen können. Man verstand instinktiv die Schwere der Problematik, die auf unserer Generation lastet. Mir vermittelte die Musik ein Bild des Menschen, wie sie wie Mäuse in einem Käfig verzweifelt von Seite zu Seite, von Ecke zu Ecke jagen, um einen Ausweg aus dem Gefängnis zu suchen. Und keiner weiß, ob es einen Ausweg gibt, und wenn ja – wo er sich befindet.

Sollte das alles wirklich so sein, hatte nicht jener recht, der einmal sagte: eat, drink and be merry for tomorrow we die? (Laßt uns essen und trinken und laßt uns fröhlich sein, denn morgen sind wir tot.)

Das, was ich Ihnen hier erklären will, paßt vielleicht eher in eine Synagoge oder in eine Kirche als in einen Hörsaal, in eine Aula einer Universität, aber ich sage es Ihnen dennoch: Was ich Ihnen hier vorgetragen habe, daran glaube ich selbst nicht. Denn würde ich daran glauben, wäre ich nicht hier. Dann hätte ich meinen Rabbiner-Talar schon lange an den Nagel gehängt und hätte mir vielleicht wieder den Talar des Akademikers angezogen oder sogar mich selbst an den Nagel gehängt – wer weiß? Ich bin nicht bereit, meiner eigenen Analyse, die – glaube ich – durchaus haltbar ist, zu folgen, denn ich glaube doch an den Menschen, und deshalb habe ich das Thema meines Vortrages mit einem Fragezeichen versehen.

Ist das Ebenbild Gottes gescheitert?

Ich erinnere mich an ein Gedicht und an ein Tagebuch. Das Gedicht stammt von Hanna Senesch, einer jungen Jüdin, die nach Israel kam, als es noch Palästina hieß, und dann als Geheimagentin in Ungarn mit dem Fallschirm absprang, erwischt, gefoltert und dann hingerichtet wurde. Trotz ihrer Kenntnis dessen, was ihrem Volk geschah, konnte sie selbstbewußt und hoffnungsvoll schreiben: „Trotzdem glaube ich an den Menschen." In ihrem Tagebuch bezeugte Anne Frank das Gleiche. Trotz allem sah sie den Frühling; trotz allem erkannte sie noch das Gute und das Schöne im Menschen. Überlebende – wie Leo Baeck – konnten auch nach Theresienstadt wieder von Zukunft und von Hoffnung sprechen.

Und das Volk Israel, im eigenen Lande Israel, singt trotz Holocaust, trotz 2000 Jahren Verfehmung, Erniedrigung und blutiger Verfolgung: „Unsere Hoffnung ist noch nicht verloren!"

Es gibt ein anderes Menschenbild als das der Hasser, der Krieger, der Zerstörer und der Unterdrücker. Wenn wir uns in der Welt umschauen, sehen wir doch Millionen Menschen, die damit beschäftigt sind, im Dienste anderer Menschen zu wirken; die heilen, Schmerz lindern, verbessern, produzieren, Nahrung schaffen oder einfach friedlich ihren Berufen nachgehen. Wieviel Ärzte, wieviel Seelsorger, wieviel Pioniere in der Welt versuchen, für wenig oder ohne Entgelt anderen zu helfen. Es gibt nicht nur die Fabriken, in denen Atombomben produziert werden, es gibt auch die Strahlenmedizin, durch die Tausende und Abertausende von Menschen, die sonst zum Tode verurteilt wären, Linderung ihrer Krankheiten oder Heilung erfahren. Und all das zeigt – ohne das eine gegen das andere aufzurechnen –, daß Wissen, Wissenschaft, die Macht, die der Mensch über Naturkräfte besitzt, an und für sich neutral sind. Der Mensch ist immer noch der Ausschlaggebende, ob sein Wissen und seine Möglichkeiten zum Guten oder zum Bösen angewandt werden. Und deshalb, wenn wir uns mit der Welt, ihrer Vergangenheit, ihrer Gegenwart und ihrer Zukunft befassen, müssen wir sowohl das Gute wie das Schlechte sehen.

Somit sind wir wieder bei der Bibel, unserem Anfangs- und Ausgangspunkt, angelangt, da, wo dem Menschen das Recht und die Möglichkeit zum Wählen eingeräumt wird. „Siehe", spricht die Heilige Schrift, „ich setze vor euch das Gute und das Böse, das Leben und den Tod. Wähle das Leben, auf daß du lebst, auf der Erde (oder: in dem Land), die ich dir gebe."

Siehe das Gute und das Böse – beide stehen dir offen! So haben einige das eine gewählt, die anderen den zweiten Weg. So können wir auch das betrachten, was Menschen im Laufe der Jahre Gutes tun und getan haben. Es ist viel. Wenn wir das alles zusammenbringen, analysieren und kategorisieren, dann sehen wir – ich glaube ohne große Überraschung –, daß diese Menschen eigentlich nur das tun, was die Bibel in ihren Grundzügen uns vorschreibt. Alles, was zum zwischenmenschlichen Verständnis führt, was gegenseitig hilfreich ist, was aufbauend wirkt, ist die Verwirklichung der grundsätzlichen Anweisungen der Bibel, mit anderen Worten: der Gebote Gottes.

Wenn dem so ist, dann ist die Widerlegung widerlegt. Dann sehen wir, daß dieses Buch doch seine Berechtigung und Rechtfertigung besitzt. Und wenn wir diese Richtung weiterverfolgen, können wir auch die Kapitel der Schöpfungsgeschichte wieder positiv annehmen, in denen geschrieben steht: „Im Ebenbild Gottes hat Er ihn erschaffen." Denn alle Menschen guten Willens, die zumindestens versuchen, das Gute zu tun – obwohl nicht jeder, der Gutes will, das Gute schafft, sowie nicht jeder, der das Böse will, das Böse schafft –, können sich auf ihre „Ebenbildlichkeit" berufen. Ob sie bewußt in Gottes Wegen gehen und nach der Bibel leben oder nicht, das ist allemal ziemlich egal. Die Tatsache selbst ist ausschlaggebend, denn Gott verlangt nicht immer eine erneute Absichtserklärung, daß man auf seinem Pfade gehen wolle. Man soll es nur tun, man muß die Motivation ja nicht unbedingt an die große Glocke hängen. Und so sehen wir: Aus unseren Potentialitäten, aus den Chancen, die uns noch immer gegeben sind, ergibt sich, daß wir uns der Herausforderung nicht entziehen können zu rechtfertigen, daß wir doch im Ebenbild Gottes geschaffen worden sind. Denn eine Herausforderung ist es allemal!

Und zu keiner Zeit wurden wir von dieser Herausforderung direkter angesprochen als an diesem 9. November. Denn gerade dieser Tag, der uns an den absoluten Tiefpunkt menschlichen Verhaltens erinnert, konfrontiert uns ausweglos mit der Frage: Mensch, wo gehst du hin? Weil wir noch leben und weil wir zusammen sind, weil wir zusammen uns erinnern, weil genügend noch existiert, das uns nicht vergessen läßt, erkennen wir den Wahrheitsinhalt der alten jüdischen Weisheit, die auch Richard von Weizsäcker zitiert hat, daß das Geheimnis der Erlösung Erinnerung heißt. Deshalb ist dieser Trauertag auch Ankerpunkt einer Kette, die in die Zukunft führt, eine Zukunft, die uns zumindest die Möglichkeit eröffnet, noch zu beweisen, daß der Mensch doch im Ebenbilde Gottes geschaffen und daß er nicht zum Scheitern verurteilt ist.

Chag sameach – Jüdisches am Feiertag

Die Freiheit des Menschen
Pessach

In jeder Generation soll der Mensch sich sehen, als wäre er selbst aus der ägyptischen Unterdrückung ausgezogen."

Diese Worte stehen im Mittelpunkt der häuslichen Feier, mit der in allen jüdischen Heimen das Pessachfest eingeleitet wird. Sie drücken die geistige Einstellung aus, mit der dieser Abend angegangen werden soll. So beginnt denn auch die Antwort auf vier Fragen des Jüngsten der Anwesenden, warum eigentlich diese Nacht sich von allen anderen Nächten unterscheidet, mit den Worten: „Wir waren Sklaven dem Pharao in Ägypten."

Mit solch einer Vergegenwärtigung einer lange vergangenen geschichtlichen Episode vertieft sich das Wesen des Festes. Mehr als nur eine Festzeit, die an die Befreiung der Kinder Israels aus ägyptischer Knechtschaft vor nahezu dreieinhalbtausend Jahren erinnert, wird Pessach zum Fest der Freiheit schlechthin – „die Freiheit aller gottgläubigen Menschen zu jeder Zeit".

Kein geschichtliches Ereignis kann sich im Bewußtsein eines Volkes lebendig erhalten, wenn es nicht allgemeine Werte und Wahrheiten vermittelt, auf Ideale hinweist oder zeitgenössische Probleme oder Bedürfnisse anspricht. Der Auszug des israelischen Sklavenhaufens ist in den meisten Geschichtsbüchern in nur wenigen Worten – wenn überhaupt – geschildert.

Es gibt offenbar viele, anscheinend wichtigere Geschehnisse zu berichten. Imperien stiegen auf und fielen, große und mächtige Völker wanderten auf die Bühne der Geschichte und traten wieder von ihr ab. Der Mensch flog zum Mond und schickte Sonden zu den Planeten, doch fand keines dieser bestimmt nicht belanglosen Ereignisse ein so nachhaltiges Echo in irgendeinem Volk wie der Auszug aus Ägypten beim jüdischen Volk.

Worin liegt das Geheimnis dieses Festes, daß es sich so tief im religiösen und nationalen Bewußtsein der Juden verankern konnte? Es wurde zum Symbol für die wechselvolle Geschichte voller „Auf" und „Ab". Welche universelle Lehre entdeckte das Judentum in diesem Geschehen, um sie immer wieder vorzuleben und zu verkünden?

Ein Teil der Antwort auf diese Frage liegt wahrscheinlich in dem Hinweis auf die erlösende Hand Gottes. In all seinen Bewertungen geschichtlicher Erinnerung stellt der Jude das Walten der göttlichen Macht in die Mitte. Dies ist aber auch der Fall im Zusammenhang mit anderen Festen und Gedenktagen, ohne daß diese die Popularität, Anziehungskraft und Beständigkeit Pessachs erlangt hätten. Etwas anderes muß da noch mitspielen, etwas, das vermag, unabhängig von Ort und Zeit die Saiten der menschlichen Seele zum Erklingen zu bringen. Etwas, das uns die Überzeugung verleiht, die Hoffnung auf Erlösung liege im Bereich des unmittelbar Möglichen. Dieses „Etwas" hängt damit zusammen, daß Pessach das Fest der Freiheit ist, wie einer seiner Namen besagt: „Seman Cherutenu" – die Zeit unserer Freiheit.

Freiheit, dieses Wort, dieser Begriff, hat unzählige Herzen höher schlagen lassen, hat unübersehbare Massen gegen Tyrannei und Unterdrückung in Bewegung gesetzt. Freiheit entspricht dem tiefsten Sehnen des Menschen, denn nur wer frei ist, wahrlich frei, kann seine Ebenbildlichkeit Gottes erkennen.

Die Ereignisse der Wendezeit 1989/90 im Zentrum und im Osten Europas sind dafür beredte Zeugen. In der Vergangenheit, als die Gesellschaftsstrukturen noch viel einfacher und überschaubarer waren, konnte man leichter als heute Kriterien der Freiheit aufstellen. Dem ist schon lange nicht mehr so. Es ist in unserer Welt gar nicht so leicht, zu beurteilen, wer wirklich frei ist und wer nicht. Nicht jede Knechtschaft muß durch Ketten, Peitschen und Stacheldraht gekennzeichnet sein. Inzwischen hat man verfeinerte Arten der Versklavung entwickelt, die dem einzelnen in subtiler Weise vorgaukeln, er sei frei, auch wenn das keinesfalls der Wahrheit entspricht. Schleichende Vorgänge führen zur fortschreitenden Entmündigung und Bevormundung. Immer mehr lebenswichtige Entscheidungen werden dem Menschen aus der Hand genommen. Von außen her wird für ihn geplant, programmiert und entschieden. Er darf nur noch dafür bezahlen, meistens auch unfreiwillig. Seien wir doch einmal ehrlich mit uns selbst: Fühlen wir uns wirklich noch frei? Tun wir das Gute, weil wir das Gute tun wollen oder weil man uns vorschreibt, das Gute zu tun, wobei man uns vorkaut, was das Gute zu sein hat.

Um uns daran zu erinnern, daß Freiheit des Menschen unabdingbares Recht ist, für das er sich einsetzen und kämpfen muß, lesen wir jedes Jahr wieder die Geschichte der Befreiung aus der ägyptischen Knechtschaft, und zwar so, als wäre sie auf uns selbst bezogen. An den einfachen, klaren Linien der damaligen Ereignisse können wir unsere eigene Lage und die uns daraus erwachsenen Pflichten und Aufgaben prüfen. Die Frage nach dem wahren Wesen der Freiheit wird uns immer wieder neu gestellt, und wir dürfen ihr nicht ausweichen. Es wird uns zu verstehen gegeben, daß Freiheit unteilbar ist, das Gut jedes einzelnen Menschen auf der Erde. Das Pessachfest verlangt deshalb von uns, uns so zu sehen, als hätten wir die bittere Knechtschaft selbst empfunden. Es lehrt uns aber auch das, was eben dieser Abend verkündet: „Dieses Jahr Sklaven, nächstes Jahr freie Menschen, was einmal glorreiche Realität werden wird."

Blaupause für die Schöpfung
Schawuot

Es ist eigentlich schwer verständlich, warum von vielen Juden Schawuot – das Wochenfest – so stiefmütterlich behandelt wird. Wenn man die Begeisterung bedenkt, mit welcher Juden ihre Feste feiern, müßte man wohl glauben, daß Purim und Chanukka wichtiger wären als alle anderen Feiertage, und daß Pessach sowieso mindestens zwei Stufen höher stünde als Schawuot. Wahrscheinlich liegt es an den Bräuchen und Ritualen, welche die genannten Feste so attraktiv machen. Schawuot hat da nichts Gleichwertiges aufzuweisen. Zwar werden die Synagogen mit Grün geschmückt, in manchen Gemeinden bringen Kinder Körbchen mit Früchten. Doch was ist das schon im Vergleich mit dem Lärm zu Purim, den Lichtern und Geschenken zu Chanukka, dem Afikoman und den vielen Symbolen des Sedertisches zu Pessach?

Ginge es aber nach Inhalten, dann müßte Schawuot an oberster Stelle stehen. Ist es doch die Zeit, in der wir uns an die Gabe der Tora am Berge Sinai erinnern, ganz besonders destilliert in der Verkündigung der Zehn Gebote. Eigentlich wären alle anderen Feiertage – wie die ganze Geschichte Israels – undenkbar ohne Tora. Die Annahme ist berechtigt, daß es ohne die Tora heute gar kein Judentum und kein jüdisches Volk mehr geben würde. Jüdisches Leben und Handeln, Lehren und Lernen verlören ihr Fundament, gäbe es nicht die Tora. Die Verbindung Israel und Tora kommt gut in einem kleinen Volkslied zum Ausdruck, das verkündet, das Volk Israel sei ohne Tora wie ein Körper ohne Seele – wobei hier noch hinzuzufügen wäre, daß es in diesem Fall die Seele ist, die dem Körper seine Existenz und Dauerhaftigkeit verleiht.

Es gibt Texte, die erzählen, daß die Tora bereits bei der Schöpfung zugegen war. Sie bildete sozusagen die Blaupause, den Entwurf, nach dem der Schöpfer sein Werk vollbrachte. So ganz von der Hand zu weisen ist dieser Gedanke nicht – selbstredend jedoch nicht im Zusammenhang mit den aktuellen Schriften, die wir in unseren Händen haben und die unsere Tora im weitesten Sinne sind. Letztere, da sie dem Menschen zugänglich und verständlich sein soll, kann nur ein Abglanz der absoluten Tora sein, die unveränderlich und unvorstellbar bleiben muß. Mit absoluten Kategorien kann der Mensch mit seinem begrenzten Geist und Verständnis und in der Unfähigkeit, in jedweder Sprache Absolutes auszudrücken, nichts anfangen. Die Tora muß sich ihm so präsentieren, daß er die Bezüge zu Zeit, Raum, Umfeld und sich selbst herstellen kann.

Doch schon in der Schöpfung besteht eine Ordnung und Gesetzlichkeit, eine unvorstellbare Fülle von Kausalitäten, die das gesamte Schöpfungswerk prägt. Vielleicht nur ein kleiner Teil davon sind die Gesetzlichkeiten, die es dem Menschen ermöglichen, in seiner Welt und in seinem Leben eine Gesellschaftsordnung zu gestalten, die in vollem Einklang mit der Schöpfung steht und demgemäß auch eine parallele Harmonie in seinem Erfahrungsbereich schafft. Man könnte es vorsichtig so formulieren, daß es eine Tora des Himmels gleich einer Tora der Erde gibt – wobei sie eigentlich im Wesen ein und dasselbe sind, nur daß die letztere die Form hat, die sie dem Menschen zugänglich macht.

Das unbeschreibliche Wunder ist, daß der Schöpfer dem Menschen durch Israel einen Zugang zu seiner höheren und absoluten Weisung gegeben hat, so daß ihm auch die Möglichkeit gegeben wird, den „himmlischen Fluß der Harmonie" in seine Welt zu reproduzieren und so im Sinne und nach dem Willen des Schöpfers zu wandeln. Diese Gedanken sind atemberaubend und rechtfertigen den Ausruf des Psalmisten, der behauptet, daß Gott den Menschen nur ein bißchen geringer als die Engel geschaffen hat. Auch die Ebenbildlichkeit des Menschen – in der Schöpfungsgeschichte angeführt – gewinnt damit einen Sinn. Daß Israel durch seine Erwählung und durch seinen Bund mit Gott privilegiert ist, die Kenntnis der Tora unter alle Menschen zu tragen, ist etwas, das uns mit Dankbarkeit, Ehrfurcht, aber auch einem gerüttelten Maß an Bescheidenheit erfüllen muß. Wenn wir uns zu Schawout wieder in den Synagogen einfinden, um Dank für die Gabe unserer Tora auszusprechen, dann soll uns dies auch ermutigen, über die Erfüllung unserer Aufgabe unter den Völkern nachzudenken, zu jener Zeit in späten Tagen wie es der Prophet Jesaja verkündet hat.

„Und es wird sein in späten Tagen, da wird gegründet stehen der Berg mit des Ewigen Haus, obenan von den Bergen und ragend über die Höhen und strömen zu ihm alle Völker. Da ziehen viele Stämme hin und sprechen: ‚Kommt, steigen wir hinan zum Berg des Ewigen, zum Haus von Jakobs Gott, daß er uns seine Wege weise und wir in seinen Pfaden wandeln!' Denn von Zion geht Weisung aus und von Jeruschalajim das Wort des Ewigen. Und er wird richten zwischen den Nationen und entscheiden vielen Völkern. Sie schmieden ihre Schwerter dann zu Pflügen und ihre Lanzen um zu Winzermesser, nicht hebt Volk wider Volk ein Schwert, sie lernen nicht mehr Krieg."
(Jesaja 2,1–5)

Der Mensch muß sich ändern
Neunter Av – Gedenken an die
Zerstörung Jerusalems

In kargen nüchternen Worten und in wenigen Sätzen berichtet die Bibel über die Ereignisse am neunten Tag des Monats Av, deren Echo auch heute noch im jüdischen Bewußtsein widerhallen. Jerusalem war von den Babyloniern eingenommen, der Tempel ein Meer der Flammen geworden und die große Mehrzahl der Bewohner in die Verbannung ostwärts getrieben.

Dahin war die Eigenständigkeit, zerschmettert das erhabene und einzigartige Gotteshaus. Das Datum, an dem – laut Überlieferung – der erste Tempel zu Jerusalem zerstört wurde, galt seit jener Zeit als schwarzer Tag der jüdischen Geschichte. Nicht nur die Zerstörung des zweiten Tempels, sondern auch die Vertreibung der Juden aus Spanien 1492 sowie eine Vielzahl weiterer Katastrophen schlimmen Ausmaßes sollen an diesem Tag stattgefunden haben. Das Sammeln von Ereignissen dieser Art auf einen Tag entbehrt nicht einer gewissen praktischen Logik. Würde man jedes Unheil, das dem jüdischen Volk im Laufe seiner Geschichte widerfahren ist, am tatsächlichen Jahrestag beklagen, gäbe es wohl keinen Tag des Jahres, an dem man freudige Feste feiern oder einfach in der Normalität des Alltags leben könnte. So wurde der neunte Av zu mehr als einem Tag, an dem Juden der Zerstörung des Tempels zu Jerusalem gedenken. In die Klagen um das verwüstete Gotteshaus mischen sich die Erinnerungen an viele unglückliche Geschehnisse und ihre unzähligen Opfer.

Außenstehende fragen sich wohl erstaunt, wie man von einem Ereignis, das so fern in der Vergangenheit liegt – sei es noch so traumatisch –, derart berührt sein kann. Kenner und Freunde des Judentums wissen aber, daß die persönliche Identifizierung mit der Geschichte und dem Werdegang seines Volkes bei einem Juden stark verwurzelt ist. Immer wieder versucht er, in seinen Gedanken und in seiner Einbildungskraft die großen Meilensteine der Geschichte Israels nachzuvollziehen, um sie besser als nur auf sich selbst angewandt zu verstehen. Gedenkt er des Auszugs aus Ägypten, spricht er: „In jeder Generation soll der Mensch sich so sehen, als wäre er selbst aus Ägypten gezogen." Am Schabbat ruft er sich die Schöpfung der Welt ins Gedächtnis; am Wochenfest steht er am Fuße des Sinai; am Laubhüttenfest sitzt er mit seinen Ahnen in der zerbrechlichen Behausung der Wüstenwanderung.

Stimmt ein Jude die Klagelieder am neunten Av an, tränen seine Augen. Betet er im täglichen Gebet um die Wiederherstellung Jerusalems, gibt er seinem innigsten Herzenswunsch Ausdruck. Fragt er nach den Gründen der damaligen Katastrophe, setzt er bei seiner eigenen Schuld an. „Unserer Sünden wegen wurden wir aus unserem Land verbannt", bekennt die jüdische Liturgie. Wer diese immerwährende und niemals gebrochene Bindung zwischen dem jüdischen Volk und dem Land Israel – und besonders Jerusalem – nicht zu erkennen vermag, der kann auch das Entstehen des modernen Staates Israel nicht verstehen.

Jüdisches Denken schließt Willkür aus dem Walten Gottes in der Geschichte aus. So stellt sich die Frage nach den Gründen der Ereignisse mit besonderem Nachdruck. In der Beziehung zwischen Gott und Menschen kann Unbeständigkeit nur der menschlichen Seite zugeschrieben werden. Es ist der Mensch, der Gräben aufreißt, trennende Mauern errichtet. Er ist es, der sich von Gott abwendet und sich von ihm entfernt. Gründe für

Unheil müssen demgemäß zuerst im menschlichen Verhalten gesucht werden. Deshalb die klare Aussage im jüdischen Gebet: „Unserer Sünden wegen wurden wir aus unserem Lande verbannt." Solch eine Einsicht mag wohl bereits im Exil nach der Zerstörung des ersten Tempels im sechsten Jahrhundert vor der jetzigen Zeitrechnung bestanden haben. Sie erklärt vielleicht das Überleben des jüdischen Glaubens in der Fremde, damals alles andere als selbstverständlich.

Die großen Propheten Israels und Judäas hatten damals in harten Worten die Lebensweise und Moral ihrer zeitgenössischen Gesellschaft gegeißelt und deren katastrophale Folgen vorausgesagt. So waren die Kalamitäten zwar eine harte Lehre, aber gleichzeitig ein überzeugender Beweis der Gerechtigkeit Gottes und der Wahrheit der Verkündung der Propheten. Hatte man sich vorher geweigert, den Propheten Gehör zu schenken, standen sie nun durch die Wucht der Ereignisse gerechtfertigt da.

Die Trauer um Jerusalem wird deshalb um Betroffenheit ergänzt, weil der Gläubige erkennt, daß es so nicht hätte kommen müssen. Unserer Schuld und unserer Vergehen wegen wurde Jerusalem zerstört und Israel in die Verbannung geschickt. Diese Erkenntnis zwingt unausweichlich zu Selbstkritik und Kursänderung, zu Einsicht und Umkehr. Im Bewußtsein von Gottes unendlicher Liebe, Gnade und Barmherzigkeit muß sich der Mensch ändern, will er die zerstörten Brücken wieder aufbauen, die ihn von Gott trennenden Mauern niederreißen und die aufgerissenen Gräben wieder auffüllen.

Die Mauern des Tempels sind nicht für immer zerstört, die Aufgaben eines wiederentstandenen Zions noch lange nicht endgültig erfüllt. Doch steht fest: Jerusalems Platz in der Heilsgeschichte der Menschheit ist durch Gottes Wort und Verheißung gewährleistet. Aber das Wie und Wann liegt – zumindest teilweise – in des Menschen Hand.

Die Synagoge weint
Rosch Haschana

Die Idee des himmlischen Gerichts am Rosch Haschana, am Jüdischen Neujahr, ist eher als Verbildlichung einer geistigen und seelischen Situation zu sehen, die uns helfen soll, das zu verstehen, was von uns gefordert wird. Das Leben eines Menschen ist niemals in schwarzweißen Farben zutreffend beschrieben. In jedem Fall ist es ein Gewebe aus Licht und Schatten, das für jeden Einzelnen ein komplexes und einmaliges Bild entwirft. Auch ein einfaches unproblematisches Leben besteht aus einer unzähligen Reihe von Entscheidungen, die notwendigerweise zum Teil richtig, zum Teil falsch ausfallen. Aber auch richtig und falsch, gut und schlecht sind keine absoluten Kategorien. Es gibt viele Zwischensituationen. Ich brauche nicht zu erläutern, wie oft wir etwas tun oder sagen, das teilweise korrekt ist, aber auch Elemente des Fehlerhaften in sich birgt. Wir müssen aber noch weiter sehen, denn jede dieser Entscheidungen zeitigt Folgen, die – im Zusammenhang mit den Absichten gesehen – ergeben, ob etwas als gut oder schlecht, richtig oder falsch anzusehen ist – so weit wir so etwas überhaupt ermitteln können. So soll uns die Vorstellung, daß wir einem unbestechlichen, gerechten göttlichen Gericht gegenübergestellt werden, dazu anhalten, unseren Lebenswandel so objektiv, wie wir es können, zu untersuchen.

Es geht hier nicht primär um Schuld. Selbstverständlich bedeutet die Anerkennung von Fehlern auch die Annahme von Schuld. Das Wesentliche dabei ist aber, Änderung und Besserung herbeizuführen. Anders gesagt: Nicht nach Strafe wird hier gefragt, sondern nach Rehabilitation im Sinne der prophetischen Aussage, nach der Gott keineswegs den Tod des Sünders sucht, sondern ihn ermutigt, den bösen Weg zu verlassen und dadurch zu leben. Nur weil man vor dem göttlichen Gericht im vollen Bewußtsein der allgegenwärtigen, barmherzigen Gnade Gottes steht, kann man diesem Tag hoffnungsvoll und zuversichtlich entgegensehen.

Die Möglichkeit, das eigene Schicksal zum Guten zu wenden, hängt unter anderem davon ab, ob man sich genügend disziplinieren kann, um aus der Anerkennung der Schuld eine Änderung des Lebenswandels herbeizuführen. Meistens bespricht man solch eine Kursänderung im persönlichen Leben in seinem engsten Kreis oder näheren Gemeinschaft. Trotzdem sollte man daran denken, daß auch die größeren und unserem Einfluß entzogenen Probleme uns angehen. Wo es um den Frieden in der Welt und um das Überleben der Natur geht, wo gesellschaftlicher Zerfall und Rechtlosigkeit das Gewebe unserer freien Gesellschaft bedrohen, muß auch der Einzelne für die Erhaltung der ihm teuren Werte einstehen. Eine Geschichte soll diesen Punkt illustrieren.

Am Rande eines kleinen Dörfchens in einer entlegenen Provinz Polens stand eine alte, zerfallene und nicht mehr benutzte Synagoge. Im Dorf und seiner Umgebung war sie unter dem Namen „die weinende Synagoge" bekannt, denn man erzählte sich, daß man um Mitternacht aus ihrem Inneren Laute wie ein Schluchzen hören könne, ein Weinen, das vermischt war mit dem Tropfen von Wasser.

Die Legende berichtet weiter, daß in diesem Dorf vor vielen Jahren ein greiser, berühmter und gelehrter Rabbi lebte. Arm und allein wohnte er in einem kleinen Holzhaus unweit der Synagoge. Das bescheidene Häuschen und die Nahrungsmittel, welche ihm seine Gemeindemitglieder zukommen ließen, waren aber genug für ihn, denn er verbrachte die meisten Stunden der Tage und Nächte in der Synagoge, vertieft in das Studium der Heiligen Bücher. Stunde um Stunde, Tag für Tag, Jahr für Jahr saß er über seinen Büchern, suchte, betete und lernte. Eines Tages, kurz nach Mitternacht, als er allein vor seinem Kerzenstumpf in der Synagoge saß, hörte er plötzlich eine Stimme aus der Heiligen Lade: „Deine Frömmigkeit ist im Himmel bemerkt worden. Als Lohn sei es dir gegeben, in dieser Gnadenstunde jeden Wunsch, den du auf dem Herzen hast, auszusprechen, und er wird dir gewährt." Der greise Rabbi dachte sich: „Was kann ich mir wünschen? Reichtümer? Die führen zu Habsucht! Macht? Die verleitet zu Grausamkeit! Ehren? Die schaffen Verachtung anderen gegenüber! Weisheit? Die Tora ist die Quelle aller Weisheit, und ich studiere sie ja Tag und Nacht! Nein, ich habe nichts zu wünschen!"

Da hörte er ein Aufschluchzen in der heiligen Lade und die Stimme sprach: „Oh, du unglückseliger Mensch! Du dachtest nicht an all die Millionen leidender und unglücklicher Menschen überall in der Welt. Du hättest um Frieden, um das Ende der Leiden der Menschheit, um Rettung für die ganze Welt bitten können. Du dachtest aber nur an dich."

Am nächsten Morgen fand man den Rabbi in tiefster Ohnmacht auf dem Fußboden der Synagoge liegen. Nur für einige Minuten kam er nochmals zu Bewußtsein und mit letzten Kräften erzählte er, was ihm widerfahren war, danach starb er.

Am nächsten Abend, als der Kantor die Synagoge betrat, hörte er in ihrem tiefsten Inneren den Laut eines leisen, herzzerreißenden Schluchzen. Seit jener Zeit, immer gegen Mitternacht, kann man das leise Weinen und das regelmäßige Tropfen von Wasser vernehmen. Die Synagoge weint über die Leiden der Welt, die der Menschheit hätten erspart bleiben können. Nur wenn man über sich selbst hinaus Verantwortung auf sich nimmt, lebt man gottgerecht, kann man am Jom Hadin, am Tag des himmlischen Gerichts, bestehen.

Aus den Tiefen rufe ich dich an, o Gott
Jom Kippur

Jom Kippur mahnt und fordert. Nachdrücklich verlangt dieser Tag unsere aufrichtige Aufmerksamkeit, lenkt sie auf uns selbst und erlaubt uns nicht, uns dem Ernst der Stunde zu entziehen. „Kehret um, kehret zurück!", wird uns zugerufen, und wer diesen Ruf ungehört und unbeantwortet verhallen läßt, hat den Sinn des Versöhnungstages nicht verstanden und dessen Möglichkeiten nicht genutzt.

Jom Kippur verlangt – wie alle unsere Feiertage – in ganz besonderem Maße von uns viel mehr als das Abspielen eines Rituals oder die Absolvierung einer Liturgie. Worte, hinter denen man nicht steht, Gesten und Klopfen auf die Brust, die keine wahre Geisteshaltung vertreten, das Leiern von Gebeten und Lehrsätzen, ohne sie geistig zu erfassen, sind bedeutungslos und leer. Weder bringen sie uns Trost und Erneuerung der Kräfte, noch erfüllen sie die Ansprüche unseres Glaubens. Dies kann nur unsere Antwort auf den Ruf zur Umkehr wirken. Bezeichnenderweise bedeutet das hebräische Wort „Teschuwa" ebenso Antwort wie Rückkehr.

So laßt uns diesen geweihten Tag nutzen, laßt uns unsere Seelen öffnen, laßt unsere Herzen lauschen, unsere Augen sehen, die Ohren hören, Verstand und Gefühle antworten! Laßt uns zu dieser Stunde, da wir wie sonst nie von der Hast und dem Druck des Alltäglichen befreit sind, unser Leben in unsere

Hände nehmen, unser Schicksal mitgestalten, indem wir, getragen von der Solidarität unserer jüdischen Gemeinschaft und der Kraft ihrer Geschichte und Tradition, das Verlorene suchen, das Krumme geradebiegen, das Beschmutzte reinigen und das Verdorrte wässern. Dies ist der Tag des Herrn, aber gerade deshalb auch der Tag des Menschen. Er eröffnet uns unendliche Möglichkeiten als Lohn für unseren Einsatz.

Was von uns gefordert ist, läßt sich mit dem Wort „Teschuwa" – das bedeutet: reumütige Rückkehr – bezeichnen. Fragen wir nach dem Wesen der „Teschuwa" müssen wir bewußt der süßen Versuchung entgegentreten, diese als etwas Allgemeines, Unverbindliches abzutun. „Teschuwa" geht uns konkret, persönlich an. Vielleicht wird das Verständnis durch eine Präzisierung erleichtert.

Der Vorgang der „Teschuwa" umfaßt vier Schritte, die in Folge zu unternehmen sind. Bekenntnis: Ich habe auf die eine oder andere Weise schlecht gehandelt, dieses oder jenes unterlassen. Reue und Wiedergutmachung: Ich bereue es oder es tut mir leid. Ich will es meinem Nächsten wiedergutmachen und ihn mir versöhnen. Erneuerung: Ich werde mein Bestes geben, desgleichen nicht wieder zu tun oder zu unterlassen. Gebet: Nun trete ich vor Gott, um mich auch mit Ihm zu versöhnen, mein Gesicht Ihm wieder zuzuwenden.

Schon beim Bekenntnis des Vergehens stößt man auf Schwierigkeiten. Denn welchen Maßstab kann man anlegen, um festzustellen, ob und durch was wir gefehlt haben? Die jeweils gängige Richtschnur der Gesellschaft, in der wir leben, ist selten schlüssig, haben wir doch besonders in unserer Zeit gelernt, welch irreführender Ratgeber sie uns sein kann. Für uns Juden gibt es einen klaren Bezugspunkt, der uns immer schon richtungweisend geholfen hat, das Gute vom Bösen zu unterscheiden. Damit meine ich die Tora in der weitesten Auslegung dieses Begriffes. Die Gebote und Verbote der fünf Bücher Moses, die Mahnungen und das Gesellschaftsverständnis der Propheten, die Erklärungen und Anwendungen der

Rabbiner und Schriftgelehrten, durch die Jahrhunderte tradiert – sie erlauben uns, die Formen des guten Lebens für den Einzelnen sowie eine gerechte Gesellschaftsordnung in ihren Grundzügen zu erkennen, um sie als Maßstäbe für uns zu nutzen.

Oberflächlich gesehen mag uns nach der Erkenntnis der Sünde und unserem Bekenntnis dazu der nächste Schritt verhältnismäßig leicht erscheinen. Denn haben wir erst unsere Fehler erkannt, sollte es ja nicht zu schwer fallen, dies in Worte zu fassen. Wäre da nicht unser Stolz und die Wahrung unseres „Gesichtes"! Würde es genügen, die Schuldanerkennung in unserem Herzen zu vollziehen, sie selbst in einer liturgischen Fassung im Gebet vorzutragen – „Awinu Malkenu – unser Vater, unser König, wir haben vor Dir gesündigt" –, könnten die meisten von uns damit noch verhältnismäßig leicht fertig werden. Doch, Hand aufs Herz, wie schwer fällt es uns, unsere Schwächen und Vergehen anderen Menschen offen einzugestehen, sie um Vergebung zu bitten, ihnen Verlust, Schmerz und Pein wiedergutzumachen – wenn dies überhaupt möglich ist! Sind nicht die Sätze „Ich bin im Unrecht. Ich bin schuldig. Vergib mir!" die schwersten, die uns kaum über die Lippen gehen? Doch ohne sie geht es nicht. Jüdische Lehre ist in diesem Punkt eindeutig. Versöhnung mit Gott setzt die vorherige Versöhnung mit dem Mitmenschen voraus.

„Teschuwa" verlangt von uns noch mehr. Nach dem Bekenntnis des Vergehens und der Versöhnung mit dem Mitmenschen fordert sie einen Entschluß zur Wende. So wird gelehrt: Dem, der sagt, ich werde meine Sünde bekennen und um Vergebung bitten, aber sie dann wieder begeht, dem wird nicht verziehen. Parallel zur Selbstbeichte und Wiedergutmachung muß der feste Entschluß lauten, das Menschenmögliche zu tun, um den eingestandenen Fehler nicht noch einmal zu begehen. Man ist verpflichtet, an sich selbst zu arbeiten wie der Künstler an seinem Gefäß, an seiner Skulptur. Und dieser Entschluß zur Wende muß aufrichtig und ehrlich sein, damit ein zukünftiges Straucheln wieder unter die Möglichkeit der Verzeihung fällt. Das Judentum lehrt, daß der Mensch nicht hilflos der Sünde ausgeliefert ist. Schon Kain, dem Brudermörder, wurde bedeutet, daß er wie alle Menschen den Trieb zum Bösen meistern und beherrschen kann. Dieser Entschluß, uns zu ändern, ist ein Anspannen unserer geistigen und seelischen Kräfte, das uns Rettung bringen kann, wenn wir in den Gefahren unserer Schwächen zu versinken drohen.

Am Ende des Vorgangs der „Teschuwa" – und wohl als sein Höhepunkt – stellen wir uns der Zwiesprache mit unserem Schöpfer. Für den Menschen, der sich durch die drei Stufen der „Teschuwa" durchgerungen hat und sich dadurch in seinen Schwächen und Unzulänglichkeiten erkennen mußte, muß das Gebet unausweichlich ein Ruf nach Hilfe sein. Wiederholen wir in der Liturgie des Jom Kippur mehrfach: „Wir sind doch nicht so vermessen, um zu behaupten: Wir sind rechtschaffen und haben nicht gesündigt." Deshalb strecken wir strauchelnd unsere Hand aus, um Stütze und Halt zu suchen. Wir irren im Dunkel und rufen nach Licht. Wir drohen zu Boden zu sinken, und der Ruf entringt sich unserer Seele: „O mein Gott, warum hast du mich verlassen?" und „Aus den Tiefen rufe ich dich an, o Gott."

An diesem Punkt erinnern wir uns, daß „Teschuwa" nicht nur Rückkehr, sondern auch Antwort bedeutet. Durch unsere Rückkehr zu Gott und seinen Wegen erhoffen wir uns Seine Antwort auf unseren Hilferuf. Unser Schrei verhallt nicht im Leeren, sondern wir erhalten von Gott den Zuspruch seiner barmherzigen Annahme. Diesen Gedankengängen folgend, drängt sich uns der wohlbekannte Psalmvers auf, den wir jedesmal singen, wenn wir die Tora in die Heilige Lade zurückstellen: „Führe uns zurück zu Dir, o Herr, und wir werden zurückkehren, erneuere unsere Tage wie ehedem."

Der Lulaw steht für menschliche Tugenden
Sukkot

Sind die Hohen Feiertage hauptsächlich Feste der Seele, deren Thematik sich mit Selbsterkenntnis, Reue, Rückkehr, Vergebung und Versöhnung befaßt, schlägt das darauffolgende Laubhüttenfest einen völlig unterschiedlichen Ton an. Hier stehen wieder die Aktualitäten des Lebens im Mittelpunkt, und die Gedanken werden auf Geschichte und Natur hingelenkt. Gleich den anderen zwei großen Wallfahrtsfesten des jüdischen Kalenders, Pessach und Schawuot, schöpft Sukkot, das Laubhüttenfest, aus der Entstehungsgeschichte Israels und aus dem Jahreszyklus der Landwirtschaft eine doppelte Bedeutung. Einerseits erinnert es an den Schutz der göttlichen Vorsehung während der vierzigjährigen Wanderung durch die Wüste in der Zeit nach dem Auszug der Kinder Israels aus Ägypten und andererseits ist es allgemeines Erntedankfest am Ende eines landwirtschaftlichen Jahres, wenn die Felder kahl geerntet und die Früchte von den Bäumen und Sträuchern gepflückt sind. Nicht unerwartet ist dieses Fest demnach reich an religiösem Brauchtum und Symbolen.

Da ist zum einen die Laubhütte, welche dem Fest den Namen gibt. Diese Hütte soll aus einfachen Balken erbaut und mit Zweigen und Ästen bedeckt werden. Sie ist in ihrer Baufälligkeit Hinweis auf die bescheidenen Behausungen, in denen die Israeliten bei ihrem Wüstenzug wohnten. Trotz ihrer baulichen

Einfachheit ermöglichte die Sukka den Menschen Unterkunft und damit das Überleben in den extremen klimatischen Bedingungen des Sinai. Das Leben in der Sukka, in der Laubhütte, lehrt uns: Besser in einer bescheidenen Hütte unter dem Schutze Gottes leben als in einer festgemauerten Burg, in der man sich auf Menschen verlassen muß. So ist die Sukka gleichzeitig Ausdruck des Vertrauens in den Schutz und die Vorsehung Gottes.

Das zweite bedeutende Symbol dieses Festes ist der Feststrauß, Lulaw. Genauer gesagt handelt es sich um die Arba Minim – die vier Arten. Im dritten Buch Moses (23,40) lesen wir: „Und ihr sollt euch am ersten Tage Früchte von schönen Bäumen, Palmzweige und Äste von dichtbelaubten Bäumen und von Bachweiden holen und sieben Tage fröhlich sein vor dem Herrn, eurem Gott." Zwei dieser Dinge, die Frucht der schönen Bäume und die Äste von dichtbelaubten Bäumen, sind in der Bibel nicht näher definiert. Im Laufe der Generationen und nach vielen Diskussionen der Weisen wurden sie als Etrog, eine zitronenartige Frucht, und die Äste als Zweige der Myrte bestimmt. Die Zweige der drei Baumarten werden zu einem Strauß zusammengebunden.

An bestimmten Stellen der Festtagsliturgie wird dieser Strauß zusammen mit dem Etrog nach einschlägigen Segenssprüchen in die vier Himmelsrichtungen sowie nach oben und nach unten geschüttelt. Warum aber dieser Brauch und die Abfolge der Handlung? Es existieren Interpretationen, die darin den Ausdruck sehen, die Allgegenwart Gottes in der Welt anzuzeigen, im Himmel ebenso wie unten auf der Erde. Eine weitere Erklärung für diese Tradition weist auf unseren Wunsch hin, für den Segen über die ganze Welt zu beten.

Natürlich hat dieser Brauch auch die Phantasie der Prediger und Ausleger geweckt. So weisen Positionen darauf, daß sich die im Feststrauß zusammengebundenen Baumarten in bestimmter Weise voneinander unterscheiden und man daraus eine bedeutungsvolle Lehre ziehen kann. Der Etrog ist eine

Frucht, die sowohl eßbar als auch wohlriechend ist. Die Dattelpalme bietet zwar eßbare Früchte, aber erfreut sich keines Aromas. Die Myrte hat zwar wohlriechende Blätter, aber sie hat keine eßbare Frucht. Und von der Bachweide kann man nur sagen, daß sie weder Aroma besitzt noch Früchte trägt. Diese Eigenschaften des Feststraußes werden als Gleichnis verstanden, das auf Menschen bezogen werden kann.

Die Tradition versteht dies so: Es gibt Menschen, die die Weisheit der Tora besitzen, die Weisen und Gelehrten, und gleichzeitig gute Taten vollbringen. Sie tragen sozusagen Aroma und Frucht. Andere wiederum sind zwar Toragelehrte, aber sie setzen das Gelernte nicht in die Praxis der guten Taten um. Dann gibt es solche, die nur Gutes tun, aber sich nicht dem Studium der Tora widmen, sowie – und das wissen wir ja gut genug – Menschen, die weder lernen noch Gutes tun. Damit Israel nicht zerstört werde, lasse man alle Zweige zusammenbinden, damit die Rechtschaffenen Versöhnung für die anderen bringen. Andere sagen: Laßt sie alle zusammenbinden, damit die Solidarität sie gegenseitig trägt und stützt. Und was hier für Israel gilt, das gilt auch für die gesamte Menschheit.

Aus den Formen der Blätter und des Etrogs kann man auch Gleichnisse erarbeiten. So ähnelt der lange Palmenzweig dem menschlichen Rückgrat, die zitronenartige Frucht des Etrogs erinnert an das Herz und das Weidenblatt an den Mund. Gleichermaßen kann man im Myrtenblatt die Form des menschlichen Auges wiedererkennen. So soll der Mensch mit allen seinen Gliedern, mit all seinen Empfindungen und Gefühlen, mit all seinen Einsichten und Erfahrungen Gott und seinen Mitmenschen mutig und aufrecht dienen. So verstanden ist der Feststrauß ein aufrechtes Zeichen eines mit der Ernte abgeschlossenen landwirtschaftlichen Jahreszyklus.

Gottes Wort ist nicht im Himmel
Simchat Tora

„Freut euch und seid fröhlich am Torafreudenfest und zollt der Tora Ehre".

Mit dieser frohen Liedzeile feiern wir Juden den letzten Tag der Herbstfestzeit, die uns innerhalb eines Monats in kurzen Abständen hintereinander das Neujahrsfest, den Versöhnungstag, das Laubhüttenfest und nun das damit verbundene, als eigenen Feiertag geltende Schlußfest brachte.

Dieses Schlußfest sollte nach der Heiligen Schrift den achten Tag des Laubhüttenfestes bilden, und sein hebräischer Name „Schemimi Azeret" bedeutet in genauer Übersetzung tatsächlich: der achte Tag des Festes oder der achte Tag des Abschlusses. In der Diaspora, außerhalb Israels, werden alle bedeutenden Feiertage mit Ausnahme von Fasttagen über zwei Tage begangen. Das ist auch bei diesem Fest der Fall, und so feiern wir heute genau genommen den zweiten Tag des achten Tages des Schlußfestes. Nun hat dieser Tag noch eine weitere Bedeutung als Simchat Tora – das Freudenfest der Tora – erlangt, und sich in dieser Hinsicht große Beliebtheit erworben.

Gleich vorweg gesagt: Simchat Tora wurde nicht eingesetzt, um die Verleihung und Offenbarung der Tora an Israel zu feiern. Dafür haben wir das Wochenfest Schawuot, welches auch den bezeichnenden Zusatznamen „Seman Matan Toratenu" – das Toraoffenbarungsfest – trägt. Der Grund, Simchat Tora zu begehen, ist eher technischer Natur. Die Tora, also der Pentateuch oder die fünf Bücher Moses, ist in Wochenabschnitte unterteilt, und dies auf eine Weise, die es uns erlaubt, sie einmal im Jahr vom Anfang bis zum Ende durchzulesen. Diese Anordnung zielt darauf ab, daß man auf jeden Fall zu Simchat Tora am Ende des Jahreszyklus anlangt, so daß man an diesem Tag den Abschluß des Torastudiums begehen kann. Es ist schon ein altbekannter jüdischer Brauch, den Abschluß eines Buches der religiösen Literatur – z.B. eines Traktats des Talmud – als freudiges Ereignis zu feiern. Neben einem Lehrvortrag und Dankgebeten für die Tora und für das Privileg des Lernens fehlt auch nicht ein guter Tropfen und die dazugehörige feierlich-freudige Stimmung. Ist dies so mit Werken der „zweiten Linie" wie viel mehr ist so eine Feierlichkeit zu erwarten, wenn es sich um die Tora, das Kernstück des Judentums und eines Großteils der Menschheit, handelt.

Nun muß man hinzufügen, daß der Abschluß eines Jahreszyklus nicht bedeutet, man sei mit dem Studium der Tora ein für alle Mal fertig. Das ist man nie. Unsere Weisen lehren im Zusammenhang mit der Tora: „Forscht in ihr wieder und wieder, denn alles ist in ihr enthalten." Um dem gerecht zu werden, fängt man zu Simchat Tora sofort wieder mit dem Vorlesen eines neuen Zyklus an.

Die Stimmung in der Synagoge ist an diesem Feiertag fröhlich und gelockert. Wie kann es auch anders sein, da sich vielleicht nur noch zu Purim so viele Kinder unter den Anwesenden befinden. An ehrfurchtsvolle Stille ist unter diesen Umständen kaum zu denken. An einem bestimmten Punkt des Gottesdienstes werden alle Torarollen aus der Heiligen Lade gehoben und in fröhlicher Prozession durch die Gemeinde getragen. Mehr und mehr findet man zur ursprünglichen Fülle der Begeisterung zurück, und dank der wachsenden Zahl beschwingter Melodien, die uns geläufig sind, ist das Tanzen mit der Tora heute keine Seltenheit mehr. Die Kinder folgen, bunte Fähnchen schwingend, den kostbaren Torarollen und werden von den anwesenden Erwachsenen reichlich mit Süßigkeiten bedacht. Ein heiliges Durcheinander!

Nach den Umzügen um die Synagoge werden die Torarollen, bis auf zwei, in die Lade zurückgestellt. Diese zwei werden zum Lesepult gebracht. Aus der ersten werden die abschließenden Sätze des Buches Deuteronomium, die den Tod Moses erzählen, gelesen. Sobald die letzten Worte verklungen sind, rufen alle Anwesenden aus: „Chasak, chasak wenitchasek" – „Seid stark, seid stark und dann werden wir gestärkt sein!", und sofort beginnt man mit dem ersten Kapitel aus Genesis: „Am Anfang schuf Gott den Himmel und die Erde ..." Ich brauche wohl kaum hinzuzufügen, daß es in vielen Gemeinden nach dem Gottesdienst noch ein geselliges Zusammensein mit Speis und Trank gibt. Der letzte Buchstabe der Tora ist ein L und der erste ist ein B. Zusammengefaßt ergeben sie das hebräische Wort „LEW", welches Herz bedeutet. Hinweis genug auf die Bibelstelle, die besagt, daß das Wort Gottes weder im Himmel noch über dem Meere, sondern in unserem Mund und in unserem Herzen sei. Weil Israel die Liebe zur Tora immer tief in seinem Herzen getragen hat, gelang es ihm auch, die Stürme der Geschichte zu überstehen, um auch heute noch die Gültigkeit der göttlichen Weisung zu bezeugen.

Im Licht erkennt der Mensch den sicheren Weg
Chanukka

Am 25. Dezember feiert die christliche Welt das Weihnachtsfest und zahllose Kerzen und Lichter werden sich in glücklichen und andächtigen Gesichtern widerspiegeln. Am 25. des Monats Kislew – dem neunten Monat des jüdischen Kalenders – beginnt das Chanukkafest, gleichfalls ein Anlaß zum Entzünden von Kerzen und Lichtern. Nun fällt der 25. Dezember selten mit dem 25. Kislew auf einen Tag, denn der jüdische Kalender ist ein modifizierter Mondkalender, der sich im Verhältnis zum allgemein bekannten Sonnenkalender im Ausmaß eines Monats mobil bewegt, doch haben diese beiden Fünfundzwanzigsten vieles gemeinsam.

Äußerlich betrachtet haben Weihnachten und Chanukka gemeinsam, daß im Mittelpunkt ihrer Feierlichkeiten das Entzünden von Lichtern steht und daß im Namen beider Feste das Wort „Weihe" enthalten ist. Chanukka bedeutet nämlich nichts anderes als „Weihung" oder „Einweihung"; ein Umstand, der sich daraus ergibt, daß dieses Fest an die Wiedereinweihung des Altars im Tempel zu Jerusalem erinnert, nachdem dieser im zweiten Jahrhundert vor der christlichen Zeitrechnung von den syrischen Hellenisten auf Geheiß des überheblichen und ambitiösen Königs Antiochus IV. Epiphanes zweckentfremdet und entweiht worden war. Diese Wiedereinweihung des Tempels und des sich darin befindlichen Altars zum Dienste des

Gottes Israels erfolgte nach einem verzweifelten und erbitterten Aufstand der Bevölkerung Judäas gegen die überwältigende Macht des Seleukidischen Reiches. Zum ersten Mal in der Geschichte wurde hier um die Glaubensfreiheit gekämpft. Wahrscheinlich war es gerade der Umstand, daß die Judäaer für das Recht, Gott nach ihrem Gutdünken zu dienen und anzubeten, die Machtprobe antraten, aus der sie als Sieger hervorgingen.

Alljährlich wird nun das Chanukkafest gefeiert, indem während acht Tagen Kerzen oder Lichter auf einem besonderen achtarmigen Leuchter entzündet werden; ein Licht am ersten Tag, und darauf jeden Tag ein weiteres Licht, bis am achten Tag der Leuchter im vollen Glanz seiner acht Flammen erstrahlt. Hätte sich die Bedeutung des Festes nur auf die geschichtliche Erinnerung erstreckt, wäre es nach aller Wahrscheinlichkeit schon lange in Vergessenheit geraten; denn selbst die bestimmt wichtigeren Einweihungsfeiern der zwei großen Tempel zu Jerusalem haben sich keinen Platz im jüdischen Festkalender sichern können. Dies liegt wohl darin begründet, daß die Makkabäer – wie die judäischen Aufständischen genannt wurden – ihren Kampf um die Freiheit, Gott zu dienen, führten, sie auch den Preis, ihr Leben dabei zu verlieren, als nicht zu hoch empfanden und diesen Weg gingen. Mehr als ein Ritual und eine Gebetsordnung sind hier angesprochen. Dahinter steht eine Weltanschauung, die sich auf den Sinn des Lebens und auf das Ziel menschlicher Existenz erstreckt. Sie enthält die Überzeugung, daß am Ende der Zeit die Möglichkeit einer vollendeten Gesellschaftsordnung steht, deren Merkmale der allumfassende Friede und die alle umschlingende Brüderlichkeit sind. Nennen wir dies die Erlösung der Menschheit, springt uns die gemeinsame Hoffnung des Christentums und des Judentums ins Auge, auch wenn es unterschiedliche Auffassungen über den Weg, der dahin führen wird, gibt. Chanukka wie auch Weihnachten ermahnen die Gläubigen, ihr Leben in den Dienst Gottes zu stellen und sich ihm zu weihen. Nicht im Sinne eines Rufes zur religiösen Exklusivität oder zum Glaubensfanatismus, auch nicht als Aufruf zur Frömmelei oder Ritualbesessenheit ist dies gedacht. Vielmehr soll der Mensch sein tägliches Leben und Schaffen inmitten der Gesellschaft nach den Richtlinien Gottes führen und gemeinsam mit Gott Mitschöpfer des messianischen Reiches werden.

Im Talmud wird vom ersten Menschen eine Legende berichtet: Als dieser merkte, daß die Tage immer kürzer wurden, sprach er: „Wehe ist mir, vielleicht ist diese wachsende Dunkelheit die Folge meiner Sünden und Vergehen, und wegen mir kehrt die Welt zum Urchaos zurück." Da hüllte er sich in Sack und Asche, fastete und betete. Als er nach der Wintersonnenwende sah, daß die Tage wieder länger wurden, sprach er: „Es ist der Weg der Welt, der Natur." Und er setzte acht Tage Feierlichkeiten und Freude zu Ehren Gottes ein.

Dieser Bericht kann in Zusammenhang mit dem Chanukkafest gebracht und es kann daraus geschlossen werden, daß bereits vor der Zeit des Makkabäischen Aufstands gegen die Griechen ein Lichterfest zur Zeit der Wintersonnenwende bekannt war. Jeder Mensch, der seine Erfahrung mit Licht und Dunkelheit gemacht hat, kann ohne lange Erklärung verstehen, warum hoffnungsvoller Glaube und die Zuversicht in eine bessere und verheißungsvollere Zukunft durch Licht symbolisiert und gefeiert wird. Nur im Licht erkennt der Mensch den sicheren Weg, der dem Ziel entgegenführt. Mögen die Lichter der Weihnachtsbäume und Chanukkaleuchter unsere Heimstätten durch den Glanz dieser Hoffnung und Zuversicht im Bewußtsein unserer menschlichen Brüderlichkeit und gegenseitigen Verantwortung erhellen, daß sie uns zu Zeichen und zum Segen werden.

An einen Morgen glauben
Purim

Den meisten von uns passiert es manchmal, daß wir uns zwischen verschiedenen Alternativen nicht entscheiden können. Eine Möglichkeit erscheint uns gleich gut oder gleich schlecht wie die andere. So suchen wir nach irgendeinem Mittel, das uns ermöglicht, eine Entscheidung herbeizuführen, ohne eigentlich selbst entschieden zu haben. Ob man nun die Blätter einer Blume abzupft, Knöpfe zählt oder irgendeiner anderen Zufälligkeit die Entscheidung abtritt, das Prinzip bleibt sich gleich: Indem man vermieden hat, sich selbst festzulegen, wälzt man auch die Schuld einer eventuellen Fehlentscheidung von sich ab. Unsere alten Quellen berichten, daß die Gelehrten des Altertums eine besonders geistreiche Methode anwandten, wenn sie für ein schwieriges Problem keine Lösung finden konnten. Sie hielten ein Kind an und fragten es nach dem Bibelvers, welcher gerade in der Schule besprochen wurde, oder sie gingen gleich selbst in die Schule und fragten einen der Schüler, welchen Text er gerade lerne. Die Antwort wurde dann als Hinweis auf die richtige Entscheidung genommen.

Mir erging es diese Woche ähnlich. Als ich darüber nachdachte, worüber ich an diesem Schabbat sprechen könnte, boten sich mir drei Alternativen. Entweder könnte ich eine Betrachtung über den Torawochenabschnitt dieses Schabbats vortragen, oder etwas zum Purimfest, das in der nächsten Woche begangen wird, erzählen, oder von einem besonderen Ereignis berichten, das an diesem Wochenende in Bayern stattfinden wird – die feierliche Eröffnung der Woche der Brüderlichkeit in Augsburg. Als ich, noch unschlüssig, die Anfangsverse des Wochenabschnitts überflog, blieben meine Augen an einigen Worten, die an und für sich keine so große Bedeutung haben, haften. Plötzlich erkannte ich in ihnen ein Element, das alle drei Themen gemeinsam haben.

Da ist von dem Leuchter, der in dem Stiftszelt stand, die Rede. Es heißt: „Im heiligen Zelt außerhalb des Vorhangs, der vor der Lade des Gesetzes hängt, sollen Aron und seine Söhne ihn herrichten, daß er vom Abend bis zum Morgen brenne." (2 Moses 27,21) Daß der Abend vor dem Morgen genannt wird, ist weder von der Sache her noch im biblischen Sprachgebrauch überraschend, beginnt doch laut Schöpfungsgeschichte jeder jüdische Tag am Abend, nachdem geschrieben steht: „Und es war Abend und es war Morgen, der erste Tag."

Was meine Aufmerksamkeit fesselte, war das Wort „Morgen" und das Bild des Übergangs von der Finsternis der Nacht zum erlösenden Aufglänzen der Morgenröte. Die Verbindung zur nun beginnenden Woche der Brüderlichkeit besteht darin, daß das dort vorgestellte Jahresthema auch einen Schwerpunkt in diesem Wort findet. Es heißt nämlich: Im Blick auf Morgen: Juden und Christen in der Verantwortung. Auch hier eine Aufforderung, unsere Blicke aus der Düsternis der zeitgenössischen Verwirrung und Ratlosigkeit auf ein besseres Morgen zu richten, das wir durch die resolute Annahme unserer menschlichen Verantwortung erbauen können und erbauen wollen. Ein ähnlicher Aspekt stellt auch eine Verbindung zum Purimfest her, feiert es doch die Errettung der persischen Juden vor der durch den Großwesir Haman beschlossenen und verordneten Ausrottung – auch hier aus der Dunkelheit der Verzweiflung und der Angst in das Licht des Lebens und der Zukunft. Man denkt sofort an den bekannten Satz des 30. Psalms: „... am Abend kehrt Weinen ein, am Morgen Jubel."

Diese wunderbare Fähigkeit des Menschen, den Funken der Hoffnung auch durch das Dunkel der Schattentäler zu tragen, sich nicht durch die undurchdringliche Schwärze der Nacht von seiner Zuversicht abbringen zu lassen, ist doch eine bemerkenswerte Gabe Gottes. In unserer eigenen Lebenszeit haben wir erfahren, wie unzählige Menschen durch die Hölle gezerrt, durch Genozid, brutalste Verfolgung und entwürdigendste Erniedrigungen, durch Gewalt und Krieg in die tiefsten Tiefen des Elends und der Verzweiflung geschleudert wurden. Und wir sahen, daß trotzdem der Funken der Hoffnung nie völlig ausgelöscht wurde. Bei der geringsten Möglichkeit legten sie Hand an, um sich in und aus den Trümmern ein neues Leben aufzubauen. Wir kennen uns selbst nicht gut genug und ahnen meistens gar nicht, welche Kräfte in unserer Seele schlummern. Vielleicht kommt es nicht von ungefähr, daß am Ende des Berichts des sechsten Schöpfungstages das zusammenfassende Fazit „Und Gott sah alles, was er gemacht hatte [am sechsten Tag wurde ja der Mensch erschaffen], und siehe da, es war sehr gut" gleich vor den Worten steht: „... und es ward Abend und Morgen, der sechste Tag". Man kann das als Hinweis auslegen, daß in der Schöpfung der Mensch so gestaltet, ihm eine unzerstörbare Kraft gegeben wurde, auch in den schwersten und ausweglos erscheinenden Situationen seine Hoffnung auf Erlösung aufrecht zu halten. Und noch mehr: die Fähigkeit, aus einem Fünkchen Hoffnung neues Leben und eine neue Zukunft aufzubauen, weil er an ein Morgen glaubt.

Schabbat schalom – Toralesen heisst verstehen

Ein guter Name ist besser als viel Reichtum
Lech Lecha (1 Moses 12,1-17,27)

Der Besitz eines Namens ist für jeden von uns eine Selbstverständlichkeit. Unsere Namen identifizieren uns persönlich und zeigen unter Ausschluß aller anderen Menschen auf uns als Individuen. Deshalb ergeben sich Probleme, wenn in einer Gruppe von Menschen zwei oder mehrere Mitglieder den gleichen Namen tragen. Dann müssen noch zusätzliche beschreibende Worte herangezogen werden, um die Unverkennbarkeit des Einzelnen anzuzeigen. So wird aus Hans Müller Hans Müller-Lüdenscheid, weil derjenige aus Lüdenscheid stammt.

Heutzutage gehen wir oberflächlich und leichtfertig mit Namen um. „What's in a name?", hört man oft auf Englisch. Was bedeutet schon ein Name?! Die Lehren der Effizienz haben den Vorteil der Nummer als Erkennungsmittel verführend besungen und den Stolz am Besitz unserer Namen zunehmend geschwächt. Wir sind schon zufrieden, Namen zu tragen, die modisch annehmbar und für bürokratische Zwecke praktisch sind, nicht zu sehr aus dem Rahmen fallen und nicht zu viel Aufsehen erregen.

Zu Zeiten der Bibel war das offenkundig anders. Im Torawochenabschnitt Lech Lecha (1 Moses 12,1 bis 17,27) kommt dies ganz deutlich zum Ausdruck. Erzählt wird die Lebensgeschichte unseres Erzvaters Abraham und seiner Frau Sara oder, genauer gesagt, AWRAM und SARAI, wie sie hier noch heißen. Diese Namen, AWRAM und SARAI, trugen sie, als sie aus ihrer Heimat Mesopotamien auszogen, man rief sie so noch in Ägypten, als sie sich in Kanaan niederließen, schließlich auch, als Gott mit ihnen seinen Bund schloß. Fast ein Jahrhundert wurden sie AWRAM und SARAI genannt. Erst anläßlich einer erneuten späten Bestätigung des Bundes und bei der Verkündung, sie würden noch im hohen Alter einen Sohn zeugen, der ihr Vermächtnis übernehmen und weiterführen würde, erhalten sie von Gott neue, abgeänderte Namen. Aus AWRAM wird AWRAHAM und aus SARAI wird SARA. Hier soll nicht auf die Etymologie oder verschiedene Interpretationen dieser Namen eingegangen werden, es sei jedoch darauf verwiesen, wie wichtig diese Namensänderung damals angesehen wurde. Ohne diese herausragende Bedeutung wäre sie ja sinnlos gewesen.

W. Gunther Plaut erinnert in seinem Kommentar zu dieser Stelle (1 Moses 17,5) daran, daß ähnliche Namensänderungen auch andernorts in der Bibel vorkommen. So wird Jakob in Israel, Hoschea in Jehoschua umgewandelt. „In allen Fällen", schreibt Plaut, „symbolisiert die Namensänderung, daß sich die Persönlichkeit oder der Status des Namensträgers geändert hat. So nehmen zum Beispiel Könige und Päpste einen neuen Namen an, wenn sie ihr Amt antreten, oder in einigen Fällen Nonnen beim Eintritt in einen Orden."

Auch den Aussagen der Propheten liegt die Bedeutsamkeit der Namensgebung zugrunde. Sie erachteten es als selbstverständlich, daß Namen mit Ernst und im Bewußtsein ihrer Bedeutung gewählt wurden. Oft gaben sie ihren eigenen Kindern Namen, die für ihre Hörer das Wesentliche ihrer Prophezeiungen versinnbildlichten. Als Beispiel dienten Sche'ar Jaschuv – „ein Rest wird zurückkehren" – oder Ruchama – „die Begnadigte" –, aber auch Immanuel – „Gott ist mit uns". Überhaupt vermitteln uns die in der Bibel angeführten Namen den Eindruck, sie seien sorgfältig als bewußte Aussagen gewählt worden. Vor allem symbolisieren Namen Glaubensbekenntnisse oder sind Ausdruck der Hoffnung auf Gottes Schutz und Gnade: Elizur – „Gott ist mein Fels"; Schelumiel – „Gott ist mein Friede"; Netaniel oder Jonatan – „Gott hat gegeben"; Achieser – „mein Bruder ist meine Hilfe"; Jirmijahu – „Gott sei erhöht; Joschafat – „Gott ist Richter", um einige Beispiele zu nennen. Zu den persönlichen Namen fügen sich noch Familiennamen oder Namen der Väter. Damit wird die Zugehörigkeit zur größeren Sozialeinheit zum Ausdruck gebracht, und folgerichtig auch die gegenseitige Abhängigkeit und Verbundenheit. Je wichtiger man die Bedeutung des Namens einschätzt, desto größer wird die Bedeutung, die einem guten Namen beigemessen wird. Auch heute noch sind Bemerkungen wie „Er hat einen guten Namen" oder „Sein Name stinkt" kraftvolle Aussagen.

Im Judentum hat der Umgang mit Gottes Namen eine besondere Form. Das Wort „Haschem", der Name, steht stellvertretend für den Ausdruck „Gott". So versteht das Judentum die zahlreichen Textstellen der Bibel, die von Entweihung oder Mißbrauch des göttlichen Namens sprechen. Wie auch beim Menschen weist der Name auf Gottes Einzigartigkeit zum Ausschluß alles Anderen hin. Nur in seinem Fall steht der „Name" für absolute Macht, Vollkommenheit und Heiligkeit. Aber „Name" bedeutet auch hier eine bestimmte Abhängigkeit. Sonst könnte der Mensch durch sein Tun und Walten Gottes Namen nicht erniedrigen oder erhöhen, heiligen oder entweihen. Wie in der Familie verweist der gute oder schlechte Ruf des Einzelnen auf die, die den gleichen Namen tragen. So hat besonders der Jude aus Jahrtausenden Erfahrung gelernt, daß jeder Einzelne den guten Namen seines Glaubens, seines Volkes, ja auch seines Gottes in der Hand hält. Elieser, der Diener Abrahams, preist nach gelungener Mission, für den Sohn seines Herrn eine passende Frau zu finden, den Gott seines Meisters Abraham. Na'aman, Feldherr von Aram, quittiert seine Heilung durch den Propheten Elischa, indem er den Glauben an den Gott Israels annimmt.

Ein Midrasch erzählt: Eines Tages beauftragte Rabbi Schimon ben Schetach seine Schüler, von einem Araber ein Kamel für ihn zu erwerben. Als sie das Tier brachten, teilten sie ihm fröhlich lachend mit, sie hätten am Halsband des Kamels einen kostbaren Edelstein entdeckt, von dem der Verkäufer anscheinend gar nichts wußte. Zornig wies sie der Rabbi zurecht: „Glaubt ihr mich einen Barbaren, daß ich den kalten Buchstaben des Gesetzes, der mir wirklich diesen Stein zusprechen würde, nutzen werde, um einen anderen Menschen zu übervorteilen? Gebt den Stein sofort zurück!" Als der Verkäufer des Kamels den Edelstein zurückerhielt, rief er erstaunt in seiner Freude aus: „Gepriesen sei der Gott Schimon ben Schetachs! Gepriesen sei der Gott Israels!"

Wir haben von unseren Eltern Namen erhalten. Unser Einverständnis wurde nicht eingeholt. Was aber dieser Name nun bedeutet und über uns aussagt, ob er als gut oder schlecht gilt, dafür tragen wir selbst die Verantwortung. So wie es geschrieben (Prediger 7,1) steht: Tow Schem mi Schemen Tow – ein guter Name ist besser als viel Reichtum.

Nicht in Vollkommenheit geboren
Wajeze (1 Moses 28,10-32,3)

Die Lehre, die sich meines Erachtens aus dem Torawochenabschnitt Wajeze (1 Moses 28,10 bis 32,3) ergibt, ist hoffnungsversprechend, ermunternd und verheißend, ganz besonders für die Jüngeren unter uns. Gerade in der heutigen Jugend scheint sich ein Gefühl der Hilflosigkeit und Bedeutungslosigkeit breitzumachen. Nach jeder Richtung hin vermeint man, gegen unbezwingbare Götzen anzurennen, die man schon aufgrund der persönlichen Mängel und Unzulänglichkeiten, welche man an sich selbst zu erkennen meint, als endgültig ansieht. Die biblische Geschichte unseres Vorvaters Jakob belegt das Potential des Menschen, zu wachsen und zu reifen, sich über die engen Grenzen seines Charakters und seiner praktischen Möglichkeiten hinauszuentwickeln und demgemäß Umwelt und Ereignisse in ungeahntem Maß zu beeinflussen.

Wir greifen die Geschichte des Werdegangs des Patriarchen an der Stelle auf, wo er als junger Mann sein Elternhaus verlassen muß und einsam in die Fremde zieht. Was uns die Bibel von seinem bisherigen Verhalten berichtet, berechtigt uns, Jakob zu diesem Zeitpunkt seines Lebens mit einigen Vorbehalten zu betrachten. Er erscheint uns als eine etwas blasse und unsichere Persönlichkeit, offenbar unter dem Einfluß seiner selbstbewußten Mutter Rebekka, die sich nicht gerade durch

Großzügigkeit und Aufrichtigkeit ausgezeichnet hat. Durch Opportunismus und List hatte er sich das Erstgeborenenrecht und den Segen seines Vaters erschlichen und somit seinen Bruder Esau um das, was diesem eigentlich zustand, betrogen. Seine Handlungsweise erwies sich – auf kurze Sicht – verheerend und tragisch für die ganze Familie. Sein zornentbrannter Bruder schwor ihm den Tod, er selbst mußte das Elternhaus verlassen und sah deshalb seine Mutter, die er ja so innig liebte, niemals wieder. Es sei betont, diese negative Einschätzung gilt auf kurze Sicht, denn erst aus der Sicht späterer Jahre konnte man erkennen, daß hier wohl eine höhere Macht als das Erstgeborenenrecht wirkte.

Im weiteren Verlauf der Geschichte begleitet der Leser der Bibel Jakob auf seiner Reise durch fremde Gefilde. Dieser erfährt am eigenen Leib Betrug und Ausbeutung, aber auch Lieben und Geliebtwerden. Durch harte und ehrbare Arbeit gewinnt er Reichtum und Ansehen, zugleich wird er Haupt einer großen Familie. Viele Jahre umspannt die Erzählung unseres Abschnitts. Dort, wo wir ihn abschließen, finden wir Jakob als gereiften, verantwortungsbewußten Menschen, bereit, sich der schwersten und ausschlaggebenden Prüfung seines Lebens zu unterziehen. Allein und nur auf sich selbst gestellt, im Wissen, daß sein Bruder Esau mit 400 bewaffneten Männern ihm entgegenzieht, ringt er des Nachts mit Gott und sich selbst und wird zu Israel, dem Gotteskämpfer.

Die Jahre seit seinem Auszug aus der Heimat haben ihn zu dem heranreifen lassen, was er endlich wurde. Die Verwandlung Jakobs in Israel geschah nicht auf wunderbare Weise über Nacht. Nein, er ist in seine erhabene Statur hineingewachsen, indem er sich selbst zu bezwingen wußte und seinen Platz und seine Aufgabe im Leben sowie den Wert anderer Menschen erkannte. Darin ist er beispielgebend. Denn die Möglichkeit zu reifen, sich zu erhabeneren Höhen aufzuschwingen, ist jedem Menschen gegeben, der nicht resigniert, sich selbst verrät und aufgibt. Es ist uns nicht geschenkt, in Vollkommenheit unseren

Lebensweg zu beginnen. Wie Tagore einmal sagt: „Der Mensch ist ein geborenes Kind, seine höchste Gabe ist die Gabe des Wachsens."

Selbst am Ende wird Vollkommenheit nicht verlangt. Das Bestmögliche zu tun und zu versuchen, jedoch auch darüber hinaus zu gehen, ist schon Erfolg!

Einmal war das Land mit schwerer Dürre geschlagen. Rabbi Abahu hatte einen Traum, in dem ihm vom Himmel offenbart wurde, ein Mann namens Pentakaka könne am erfolgversprechendsten um Regen beten. Als Rabbi Abahu erwachte, wunderte er sich über diesen Traum, war doch Pentakaka ein stadtbekannter Mann mit fünf Lastern, also ein ganz verrufener Kerl. Trotzdem rief der Rabbi ihn zu sich. Als er zu ihm kam, fragte ihn der Rabbi nach seinem Tun: „Ich widme mich fünf Lastern", antwortete Pentakaka, „ich besorge Frauen zu unmoralischen Zwecken, ich schmücke die Häuser, in denen sie ihrer Beschäftigung nachgehen, und spiele vor ihnen auf meiner Flöte." Der Rabbi war nun vollends verwirrt und konnte seinen Ohren nicht trauen. Er begann an seinem Traum zu zweifeln. Nachdenklich fragte er den vor ihm stehenden Pentakaka: „Hast du jemals etwas Gutes getan?" Darauf erzählte ihm Pentakaka folgendes: „Einmal, als ich gerade dabei war, das Haus, in dem ich arbeite, abzuschließen, sah ich in der Ecke eine Frau stehen, die bitterlich weinte. Ich fragte sie nach dem Grund. Sie erzählte: ‚Mein Mann ist im Schuldnergefängnis und ich habe kein Geld, ihn auszulösen. Deshalb habe ich mich entschlossen, mich zu verkaufen, um ihn zu befreien.'" „Als ich dies hörte", sprach Pentakaka, „verkaufte ich mein Bett und meine Laken und gab den Erlös dieser Frau und ich sagte zu ihr: Geh' und befreie deinen Mann, aber verkaufe dich nicht an Fremde."

Und Rabbi Abahu beugte sein Haupt vor Pentakaka.

Allein – von Angst erfüllt
Wajischlach (1 Moses 32,4-36,43)

Menschen haben Angst. Sie bangen um ihr Leben. Sie fürchten und zittern um ihre Familien, ihre Frauen und Kinder, nebenbei auch um ihre Habe und ihren Besitz. Der Mensch ist allein mit seinen Ängsten, und es ist Nacht. Was geht in Menschen vor? Welche Gedanken beseelen sie und welche Kräfte können sie in sich finden, um die Nacht zu überstehen, und in welcher Geistesverfassung befinden sie sich am Morgen? Der Morgen bringt vielleicht eine Entscheidung, der Morgen, an dem einer konkreten Gefahr direkt ins Auge gesehen werden muß.

Vielen wird die oben beschriebene Situation in irgendeiner Art nicht fremd sein. In ganz besonderer Weise trifft dies für meine jüdischen Brüder und Schwestern zu. Aber auch im allgemeinen werden sicher viele von Ihnen an bestimmte, oft nur Ihnen selbst bekannte Episoden Ihres Lebens zurückdenken, die unter die Kategorie „Allein und von Angst erfüllt" fallen. Sie wissen, wie lang und undurchdringlich dunkel solch eine Nacht sein kann.

Jakob kehrt nach vielen Jahren Exil in seine Heimat zurück (Wajischlach 1 Moses 32,4 bis 36,43). Damals hatte er das Elternhaus unter einem dunklen Schatten verlassen. Geleitet von seiner Mutter hatte er sich verkleidet und verstellt, sich seinem Vater als der ältere Bruder vorgegeben, um sich so den Segen des Erstgeborenen zu erschleichen. Der so Betrogene, sein Bruder Esau, war schon unter normalen Umständen jähzornig genug. Wie viel furchtbarer reagierte er, als ihm so übel mitgespielt wurde. Er drohte mit Mord an seinem Bruder Jakob. Nun waren viele Jahre verstrichen, und Jakob kehrte in die Heimat zurück. Er war gereift, hatte inzwischen Frauen geliebt und geheiratet, ja mit ihnen liebe Kinder ins Leben gerufen. Auch an Tieren und materieller Habe fehlte ihm nichts. Aber jetzt wurde ihm berichtet, sein Bruder Esau, der betrogene, rachesuchende ältere Bruder, ziehe ihm mit 400 bewaffneten Männern entgegen. Schon am nächsten Tag würden sie sich treffen. Jakob schickt Esau Diener mit beschwichtigenden Geschenken entgegen. Er bringt seine Familie in größtmögliche Sicherheit auf die ferne Seite des Flusses. Und so befindet er sich in der Nacht allein am Ufer des Jabboks – allein und in großer Furcht. Von dieser Nacht weiß die Bibel uns Wunderbares zu berichten:

„Da rang ein Mann mit ihm, bis die Morgenröte anbrach. Als er sah, daß er ihn nicht zu überwältigen vermochte, schlug er ihn aufs Hüftgelenk. Und Jakobs Hüftgelenk wurde verrenkt, als er mit ihm rang. Und er sprach: ‚Laß mich los, die Morgenröte bricht an.' Aber er antwortete: ‚Ich lasse dich nicht, du segnest mich denn.' Er sprach zu ihm: ‚Wie heißest du?' Er antwortete: ‚Jakob.' Da sprach er: ‚Du sollst nicht mehr Jakob heißen, sondern Israel. Denn du hast mit Gott und mit Menschen gerungen und hast obsiegt.'"

Weitverbreitet ist der Glaube, daß hier Jakob mit einem Engel rang, und so wird es auch von vielen Künstlern bildlich dargestellt. Auch der jüdische Legendenschatz identifiziert Jakobs Widersacher als den Erzengel Michael. Viele aber, und unter ihnen auch traditionell eingestellte Exegeten, sehen in diesem Ereignis einen inneren Vorgang in Jakobs Seele. Nach Maimonides handelte es sich um eine „prophetische Vision" und auch andere Kommentatoren der Bibel erkennen in diesem Kampf eine Widerspiegelung der Auseinandersetzung, die sich im Geist des Patriarchen abspielte, in der sich niedrige

Triebe und hehre Ideale gegenüberstanden. Das mysteriöse Ringen Jakobs mit diesem himmlischen Wesen ist zur allgemeingültigen Allegorie der Kämpfe und des Ringens im Inneren der Menschen geworden, die sich in Einsamkeit und Dunkel großen Gefahren ausgesetzt sehen.

Zu jener Stunde zog sein Verhalten dem Bruder gegenüber an Jakobs innerem Auge vorüber. Ausreden oder Hilfe, gar Flucht waren nicht mehr möglich, jetzt mußte Jakob sich nach seiner eigenen Schuld und seinen Schwächen fragen. Gemessen an den eigenen, von seinem Gewissen diktierten moralischen Maßstäben wird ihm klar, wie ungenügend seine Position ist. Nur wenn er sich selbst überwinden und sein Verhältnis zu seinen Mitmenschen auf eine andere Ebene stellen kann, hat er eine Chance, aus dem Treffen mit seinem Bruder ungeschoren davonzukommen.

So gesehen ist das himmlische Wesen, mit dem er kämpfte, der Funke der Göttlichkeit in ihm. Und er überwindet es, indem er über sich selbst siegt und zum Gottesstreiter, zu Israel, wird, ist dies doch die Bedeutung des Namens Israel:
Am folgenden Morgen geht er als erster noch vor seiner Familie dem Bruder entgegen. In Bescheidenheit, aber ohne Furcht und selbstbewußt begegnet er dem vermeintlichen Feind. Doch auch dieser hat einen inneren Kampf geführt und gewonnen. Die beiden Brüder laufen sich entgegen, fallen sich weinend um den Hals und küssen sich.

Mit diesem Kuß wurde der Name Israel erst richtig besiegelt. Auch dem Namen Esaus gebührt in diesem Zusammenhang Ehre. Für uns ist es eine Lehre, was brüderliche Liebe bewirken kann, wenn man ihr nur freien Lauf läßt.

Der Mensch denkt und Gott lenkt
Beschalach (2 Moses 13,17-17,16)

Vor vielen Jahren in einer bedeutenden Stadt des Orients führte ein großer König das Zepter, ein gütiger und großzügiger Herrscher. Nach seinen Anweisungen wurden allen Bettlern der Stadt regelmäßig Almosen aus seiner Schatzkammer ausbezahlt, um so die schlimme Armut zu lindern. Unter diesen Bettlern waren zwei, die gewöhnlich zusammen auf der Straße den Passanten ihre Hände entgegen hielten und die auch zusammen an den Toren des Palasts vorsprachen, um dort ihr Almosen zu empfangen. Der eine Bettler pries bei diesen Anlässen lautstark die Großzügigkeit und Güte des Königs, während der zweite, nicht minder hörbar, Gott zu danken pflegte, daß er so gütig zum König war, um diesen in die Lage zu versetzen, seine Untertanen so wirksam zu unterstützen. Der König, der meistens die Gaben an die Bettler verteilte – hoch sei es ihm anzurechnen –, empfand die Reaktion des zweiten Bettlers als schmerzlich und sprach zu ihm: „Ich bin es, der so großzügig zu dir ist, warum dankst du dann jemand anderem?" Darauf erwiderte der Angesprochene: „Wäre Gott nicht so gut zu dir, könntest du nicht geben."

Der König, wohl denkend, daß eine praktische Lehre zehn philosophische Diskurse wert sei, befahl seinem Bäcker, zwei völlig identische Laibe Brot zu backen und in einen davon ein Säckchen kostbarer Edelsteine zu legen – als Geschenk des Königs. Weiter befahl er, genauestens darauf zu achten, daß der Laib mit dem Schatz dem Bettler, der immer den König pries, auszuhändigen sei. Der Bäcker machte sich an die Arbeit und paßte auch sorgfältig auf, daß der Laib mit den Edelsteinen dem richtigen Mann ausgehändigt wurde.

Dieser Bettler, der den König immer so überschwenglich pries, meinte ein schlauer Fuchs zu sein. Er bemerkte beim Vergleich sofort, daß sein Laib Brot etwas schwerer war als der seines Kollegen. Er schloß daraus, er sei wohl schlecht gebacken und der Teig im Inneren noch feucht. Seine Absicht verbergend, bot er dem anderen Bettler einen Tausch an. Da diesem die Laibe völlig gleich erschienen und es ihm nichts ausmachte, dem ersten Bettler einen Gefallen zu tun, erklärte er sich einverstanden, und sie tauschten die Laibe aus. Dann gingen sie ein jeder seinen Weg.

Der Bettler, der immer Gott dankte, begann von seinem Laib zu essen und stieß bald auf das Säckchen kostbarer Edelsteine. Als er sich von seinem Erstaunen erholt hatte, dankte er Gott dafür, daß er nun nicht mehr betteln gehen mußte und besonders, daß er nun nicht mehr am Palasttor Almosen entgegenzunehmen brauchte. Der König, überrascht über die Anwesenheit des ersten Bettlers in der Schlange der regelmäßigen „Kunden", fragte den Bäcker, ob er seinen Befehl ausgeführt habe. Dieser bejahte und versicherte dem König, daß ihm keinerlei Fehler unterlaufen sei. Nun rief der König diesen Bettler, der ihm doch immer dankte, zu sich und fragte ihn: „Was hast du mit dem Laib Brot gemacht, den ich dir vor einigen Tagen zukommen ließ?" „Lang lebe der König", antwortete ihm der Bettler, „der Laib schien mir schwer und also schlecht gebacken, so tauschte ich ihn mit dem meines Kollegen." Der König sagte nichts weiter und ging nachdenklich von dannen. Er verstand nun, daß Reichtum nur von Gott kommen kann. Nur er kann den Armen reich und den Reichen arm machen. Die Entscheidung eines Menschen, auch die eines Königs, muß sich nicht notwendigerweise immer verwirklichen lassen.

Diese Geschichte, die harmlos und gutmütig klingt, findet im Torawochenabschnitt Beschalach (2 Moses 13,7 bis 17,16) ihr bitteres Gegenstück. Auch dort stehen sich der Wille Gottes und der Wille eines menschlichen Herrschers frontal gegenüber, nur ist der Preis der Lehre das herzzerreißende Leiden vieler Menschen. Es geht dort um die Weigerung des ägyptischen Pharaos, das unterdrückte und versklavte Volk Israel aus der Knechtschaft zu entlassen. Moses hatte ihn im Namen Gottes gebeten und aufgefordert, Israel ziehen zu lassen. Pharao aber hegte andere Absichten.

In der Konfrontation zwischen Gott und Pharao ging es um mehr als nur um die Befreiung Israels aus der ägyptischen Knechtschaft. Unmißverständlich und unübersehbar sollten auch die Allmacht Gottes und die Grenzen menschlicher Entscheidungsmöglichkeit aufgezeigt werden. Das Verhältnis und der Unterschied zwischen diesen beiden Seiten sollte für alle Zeiten offensichtlich gemacht werden, um zukünftig die Menschen vor den Folgen der Verblendung ihrer Herrscher zu verschonen. Die zehn Plagen, die Pharao schließlich in die Knie zwangen, brachten unsägliche Qualen über das Volk der Ägypter, bis Pharao endlich Gottes Macht erkennen und sich ihr beugen mußte.

Seit der Zeit haben Menschen immer wieder versucht, die Lehre der Geschichte des Exodus zu relativieren. Unzählbar die Versuche, Gott als Autorität letzter Entscheidungen abzulösen, sich auf den Thron der Schöpfung zu schwingen, um die Geschichte zu lenken und zu leiten. Heutzutage hat uns die Wissenschaft ein Zerstörungspotential in die Hand gegeben, das die Plagen Ägyptens als Bagatellen erscheinen läßt. Wäre es nicht ratsam, über den Portalen der Regierungsgebäude und Kanzleien der Mächtigen und Regierenden das Motto anzubringen: „Der Mensch denkt und Gott lenkt"?!

Es ist nicht gut, daß der Mensch allein sei
Tezawe (2 Moses 27,20-30,10)

In der Gegend, in der ich wohne, befinden sich zahlreiche Seniorenheime. An schönen Tagen, wenn die Sonne ihre wärmenden Strahlen schenkt, sitzen immer einige der Bewohner dieser Häuser auf den Bänken unter den ehrwürdigen Kastanienbäumen, die unsere Straßen säumen. Manchmal sitzen sie dort in kleinen Gruppen, aber meistens sind sie allein, bis Hunger, die Uhr oder die Gewohnheit sie in die Speisesäle der Heime zurückrufen. Auf meinen Gruß, den ich nie zu versäumen suche, reagieren die meisten überrascht, bevor sie ihn zögernd und ungewiß erwidern. Sie scheinen nicht erwartet zu haben, angesprochen zu werden. Inzwischen habe ich verstanden, daß das, was mir auf diesen Bänken begegnet, das mildere Gesicht eines großen und weitverbreiteten Leidens ist: Die Einsamkeit.

Ich kenne viele dieser Leute. Manche von ihnen sind wirklich allein in der Welt. Sie haben weder Verwandte noch Bekannte, ihre einzigen Bezugspersonen sind das Personal oder ein seltener Besucher, der sie aus Pflichtgefühl oder aus menschlichem Mitgefühl aufsucht. Die meisten aber stehen nicht so allein in der Welt. Liebevoll und mit unsäglichem Verlangen in Aug' und Stimme zeigen sie auf die Bilder ihrer Kinder, Enkel, Urenkel und anderer Familienangehöriger und erzählen stolz von deren Leben und Errungenschaften. „Kommen sie Sie öfter besuchen?", fragt man. „Ja, wissen Sie, sie haben alle so viel zu tun, sie sind so beschäftigt ..., ja, ja, sie haben mich besucht, nun ... wann war es das letzte Mal?"

Wir würden uns tragisch irren, glaubten wir, daß Einsamkeit nur Senioren bedrückt. Bei ihnen kommt es vielleicht am offensichtlichsten zum Ausdruck, aber es ist nur die Spitze eines riesigen Eisbergs, dessen unerkannte Ausdehnung sich in alle Teile unserer Gesellschaft erstreckt. Ich werde niemals eine Bemerkung vergessen, die ein Bekannter zu mir machte, als wir eines Tages zusammen über den Picadilly Circus schlenderten, jenen Nabelpunkt der Riesenstadt London, an welchem sich die ganze Welt zu treffen scheint. Er wies auf die vielen jungen Menschen hin, die in allen möglichen und unmöglichen Stellungen da herumstanden und -saßen, und sagte: „Dies ist wohl der einsamste Platz der Welt." Die Bemerkung schien absolut widersinnig im Gewühl und Getöse tausender Menschen, aber nach und nach verstand ich, was er sagen wollte. Ich blickte in die Gesichter der vielen Einzelpersonen, die dort gingen, standen, saßen – Menschen, die keine Gesellschaft mit sich hatten, keine Gesprächspartner oder Mitmenschen zum gemeinsamen Schweigen. Ich glaube in ihnen, in ihrer verzweifelt aktiven Nonchalance, das Gespenst der bodenlosen Leere, der Einsamkeit zu erkennen.

Denken wir an viele Männer und Frauen, die einst mit Partnern zusammenlebten – vielleicht sogar im Rahmen einer Familie – und deren Beziehungen gescheitert sind. Junge Leute – ausgezogen, um die Welt zu erobern –, die nun in der Verlassenheit einer unwirtlichen Behausung fern der Heimat allein wohnen. Der Fremde, dessen Anhang und Familie in fernen Landen leben. Der Katalog ließe sich beliebig verlängern. Vor kurzer Zeit gingen wir durch die Jahreszeit intensiver und anregender Feiern: Weihnachten, Neujahr, die Winterferien. Haben wir uns auch Gedanken gemacht, daß diese Periode auch die Zeit der größten Einsamkeit für viele Menschen war, die Zeit, zu der sie sich am verlassensten und vergessensten fühlten?

Unter den Gesichtspunkten dieser Art Gedanken wird einem erst das Gewicht des biblischen Satzes aus dem ersten Mosesbuch klar, in dem der Ewige laut denkt: „Es ist nicht gut, daß der Mensch allein sei, ich will ihm eine Hilfe machen, ihm zur Seite." Obwohl dieser Willensausdruck des Schöpfers in der Schaffung der Beziehung zwischen Mann und Frau gipfelte, die Beziehung, welche – neben dem Verhältnis zwischen Eltern und Kindern – die wichtigste ist, hat der erste Teil des Satzes auch darüber hinaus seine Bedeutung: „Es ist nicht gut, daß der Mensch allein sei."

Es ist ein trauriger Kommentar zu unserer Zeit, daß gerade jetzt Einsamkeit und die Verödung zwischenmenschlicher Beziehungen zu einem Problem ersten Ranges geworden sind. Kurze Arbeitszeiten, hervorragende Mobilität, modernste Kommunikationsmittel hätten es doch anders kommen lassen sollen. Dann muß es doch am Verfall des Familiensinns, am egozentrischen Streben nach materiellem Wohlstand, an der Abtretung unserer persönlichen Verantwortungen und Pflichten an den Staat und seine Institutionen liegen, daß wir nur noch so wenig Gedanken und Zeit für die Einsamen in unserer Mitte finden.

Die Unterprivilegierten unserer Gesellschaft sind nicht nur die materiell Armen, die Witwen und Waisen, die körperlich und geistig Behinderten, die Fremden und die Vertriebenen. Einsamkeit, ja, besonders Einsamkeit, ist Armut der Seele und des Geistes. Daß sie in unserer Mitte noch existiert, kann weder die Gesellschaft noch der Einzelne entschuldigen. „Liebe deinen Nächsten wie dich selbst" bedeutet doch, sich in die Lage des Mitmenschen hineindenken zu wollen und zu können: sich selbst an seiner Statt zu sehen. Wer würde da nicht angesichts der Einsamkeit im Innersten erschaudern. Läßt sich dann noch sagen: „Ich habe keine Zeit"?

Der Mann, der Schlimmeres verhütet
Ki Tissa (2 Moses 30,11-34,35)

Geht das Leben nach Wunsch und regeln sich die Angelegenheiten unseres Lebens zu unserem Wohlgefallen, sind wir gern und schnell bereit, darin das gerechte Handeln Gottes zu erkennen. Viele von uns glauben, sich mit Gottes Plänen und seinem Handeln bestens auszukennen. Läuft alles glatt, erkennt man sofort und ohne Anflug von Zweifel oder Bescheidenheit das gerechte Handeln Gottes. Tritt aber das Gegenteil ein, und Wünsche bleiben unerfüllt, Anliegen unbefriedigt, und Leid und Schmerz treten anstelle von Wohlergehen und Zufriedenheit, dann wird stracks die Frage nach Gottes Verbleib und Wirken gestellt.

Nun, nach solchen oberflächlichen und selbstsüchtigen Kriterien lassen sich Gottes Walten und seine Gerechtigkeit kaum verstehen. Wer von uns kann schon die Komplexitäten und undurchsichtigen Zusammenhänge aller Dinge in ihren kosmischen Maßstäben durchschauen und beurteilen? Demgemäß: Wer von uns ist befugt, sich anzumaßen zu entscheiden, was gerecht und was ungerecht in Gottes Handeln ist, sind doch seine Wege nicht unsere Wege. Wir können nur sagen, wie uns die Dinge persönlich, subjektiv erscheinen und wie wir sie wahrnehmen.

In dem Wochenabschnitt Ki Tissa (2 Moses 30,11 bis 34,35) lesen wir die fast sprichwörtliche Erzählung vom Goldenen

Kalb. Oft, wenn man krassen Materialismus und den Wahn der Konsumgesellschaft anprangern will, spricht man vom „Tanz um das Goldene Kalb", aus dem Glauben heraus, die damaligen Israeliten in der Wüste Sinai hätten dem selbstgebastelten Kalb gehuldigt, gerade weil es aus dem kostbaren goldenen Material gefertigt war. Ein Paradebeispiel, wie Unwissen und Vorurteil manchmal Sprichworte aus einem verdrehten Sachverhalt erzeugen können.

Ein Umstand, der mich besonders faszinierte, war das Ausbleiben jedweder Strafe oder anderer negativer Folgen für Aron, den eigentlichen Hersteller des berüchtigten Goldenen Kalbes. Dreitausend Menschen erlitten den Tod als Konsequenz dieser Episode, doch Aron schien, trotz seiner Verantwortung und Mittäterschaft, frei und straflos auszugehen. So stellt sich die Frage nach Gerechtigkeit, denn im biblischen Kontext, d.h. im religiösen Denken, kann man solch einen anscheinenden Mangel an Symmetrie nicht unbesehen schulterzuckend hinnehmen.

Vor wenigen Wochen waren die Kinder Israels aus der ägyptischen Knechtschaft befreit worden. Vor nur wenigen Tagen erhielten sie die Zehn Gebote am Berge Sinai und hatten gelobt: Alles, was der Herr gesprochen hat, werden wir tun. Nun war Moses auf den Berg Sinai gestiegen, um dort die Bundestafeln aus Gottes Hand entgegenzunehmen und – laut Tradition – auch die mündliche Überlieferung der Auslegung der Schrift. Vierzig Tage und Nächte weilte er dort auf dem Berg. Dies war dem Volk zu lang. Zu sehr hatte es sich daran gewöhnt, sich auf Moses zu verlassen. Ohne ihn fühlten die Israeliten sich verlassen und verwaist. Moses erschien ihnen als Garant und als Verkörperung der Gegenwart Gottes in ihrer Mitte. Die Bibel berichtet weiter: „Als aber das Volk sah, daß Moses so lange nicht vom Berge herabkam, sammelte es sich um Aron und sprach zu ihm: Auf, mache uns einen Gott, der vor uns herziehe; denn wir wissen nicht, was Moses zugestoßen ist." Da verlangte Aron von ihnen die Ohrringe ihrer

Frauen, Söhne und Töchter, und sie brachten sie ihm. Er goß eine Form und machte daraus ein Kalb. Da sprachen sie: Das ist dein Gott, Israel, der dich aus dem Lande Ägypten herausgeführt hat." Als Aron das sah, baute er einen Altar vor demselben und ließ ausrufen: „Morgen ist ein Fest für den Herrn!"

Aus der Erzählung geht klar hervor, daß Aron zusammen mit Hur nicht nur die Verantwortung für das Volk trug, sondern auch führend und aktiv beim Bau des Goldenen Kalbes mitwirkte. Warum traf ihn keinerlei Strafe? Unsere Weisen haben sich den Text genauer angesehen und einige interessante Hinweise gefunden, die uns einer Erklärung näherbringen können. Wir wissen aus anderen Stellen, daß Aron beim Volk äußerst beliebt war. Eine spätere Überlieferung mahnt: Seid Schüler Arons, liebt den Frieden und strebt ihm nach. Also: Aron – ein Mann des Friedens und der Versöhnung. Man bemerkte, daß die Geschichte vom Goldenen Kalb Hur nicht erwähnt, obwohl er mit Aron von Moses die Verantwortung während seiner Abwesenheit übertragen bekommen hatte. So wird vermutet, die aufgebrachte Volksmasse habe Hur getötet, als er sich ihnen in den Weg stellte, und Aron wäre es wohl gleich ergangen.

Aron wollte nicht, daß das Volk diese schwere Sünde auf sich lade. Deshalb schien er auf dessen Willen einzugehen, in der Hoffnung, daß er den Gang der Dinge verzögern könne und Moses inzwischen zurückkehren würde. Deshalb verlangte er die Ohrringe und den Schmuck der Frauen und Kinder. Sie würden ihn doch nicht leicht geben. Deshalb ist es Unsinn, im Goldenen Kalb das Sinnbild des Materialismus zu sehen. Ganz das Gegenteil ist wahr! Dann fertigte Aron das Kalb selbst an und hoffte, durch langsame Arbeit das Unheil abzuwenden. Da Moses noch immer nicht zurückgekehrt war, rief er ein Fest aus für den darauffolgenden Tag. So gewann er einen weiteren Tag. Doch auch am folgenden Tag trat Moses noch nicht in Erscheinung, und die Feier, und der Tanz um das Kalb fanden statt – wohl zu Arons Enttäuschung und Verzweiflung.

War Aron nun ein feiger Kompromißler, ein pragmatischer Politiker – wie man sie heute so beschönigend nennt – oder war er ein weiser Regent, der die Gradierung des Unheils abzuschätzen wußte und Mut und Umsicht besaß, das kleinere Übel zu wählen und den inneren Frieden und Zusammenhalt zu bewahren? Ich möchte mir nicht anmaßen, eine Antwort auf diese Frage zu geben, denn meine Meinung ist von absoluter Unwichtigkeit. Es gibt aber einen, der in die Herzen schaut und die inneren Regungen des Herzens kennt, einer, auf dessen unparteiische Gerechtigkeit vollends Verlaß ist. Und dieser hat Aron nicht bestraft, sondern ihm die Würde des Hohenpriesters verliehen. Und letztlich ging es ja um Seine, um Gottes Belange.

Meine Kinder haben mich besiegt
Pekude (2 Moses 38, 21-40,38)

Bei einem interkonfessionellen Gespräch meldete sich ein Mann zu Wort und sagte mit zweifelsfreier Bestimmtheit und ohne jeden Anflug von Verlegenheit, wem – Christen, Moslems und Juden – was, wann geschehen wird. Ich wußte nicht, ob ich lachen, weinen, mich ärgern oder mich einfach darüber hinwegsetzen sollte. Schließlich fragte ich ihn, woher er das alles so genau wisse. Ohne mit der Wimper zu zucken oder nachzudenken, antwortete er: „Es ist das Wort des Himmels." Darauf erwiderte ich: „Das mag ketzerisch vorkommen, bezieht sich aber auf eine erstaunliche talmudische Lehre."

Einmal, als die Meister der Lehre in einer wichtigen Auseinandersetzung über die Auslegung eines biblischen Gebotes verwickelt waren, da geschah es, daß der berühmte Rabbi Elieser, dessen Meinung ja immer ernst genommen wurde und meistes Verbreitung fand, sich nicht durchsetzen konnte. Er führte alle möglichen Argumente ins Feld, aber seine Kollegen wollten sich einfach nicht überzeugen lassen. Da rief Rabbi Elieser aus: „Wenn ich recht habe, möge dieser Johannisbrotbaum dreihundert Schritte von seinem Platz rücken." Und wahrlich, der Baum rückte dreihundert Schritte von seinem Ort. Seine Kollegen aber erwiesen sich nicht beeindruckt und sie sagten zu ihm: „Von einem Baum kann man keine Beweise lernen." Dann sagte Rabbi Elieser: „Soll dieser Fluß es bezeugen." Und der Fluß floß rückwärts. Das aber half auch nichts, und die Weisen antworteten: „Wasser bedeutet auch nichts." Rabbi Elieser ging einen Schritt weiter: „Sollen die Wände des Lehrhauses den Beweis bringen." Und die Wände des Lehrhauses bogen sich nach innen, als würden sie einfallen, aber Rabbi Jehoschua – ein ebenso berühmter Kontrahent Rabbi Eliesers – wies sie zurecht und sprach zu ihnen: „Was habt ihr damit zu tun, wenn die Weisen über die Gesetze der Gotteslehre disputieren?" Um Rabbi Jehoschua zu ehren, fielen die Wände nicht ein, um aber auch Rabbi Elieser nicht zu beschämen, kehrten sie auch nicht ganz zu ihrer ursprünglichen senkrechten Stellung zurück. Rabbi Elieser rief nun noch stärkere Bataillone zu seiner Unterstützung: „Wenn ich recht habe, sollen die Himmel es bezeugen." Da hörte man eine himmlische Stimme, die verkündete: „Was habt ihr gegen Rabbi Elieser? Das Gebot ist doch immer, wie er es ausgelegt!" Da stand Rabbi Jehoschua auf und zitierte einen Satz aus dem fünften Mosebuch: „Es [d.h. das Gebot] ist nicht im Himmel." Er bezog sich damit auf die Stelle, welche besagt, das Gebot sei weder im Himmel noch über dem Meere, so daß man fragen müßte, wer könne für uns in den Himmel oder über das Meer gehen, um es uns zu bringen. Denn das Gotteswort ist uns sehr nah, da es in unseren Herzen und in unserem Munde sei. Rabbi Jehoschua meinte mit seiner Antwort einfach: das Gesetz und die Gebote wurden uns schon am Sinai gegeben. In Auslegung des Gotteswortes hat man bestimmt, daß Erklärungen durch einen Mehrheitsbeschluß der Weisen zu entscheiden seien. Also hören wir selbst nicht auf eine himmlische Stimme, denn die Befugnis zur Entscheidung wurde dem Menschen übertragen.

Weiter erzählt die Legende: Als nun Rabbi Nathan den Propheten Elias traf, fragte er ihn, was Gott zur Stunde der Auseinandersetzung zwischen Rabbi Elieser und seinen Kollegen getan habe. Elias antwortete ihm: „Er lachte und sagte: ‚Meine Kinder haben mich besiegt.'"

Diese etwas naive und wohl kühne Geschichte sagt etwas ganz Bedeutendes aus: Nach der Meinung unserer Weisen ist der Mensch selbst durch das Zeugnis eines Wunders oder durch die Intervention einer himmlischen Stimme nicht von der Verantwortung seiner eigenen Entscheidung befreit. Wenn er seinen Weg wählt, muß er immer sein Gewissen und sein Verständnis des Gotteswortes einschalten. Die Möglichkeit des Alibis, ein Wunder oder eine Stimme vom Himmel hätten ihn seiner persönlichen Verantwortung enthoben, wird ihm entzogen.

Im 13. Kapitel des fünften Mosesbuches lesen wir folgenden bekannten Vers: „Wenn in deiner Mitte ein Prophet oder ein Träumer aufsteht und dir ein Zeichen oder Wunder ansagt und das Zeichen oder Wunder eintrifft, das er dir genannt hat, und er sprach: ‚Laßt uns anderen Göttern folgen, die ihr nicht kennt, und laßt uns ihnen dienen‘, so sollst du nicht auf die Worte jenes Propheten oder Träumers hören, denn der Herr, euer Gott, stellt euch auf die Probe, um zu erkennen, ob ihr den Herrn, euren Gott, von ganzem Herzen und von ganzer Seele liebt." Legende wie auch Bibelabschnitt sagen gleichermaßen, jede auf seine Art, daß selbst die Aussage eines Wunders oder einer himmlischen Stimme – wirklich oder vermeintlich – der Prüfung durch Glaubensgrundsätze und dem menschlichen Verstand unterworfen sind und nicht umgekehrt. Dies spricht dem Menschen eine überwältigende Verantwortung zu, wohl mehr als er in der Regel bereit ist, anzunehmen.

Nicht wenige würden aufgrund des Verlaufs der Geschichte behaupten, der Mensch sei nicht nur nicht willens, diese fordernde Verantwortung für seine eigenen Entscheidungen zu tragen, sondern er sei dazu auch gar nicht fähig. Er sei damit überfordert, da ihm von seinem Wesen her die notwendige geistige Ausrüstung mangelt, er zu sehr von seinen Trieben und Instinkten geleitet wird. Man mag aus dem Vollen schöpfen, wenn man Beweise für die Dummheit oder Leichtgläubigkeit der meisten Menschen zusammentragen wollte. Es bedarf keiner Wunder, um Massen in Bewegung zu setzen, sie jauchzend, zuweilen johlend, in diese oder jene Geistesrichtung losziehen zu lassen. Schon die Illusion eines Wunders kann das bewirken. Bei Wahlen kann man mit Erstaunen beobachten, wie selbst das Versprechen von Wundern bereits genug ist. Wäre dem nicht so, hätte die deutsche Geschichte einen anderen Verlauf genommen, wären die meisten Kriege nicht entfesselt worden, würden zahlreiche Politiker und alle Tyrannen und Diktatoren nicht auf ihren Machtpositionen sitzen.

Dies mag oberflächlich betrachtet stimmen, und doch gibt es genügend Hinweise und Anzeichen, daß damit die letzte Wahrheit nicht ausgesprochen ist. Jedes Zeitalter kennt und kannte die Minderheit, welche sich nicht verführen ließ. Menschen, die durch Wissen und Gewissen, durch freie, eigenständige Entscheidung, sich gegen den Strom zu stemmen versuchten, die furchtlos ihre Stimme erhoben und ihr Leben einsetzten, um die Wahrheit zu verkünden. Daß sie eine Minderheit sind, beweist zwar, daß das Zeitalter der Vollkommenheit noch nicht angebrochen ist, aber es lehrt uns trotzdem, daß es potentiell dem Menschen doch möglich ist, die in ihn gesetzte Hoffnung zu erfüllen. Wir in unseren Tagen haben aufgrund der sich atemberaubend entwickelnden Ereignisse guten Grund, dies zu glauben.

Du bist ein Deserteur
Bechukotaj (3 Moses 26,3-27,34)

Die Begriffe Religion und Religiosität eignen sich für Gespräche, die abstrakt und wissenschaftlich sind. Ist die Unterhaltung aber subjektiv, spricht man über die Religiosität von Einzelnen oder Gruppen von Menschen, so beginne ich mich unwohl zu fühlen, denn es ist mir nicht immer klar, was eigentlich ausgesagt werden soll. Ich tue mich gleichermaßen schwer, wenn sich politische Parteien als „religiös" bezeichnen, denn ich sehe mich dann immer wieder vor die fast unlösbare Frage gestellt, wie man diesen oft mißbrauchten Begriff anzuwenden und zu verstehen hat. Denn was macht einen Menschen religiös? Nicht der Umstand, daß er es von sich selbst behauptet. Denn – so könnte man argumentieren – notwendige Bescheidenheit und die Erkenntnis der eigenen Schwächen und Sündhaftigkeit würden es dem wahrhaft religiösen Menschen verwehren, sich selbst als religiös zu beschreiben. Demgemäß wäre ein jeder, der dies von sich behauptet, automatisch nicht religiös – und dies ist dann allemal wieder zu simpel.

Des öfteren begegne ich Menschen, die sich als nicht religiös vorstellen. Eine beträchtliche Anzahl Besucher in meinem Büro beginnt die Unterhaltung mit der Erklärung: „Ich bin eigentlich nicht religiös, aber ..." Erst dann wird das Thema angesprochen, weswegen sie eigentlich zu mir gekommen sind.

Meistens trügt der Schein der Bescheidenheit, denn es wird offensichtlich, daß ihre Absicht darin besteht, die Behandlung des Anliegens möglichst bürokratisch – wie mit einer Amtsperson – und möglichst weit entfernt von ethischen und moralischen Gesichtspunkten anzugehen. Damit will ich nicht ausschließen, daß es auch vorkommt, daß die Einsicht in die eigene Ferne zu jeder religiösen Einstellung den Besucher dazu führt, sich zu seiner Irreligiosität zu bekennen. Solch ein Bekenntnis lasse ich meistens nicht auf sich beruhen. Ich hake nach: „Was meinen Sie damit? Hassen Sie Ihre Mitmenschen? Sind Sie ein Mörder oder ein eingefleischter Lügner? Tun Sie nicht auch manchmal etwas Gutes?" Die Leute pflegen mich verdutzt anzuschauen, schweigen längere Zeit und wissen nicht, was meine Fragen bedeuten sollen. Sinngemäß erwidern sie dann: „Ja, das wohl nicht, aber ich gehe selten in die Synagoge, ich halte die Speisegesetze nicht, fahre am Schabbat usw." Die Äußerlichkeiten entscheiden für diese Menschen über Religiosität oder Irreligiosität. Das Ritual ist ausschlaggebend, nicht Glaube, nicht Moral und nicht zwischenmenschliches Verhalten.

Nun sind all diese Aspekte Teil des „Religiösseins"; rituelles Brauchtum ergänzt und bestärkt die umfassende Lebensführung im Geiste der biblischen Vorschriften. Es ist aber für sich allein nicht die Gesamtsumme von Religiosität. Folgende Geschichte eignet sich, dies zu illustrieren:
Im alten Rußland der Zaren lebte einst ein jüdischer Kaufmann, dem es gelungen war, sehr reich zu werden: Er hatte einen einträglichen Vertrag mit den ortsansässigen Kasernen, die er mit Lebensmitteln versorgte. Wie viele Leute seiner Art war er zwar ein guter Geschäftsmann, aber kein großer Kenner der Heiligen Schrift und der Vorschriften der Religion. Trotzdem kannte seine Frömmigkeit keine Grenzen. Während der Zehn Bußtage vor dem großen Versöhnungstag ging er jede Nacht in die Synagoge, um die Selichotgebete – die Gebete zum Bekennen der Sünden und Bitten um Vergebung – zu verrichten. Obwohl er von den hebräischen Texten keine blasse

Ahnung hatte, betete er mit viel Inbrunst und mit noch mehr Radau. Doch die langen Nächte und Anstrengungen des Betens bekamen ihm gar nicht. Nach der dritten Nacht ging er zum Rabbi und bekannte mit einem tiefen Seufzer: „Es ist schwer für mich, so spät noch wach zu sein, ich bin es einfach nicht gewohnt."

Der Rabbi lachte laut und sprach: „Du weißt, daß die Armee in viele Gattungen eingeteilt ist. Da gibt es Infanterie, Kavallerie, Artillerie, Pioniere usw. Der Soldat einer jeden Einheit hat seine besondere Pflicht. Nun frage ich dich: Was würde geschehen, wenn ein Infanterist von seiner Einheit desertieren würde, um in der Kavallerie zu dienen? Oder ein Artillerist in der Flotte? – Sie würden vor ein Kriegsgericht gestellt, nicht wahr!" „Ganz bestimmt", antwortete der Geschäftsmann, „das wäre ein schweres Vergehen gegen die Disziplin. Aber Rabbi, was hat das mit meinem Fall zu tun?" Milde antwortete der Rabbi: „Auch die Soldaten des Herrn sind in verschiedene Gattungen eingeteilt. Diejenigen, die sich mit der Tora befassen, sind seine Artillerie; diejenigen, die gute Taten verrichten, seine Kavallerie; andere, die ihre Mitmenschen großzügig unterstützen, sind seine Infanterie usw. Du kannst am besten in den Bataillonen der Großzügigkeit dienen, deshalb bist du ein Infanterist des Herrn. Deine Aufgabe ist es, Armen zu helfen, Witwen und Waisen zu unterhalten und dich armer Gelehrter anzunehmen. Nach allen Regeln der Disziplin der Einheit müßtest du jetzt im Bett liegen und schlafen. Stattdessen finde ich dich hier bei den Artilleristen, den Toragelehrten. Du bist ein Deserteur. Ich rate dir, eile schnell zurück zu deinem eigenen Regiment, bevor der liebe Herrgott, der Oberkommandeur, herausfindet, daß du nicht auf deinem Posten bist!"

Beten mit ganzem Herzen und mit ganzer Seele
Bemidbar (4 Moses 1,1-4,20)

Überall, in allen Konfessionen und Glaubensrichtungen, gibt es Menschen, die sich in Gebet und Ritual als eine herausgehobene Elite betrachten. Die Kriterien, die sie anführen, um diesen hohen Anspruch zu erheben, haben sie sich meist selbst zurechtgelegt. Sei es, weil sie reich, mächtig, einflußreich, belesen und studiert sind; sei es, weil sie sich als besonders fromm, tugendhaft und religiös betrachten. Gemeinsam glauben sie, einen besonderen Draht zum Allmächtigen zu besitzen. Gegen solche Arroganz und Anmaßung nehmen chassidische Geschichten Stellung:
Tiefe, erwartungsvolle und spannungsgeladene Stille hatte sich im Betsaal verbreitet. Die zahlreichen Anwesenden harrten auf den Beginn des Gebetes. Es war der Vorabend des Versöhnungstages, wohl der Höhepunkt des jüdischen liturgischen Jahres. In der Synagoge des Baal Schem Tow waren die Gläubigen versammelt, um unter der Leitung des Meisters die Sünden zu bekennen, um sich mit Gott und ihren Mitmenschen zu versöhnen. Alle wußten, die Stunde des Gebets war angebrochen: Sie warteten auf das Zeichen des Rabbis, daß die Tore des Gebets für sie offen standen.

Tief in seinen Gebetsmantel versunken, saß der Baal Schem Tow regungslos auf seinem Sitz an der Ostwand der Synagoge. Kein Zeichen zum Beginn kam. Verwunderung, wachsende

Ungeduld verbreiteten sich in der Gemeinde. Einige der Ältesten näherten sich respektvoll dem Meister und wiesen darauf hin, daß die Stunde des Gebets doch bereits gekommen sei und man um Erlaubnis bitte, den Gottesdienst zu beginnen. „Die Tore des Gebets sind uns noch verschlossen", sprach leise der Meister und versank wieder in seine nachdenkliche Stille. Die Zeit verging, und die Ungeduld wuchs, doch immer noch kam kein Zeichen zur Freigabe des Gebets. Und wieder näherten sich die Anführer der Gemeinde dem weisen Meister und wieder empfingen sie die gleiche Antwort. Der eine oder andere wollte bemerkt haben, daß Tränen das Gesicht des Baal Schem Tow benetzten. Nun verbreitete sich Angst und Unruhe unter den Wartenden. Was war die Bedeutung dieser Verzögerung? Sollte ihnen Trost und Vergebung versagt bleiben? War ein schreckliches Schicksal im Anzug? Warum schwieg der geliebte und hochgeachtete Meister, der seine Herde doch so sehr liebte und ihr immer Halt und Hoffnung gab?

Durch die kleine Nebentür der Synagoge schlich sich ein junger Mann in die hinterste Reihe der Beter. Unwirsch und ärgerlich blickten einige zu ihm hin. In seiner rauhen und verschmuzten Tracht des Schäfers entsprach der Spätankömmling gar nicht den Vorstellungen der biederen Gemeindemitglieder, wie man gerade zu diesem Anlaß in der Synagoge und vor Gott zu erscheinen hatte. Sie wußten nicht, daß der einfache, ungebildete Schäferjunge nach einem verlorengegangenen Lamm suchen mußte und deshalb nicht rechtzeitig zum Gebet erscheinen konnte. Die Zeit verstrich, trotzdem passierte gar nichts. Plötzlich zog der Schäfer seine Hirtenflöte aus seinem Pelzumhang und setzte sie an seine Lippen. Eine reine und liebliche Melodie erfüllte den ganzen Raum. Empört wandten sich die um den Schäfer stehenden Männer diesem zu. Als sie sich von dem Schock ob dieser unglaublichen Entweihung der Heiligkeit erholt hatten, versuchten sie, ihn zum Schweigen zu bringen.

Möglicherweise hätten sie auch Hand an ihn gelegt, aber in diesem Moment erhob sich der Baal Schem Tow von seinem Sitz mit einem Blick der Begeisterung und Freude, der alle umfaßte, doch besonders auf den Schäfer gerichtet war. Und er rief aus: „Er hat uns die Tore des Himmels für unsere Gebete geöffnet. Laßt uns beten!"

Über ein anderes Vorkommnis wird berichtet: Einmal war der Meister schwer erkrankt, und in der Gemeinde wurde verfügt, alle sollten fasten, um die Genesung des Rabbis zu erbeten. Zur Zeit, da sie im Betsaal in Andacht versunken waren, ging der Säufer des Dörfchens in die Kneipe und ergötzte sich an seinem Schnaps. Ein anderer Jude ertappte ihn dabei und wies ihn zurecht. Da ging der Säufer heiter in die Synagoge und betete: „Lieber Gott, bitte heile unseren Rabbi, daß ich in Ruhe wieder meinen Schnaps trinken kann." Der Rabbi wurde wieder gesund, und man erachtete es als ein Wunder. Und so erklärte es der Rabbi: „Möge der liebe Gott unseren Säufer erhalten bis 120 Jahre! Sein Gebet wurde von Gott erhört und eures nicht, denn er legte wahrlich sein ganzes Herz und seine ganze Seele in sein Gebet!"

Es gibt keinen Menschen, der nicht seine Stunde hat
Schelach Lecha (4 Moses 13,1-15,41)

Wenn ein Mensch sich gleich einer Heuschrecke dünkt, zeugt das nicht gerade von einem ausgeprägten Selbstbewußtsein. Der sich selbst gering Achtende ist dann auch in der Regel eine nichtssagende Persönlichkeit mit schwachem Charakter. Gerade von solchen Menschen erzählt uns der Torawochenabschnitt Schelach Lecha. Die Geschichte ist bekannt: Aus der Wüste Paran im nordöstlichen Teil der Sinaihalbinsel sandte Moses zwölf Kundschafter aus, ein jeder von ihnen eine fürstliche Persönlichkeit in seinem Stamm. Sie sollten Kanaan durchstreifen, um einen genauen Bericht über Land und Leute zu erstatten. Nach 40 Tagen kehrten sie zurück und erzählten begeistert von dem Land, das sie soeben erkundet hatten. Es sei – so berichteten sie – wahrlich ein Land, wo Milch und Honig fließen. Was aber eine Eroberung anbelangte, warnten sie vor den zahlreichen Bewohnern, die stark und groß wie Riesen wären und in großen und gut befestigten Städten lebten. Eine erfolgreiche Invasion sei demnach undenkbar.

Nur zwei der Kundschafter waren abweichender Meinung. Obwohl sie nichts gegen den objektiven Teil des Berichtes einzuwenden hatten, zogen sie einen entgegengesetzten Schluß. Jehoschua bin Nun und Kalew ben Jephune behaupteten: „Wir werden hinaufziehen und es in Besitz nehmen, denn wir können es mit ihnen aufnehmen." Diese mutige Aussage der Minderheit hatte zur Folge, daß die anderen zehn ihre Befürchtungen in noch eindringlicherer und übertriebenerer Form wiederholten. In diesem Zusammenhang sprachen sie den bemerkenswerten Satz: „Wir kamen uns vor wie die Heuschrecken und so erschienen wir auch ihnen." Das Volk ließ sich von ihnen überzeugen, und sie lehnten sich gegen Moses und Aron auf.

Dieser kurze, aber aussagekräftige Satz „Wir kamen uns vor wie die Heuschrecken und so erschienen wir auch ihnen" spiegelt die Geistesverfassung der zehn Kundschafter und des gesamten Volkes. Den Mangel an Selbstvertrauen, Mut und Einsatzbereitschaft kann man vielleicht verstehen und erklären. Eine Jahrhunderte währende Entrechtung und Erniedrigung in der Sklaverei, so wie sie es in Ägypten erleiden mußten, geht nicht spurlos an einem Volk vorüber. Die seelischen Wunden heilen nicht in wenigen Monaten. Überraschender erscheint das fehlende Gottvertrauen, das sich anscheinend trotz der wunderbaren Erfahrungen der Macht und Liebe Gottes beim Auszug aus Ägypten, am Schilfmeer, am Berge Sinai und in der Wüste noch nicht im Bewußtsein der Kinder Israel hatte verankern können.

Die zehn Kundschafter vermittelten aber nicht nur ihre eigenen Eindrücke. Sie erzählten auch, ohne dafür stichhaltige Anhaltspunkte zu besitzen, von den Gedankengängen der Kanaaniter. Es ist gefährlich, wenn man das gesamte Weltbild durch das eigene, mangelnde Selbst– und Gottvertrauen färben und entstellen läßt. Hier projizierten die zehn Kundschafter ihr Minderwertigkeitsgefühl auf die angenommene Denkweise der Widersacher: „... und so kamen wir ihnen vor". Der eigenen vermeintlichen Bedeutungslosigkeit stellten sie ein irrtümlich angenommenes überbordendes Gefühl der Stärke im Anderen gegenüber. Durch das Heuschreckengleichnis versuchten sie die Disparität des Kräfteverhältnisses der Israeliten und Kanaaniter derart kraß darzustellen, daß sie sich damit gleich ein Alibi für ihre Zaghaftigkeit schufen.

Ein Midrasch sagt zu diesem Satz „Wir kamen uns vor wie die Heuschrecken und so erschienen wir auch ihnen": „Als die zehn Kundschafter so sprachen, da sagte der Heilige, gepriesen sei er: ‚Ihr wißt gar nicht, was ihr da gesagt habt! Daß ihr spracht: Wir kamen uns vor wie die Heuschrecken, das habe ich euch übersehen. Aber daß ihr spracht: ‚ ... und so erschienen wir auch ihnen', darüber bin ich erbost, denn wie könnt ihr wissen, wie ich euch in ihren Augen habe erscheinen lassen! Vielleicht ward ihr in ihren Augen wie die Engel?"

Gott- und Selbstvertrauen sowie die Erkenntnis, daß man die Selbstbewertung nicht in die Gedanken anderer hineinlesen darf, lernte das jüdische Volk erst später aus seinen geschichtlichen Erfahrungen und aus der wachsenden Reife seines Glaubens. Die „Heuschreckenmentalität" ist nicht nur eine Erscheinung der biblischen Zeit. Zu jeder Zeit und überall ist sie ein weitverbreitetes, fast alltägliches Phänomen. Es gibt immer Menschen, denen es an einem Minimum an Selbstachtung und Selbstvertrauen, von Gottvertrauen ganz zu schweigen, mangelt. Sie fühlen sich in jeder Beziehung klein, machtlos oder ohne Bedeutung. Sie sind auch davon überzeugt, von ihren Mitmenschen genau so eingeschätzt zu werden, wie sie sich selbst sehen. Gleich den Kindern Israel der damaligen Zeit reagieren sie auf die Herausforderung der ihnen begegnenden Probleme mit dem Versuch, sich ihnen zu entziehen, indem sie ihnen einfach den Rücken wenden. Damit verbunden ist oft eine Romantisierung der Vergangenheit, der guten alten Tage, die in Wirklichkeit oft alles andere als gut waren. Wie die Israeliten unserer Geschichte dazumal plötzlich alle ihnen beigebrachte Leiden zu vergessen schienen und wieder nach Ägypten zurückkehren wollten, so sehnen sich die „Heuschreckenmenschen" jeder Zeit in eine Vergangenheit zurück, die so illusorisch wie unwiederbringlich ist.

Der Wochenabschnitt Schelach Lecha (4 Moses 13,1 bis 15,41) berichtet von den bittern Folgen der geistigen Kleinlichkeit der zehn Kundschafter. Jene Generation des Volkes Israel, ausgenommen die schon genannten Jehoschua bin Nun und Kalew ben Jephune, betrat nie das verheißene Land. Es blieb einer mutigeren, selbstsichereren und mehr auf Gott vertrauenden Nachkommenschaft vorbehalten zu erfahren, daß das vermeintlich Unmögliche gar nicht unmöglich ist. Der „Heuschreckenmensch" verbaut sich immer selbst den Zugang zu seinem eigenen „verheißenen Land", d.h. zur Erfüllung seiner Hoffnungen, Träume und Ziele. Er darbt und stirbt in der Wüste der Hoffnungslosigkeit und Verzweiflung.

Dazu lehrt der jüdische Weise Ben Asai: „Denke keinen Menschen (wohl auch dich selbst nicht) zu gering, und von keinem Ding, daß es unmöglich sei, denn es gibt keinen Menschen, der nicht seine Stunde und kein Ding, das nicht seinen Platz hat."

Die Hauptsache zur Hauptsache machen
Matot (4 Moses 30,2-32,42)

Im Nachlaß des Dichters Paul Mühsam finden sich folgende Worte: „Jede Stufe, die du erklimmst, steigt die Menschheit mit dir."

Von solch einem Erklimmen berichtet der Wochenabschnitt Matot (4 Moses 30,2 bis 32,42). Die von Kadesch (4 Moses 13,26) ausgesandten israelitischen Kundschafter waren von der „Heuschreckenmentalität" der vormals in Ägypten als Sklaven Dienenden geprägt. Angst und Zaghaftigkeit der Kundschafter wie des ganzen Volkes Israel ergaben, daß sie zu jener Zeit die Besitznahme Kanaans nicht wagten und sich gegen Moses und seinen Bruder Aron auflehnten. Das Volk wurde daher zu 40 Jahren Wanderung in der Wildnis bis zum Aussterben aller damals Erwachsenen verdammt.

Im Wochenabschnitt Matot im 32. Kapitel des 4. Buches Moses wird diese Geschichte noch einmal aufgerollt; dies im Zusammenhang mit einer Episode, die sich knapp 40 Jahre nach den erwähnten Ereignissen begeben hat. Der Vergleich erlaubt uns, eine erkennbare Entwicklung der Charakterstärke und des Selbstvertrauens des Volkes Israel während dieser Zeitspanne festzustellen.

Viele Jahre waren seit den traurigen Ereignissen in Kadesch vergangen. Die Kinder von damals waren zu reifen, älteren Männern herangewachsen und die damaligen Männer weilten nicht mehr unter den Lebenden. Die Härten der nomadischen Existenz in der Wüste, der Kampf ums Überleben gegen eine unbarmherzige Natur und kämpferische Feinde hatten Zusammenhalt und Solidarität der Stämme gefördert. Im Schmelztiegel des täglichen Ringens um Existenz und Leben wurden sie von der Schlacke der Schwäche und der Feigheit geläutert. Kriegerischer Einsatz hatte bereits die Flächen östlich des Jordan in die Hände der Israeliten gebracht. Nun traten die Vertreter der Stämme Gad und Reuwen zu Moses und erbaten sich die bereits besetzten Gebiete als ihren Erbteil. Die Landstriche in Transjordanien waren allmählich fruchtbares Weideland und die Stämme Gad und Reuwen besaßen große Herden.

Moses erschrak. Sollte sich die Tragödie von Kadesch wiederholen? Würden zwei Stämme aus der Volksgemeinschaft ausscheren, Ländereien in Besitz nehmen und sich friedlich zur Ruhe setzen, während den restlichen Stämmen noch der Kampf um das Kernland Kanaans, westlich des Jordans, bevorstand? Würden die anderen dies nicht als Zeichen der Furcht und der Zaghaftigkeit deuten und sich dadurch in ihrer eigenen Entschlossenheit schwächen lassen? Würden sie wieder so sehr an Gott und sich selber zweifeln und so den Kampf um das verheißene Land verweigern? So sprach Moses zu den Söhnen Gads und Reuwens: „Sollen eure Brüder in den Krieg ziehen und ihr wollt hier bleiben? Und warum wollt ihr das Herz der Kinder Israel abwendig machen, daß sie nicht in das Land hinüberziehen, das der Ewige ihnen gegeben?" In eindringlichen Worten erinnerte er sie an die Ereignisse von Kadesch und deren schicksalsschwere Folgen und schloß: „Und nun seid ihr anstelle eurer Väter aufgestanden, ein Gezücht sündhafter Männer, um die Zornesflut des Ewigen gegen Israel noch zu steigern. Wenn ihr euch von ihm abkehrt, so wird er es noch länger in der Wüste lassen, und ihr diesem ganzen Volk Verderben bereiten."

In seiner Sorge um das Wohl des Volkes hatte Moses vielleicht den Gaditen und den Reuweniten mit seiner barschen

Aufruhr Unrecht getan. Sie waren erprobte und mutige Kämpfer. Obwohl sie bestimmt ihren materiellen Vorteil im Auge hatten, besagte das nicht, daß sie beabsichtigt hätten, ihre Brüder im Stich zu lassen. So traten sie dann auch vor Moses und versicherten ihm, daß sie zunächst ihre Familien und Herden versorgen würden, um erst dann vor den Kindern Israel in den Kampf um Kanaan zu ziehen, bis alle an ihren Platz gekommen seien. Danach würden sie zu ihrem Land und zu ihren Familien jenseits des Jordans zurückkehren.

Ein beschwichtigter Moses nahm diesen Vorschlag an und gab ihnen sowie einem Teil des Stammes Menasche die Länder des Gilead unter diesen Bedingungen zum Erbteil. Die im Buch Jehoschua enthaltenen Berichte über die Besetzung Kanaans nach dem Tod Moses bestätigen, daß die Stämme Gad und Reuwen auch ihrem Wort treu geblieben sind.

Es ist bemerkenswert, wie schnell und gründlich eine verhältnismäßig kurze Zeit der Freiheit und des Auf-sich-selbst-gestellt-Seins die Charakterzüge eines Volkes verändern kann. Gerade weil die biblische Erzählung uns keine außergewöhnliche, wunderbare Verwandlung der damaligen Israeliten von ungläubigen Feiglingen zu tapferen Helden glauben machen will, sondern nur eine unstete, doch fortschreitende Steigerung des Selbstvertrauens und des Mutes andeutet, klingt die Geschichte plausibel. Selbst Moses, der ja den Puls des Volkes besser kannte als jeder andere, war sich noch nicht sicher, ob die neuerrungenen Qualitäten einer schweren Prüfung standhalten würden. Er glaubte an die Möglichkeit einer Wiederholung der tragischen Fehler von Kadesch.

Ein genaueres Lesen des Textes weist auf weitere gewisse Schwächen der Stämme Gad und Reuwen hin – ein weiteres Zeichen dafür, daß diese Geschichte eher wahr als erfunden ist. Bestimmt hatten auch die anderen Stämme bedeutende Herden und man kann sich des Eindrucks nicht erwehren, daß Gad und Reuwen sich durch ihr frühzeitiges Vorsprechen die vorzüglichsten Landstriche sichern wollten. Der bekannte Bibelkommentator des 11. Jahrhunderts, Rabbi Schlomo Jizchaki, Raschi genannt, wies auf eine subtile Zurechtweisung durch Moses hin. Als Gad und Reuwen nämlich zu Moses kamen, sprachen sie: „Viehhürden wollen wir hier für unsere Herden bauen und Städte für unsere Kinder." In seiner zustimmenden Antwort drehte Moses die Reihenfolge um, indem er ihnen sagte: „Baut euch Städte für eure Kinder und Hürden für eure Schafe ..." Unausgesprochen und mit Feingefühl wollte Moses sie lehren, daß die Familie doch mehr als materielle Habe bedeutet. Wie Raschi schrieb: „Moses sagte zu ihnen: ‚Machet die Hauptsache zur Hauptsache und die Nebensache zur Nebensache, bauet euch zuerst Städte zum Schutz eurer Kinder, erst danach Hürden für eure Schafe." Wie wir sehen, es blieb noch einiges zu lernen.

Aber man erkennt einen bedeutenden Fortschritt in den 40 Jahren seit Kadesch: erste Schritte auf einer langen Klettertour zu erhabenen Zielen, die auch von uns noch lange nicht erreicht sind. Der Fortschritt, der damals möglich war, ist auch uns nicht verschlossen – so wie es eben Paul Mühsam formulierte: „Jede Stufe, die du erklimmst, steigt die Menschheit mit dir."

Himmelwärts erhobenen Hauptes
Nizzawim (5 Moses 29,9-30,20)

Kurz vor seinem Tode versammelte Moses das ganze Volk östlich des Jordans, um den Bund zwischen Gott und Israel zu erneuern. „Ihr steht heute alle vor dem Herrn, eurem Gott, eure Häupter, eure Ältesten und eure Amtsleute, alle Männer in Israel, eure Kinder, eure Frauen und dein Fremdling, der in deinem Lager ist, deine Holzhauer sowie deine Wasserschöpfer, um in den Bund mit dem Herrn, deinem Gott, einzutreten ..."

„Ihr steht heute alle vor dem Herrn ..." – darüber soll hier nachgedacht werden. Dieser Gedanke beherrscht auch das jüdische Verständnis der Hohen Feiertage Rosch Haschana und Jom Kippur, die in dieser Zeitperiode des Wochenabschnitts Nizzawim (5 Moses 29,9 bis 30,20) folgen. Gläubige Juden betrachten sich in dieser Zeit, als stünden sie vor dem himmlischen Gerichtshof: Hier zur Einsicht in die Mängel der eigenen Lebenshaltung aufgefordert, dort zur Bestätigung des ewigen Bundes versammelt, steht der Mensch vor und in der Gegenwart Gottes.

Aber wie steht der Mensch vor Gott? In welcher Haltung soll er sich der unfaßbaren Herrlichkeit seines Schöpfers präsentieren? Ich frage einmal nicht nach seiner Geisteshaltung, nach der Lauterkeit seines Glaubens, der Ernsthaftigkeit seiner Gedanken und Worte. Nein, dieses Mal stelle ich die konkrete

Körperhaltung als Ausdruck des Verständnisses seiner Beziehung zu und mit Gott zur Diskussion.

Im allgemeinen befürworten die meisten religiösen Kreise eine demütige, Unterwerfung andeutende Haltung des Körpers in den Momenten, da der Mensch, in öffentlicher oder privater Andacht, vor Gott tritt. Steht man so vor Gott? Die Anfangsworte unseres Wochenabschnittes stellen dies in Frage. Die Zweifel ergeben sich aus der hebräischen Formulierung des Textes.

Die deutsche Übersetzung „Ihr steht heute alle vor dem Herrn, eurem Gott ..." verliert eine bedeutende Nuancierung des hebräischen Originaltextes: Das hebräische Wort Nizzawim impliziert etwas mehr als einfaches Stehen. Es weist auf eine aufrechte, feste, bestimmte Haltung hin. Aus der gleichen Wortwurzel werden Begriffe wie ‚Mazewa' (Gedenkstein) oder im modernen Iwrit ‚Muzaw' (militärische Stellung) abgeleitet. Der gleiche Ausdruck beschreibt das Aufwallen der Wasser des Schilfmeeres beim Auszug der Kinder Israel aus Ägypten, das überhebliche Auftreten Goliaths, als er die Israeliten arrogant verhöhnte und herausforderte, sowie die Haltung der Rebellen Datan und Abiram, als sie Moses störrisch den Gehorsam verweigerten. Ebenso dient dieser Ausdruck auch dazu, das ewige Bestehen von Gottes Wort sowie seine Gegenwart inmitten seiner Gemeinde zu beschreiben.

Schlägt man die Hebräische Bibel auf, um festzustellen, wie unsere illustren Vorfahren Gott gegenübergestanden haben, so macht man die überraschende Entdeckung, daß die unterwürfige, gebückte oder zu Boden liegende Haltung nicht ihren Gepflogenheiten entsprach. Vom brennenden Busch wird nur berichtet, Moses hätte seine Schuhe von seinen Füßen gezogen. Als Moses Gott bat, ihm doch seine Herrlichkeit zu zeigen, befahl ihm Gott, sich auf einen Felsen zu stellen – dazu wurde wieder der bedeutungsvolle Ausdruck ‚Nizawa' angewandt. Das gleiche Wort wurde gebraucht, um die Haltung der Kinder Israel bei der Verleihung der Zehn Gebote am Fuße des Berges

Sinai zu beschreiben. Vor dem Wunder am Schilfmeer ruft Moses den Israeliten Zu: „Hitjazwu" – Steht fest und sehet die Rettung des Herrn! Auch als der Herr mit dem Propheten Elias in der Wüste Sinai sprach, lesen wir, daß er vor Gott stand. All dies scheint mir genug Beweis, daß auch eine gerade, aufrechte, ja selbstbewußte Haltung in Frage kommt, wenn der Mensch vor Gott tritt.

Selbstbewußtsein, Stolz und Festigkeit werden hier nicht negativ bewertet. Der freie Mensch, seiner Verantwortung und Aufgabe bewußt, bereit, seine Fehler zu gestehen und ihre Konsequenzen zu tragen, wird demgemäß mit aufrechter Haltung gekennzeichnet. Nicht ohne Grund deuten die Begriffe aufrecht und aufrichtig das gerade Rückgrat an. Der, der seine Blicke mutig und entschlossen nach vorne oder nach oben richtet, scheint eher bereit zu sein, seine Partnerschaft in der Schöpfung praktisch zu realisieren, indem er sich zuversichtlich und vertrauensvoll in das Abenteuer des Lebens stürzt. Gerade er, der auch angesichts der geahnten Gegenwart Gottes aufrecht und fest steht, verliert seine Umwelt und seine Mitmenschen nie aus den Augen. Dem gesenkten Blick, dem gebeugten Rücken ist diese Aussicht entzogen

Auch die demütige Haltung hat ihren Platz und ihre Zeit. Vielleicht sollte aber die Grundhaltung des Menschen, auch Gott gegenüber, die aufrechte Stellung mit erhobenem Haupt sein – so wie der Baum. Wie der Baum seine Krone vor dem Sturme senkt, um nicht zu zerbrechen, nimmt er, sobald wieder Stille eingetreten ist, wieder seine aufrechte Haltung ein und erhebt sein Haupt gen Himmel. So auch der Mensch. Es gibt Momente, da er sich demütig der Erde zubeugen muß, damit er nicht von den Stürmen des Lebens hinweggefegt werde. Aber seine natürliche Haltung sollte das himmelwärts erhobene Haupt sein, die Augen den Höhen zugewandt, denn von dort kommt seine Hilfe.

Aus dem Leben eines Rabbiners

Der reisende Rabbiner

Sara-Ruth Schumann

Meine erste dienstliche Begegnung mit Rabbiner Dr. Brandt war die Beschäftigung mit dem Kursbuch der Bundesbahn. Oldenburg als eine von mehreren Außenstationen der Jüdischen Gemeinde Hannover machte das Reisen des Rabbiners zur zwingenden Notwendigkeit. Es gab noch kein Handy. Die einzige Möglichkeit beim Nichterreichen eines Zuges von Hannover nach Oldenburg war, auf den Fahrplan zu schauen, um den nächstmöglichen Termin einer Ankunft zu ermitteln. In den meisten Fällen war es glücklicherweise nicht nötig.

Bis zur endgültigen Gründung der jüdischen Gemeinde zu Oldenburg im Jahre 1992 waren wir, um uns überhaupt am Gemeindeleben zu beteiligen, darauf angewiesen, zu den Gottesdiensten nach Hannover in die Synagoge zu fahren. Nicht nur bei uns war das Interesse an jüdischem Leben in der Region sehr groß. Rabbiner Dr. Brandt hat im ganzen Weser-Ems-Bereich für Information, Dialog und freundschaftliche Beziehungen zur Verfügung gestanden und war in jüdischen Angelegenheiten die Autorität – und er war unermüdlich unterwegs.

In Oldenburg selbst war er das Verbindungsglied zwischen der Stadt, den christlichen Kirchen, Gesellschaften und am Judentum Interessierten. Seine ganze Aufmerksamkeit galt den jüdischen Bürgern. Die Wunschvorstellung, hier eine Gemeinde wieder entstehen zu lassen, wird ihn im Stillen immer begleitet haben. Ein Anfang war gemacht, als sich eine Gruppe aus jüdischen und nichtjüdischen Mitgliedern formierte. Hier hat der Rabbiner mit großem Einfühlungsvermögen, mit fröhlicher Selbstverständlichkeit und großer Toleranz allem Unwissen gegenüber einen Weg geebnet, der in die Gründung einer Gemeinde mündete.

Ganz besonders engagiert zeigten sich die Frauen. Ihnen schien es wichtig, ihre Kinder wieder nach jüdischer Tradition zu erziehen; Alte und Kranke sollten sich wieder in der jüdischen Gemeinschaft aufgehoben fühlen und die Gewißheit haben, auch dort beerdigt werden zu können. Da die Aufbauarbeit, Energie und Vision der entstehenden Gemeinde vorwiegend von Frauen getragen wurde, war die erste und ernste Frage an den Rabbiner, ob eine Gründung mit einer Gleichberechtigung der Geschlechter möglich wäre.

Behutsam und mit vorsichtigen Belehrungen führte er uns an die Dinge heran, die unser jüdisches Leben ausmachen. Das betraf in erster Linie die Kaschrut (Speisen und ihre Zubereitung), die bis dahin noch nicht vorhandenen Gebetbücher und die daraus resultierenden Unsicherheiten in bezug auf Gottesdienste. Eine lernwillige Gemeinschaft machte sich an die Arbeit und dankte es ihm.

So ernst uns die Gründung einer Gemeinde war, so fest konnten wir uns auf das vertrauensvolle Verhältnis zu unserem Rabbiner verlassen. Seine Antwort auf unsere Frage nach der Gleichberechtigung prüfte er gewissenhaft und bemerkte dazu: „Ja, es ist möglich, aber es wird ein schwerer Weg werden. Geht ihn, ihr könnt es schaffen!"

Niemand von uns ahnte, welche Stürme der Entrüstung es innerhalb der jüdischen Gemeinschaft auslösen und wie schwer der Weg tatsächlich sein würde. Der Landesverband der Jüdischen Gemeinden von Niedersachsen K.d.ö.R. mußte überzeugt werden, denn durch die Mitgliedschaft in diesem Verband waren wir dem Zentralrat der Juden in Deutschland angeschlossen. Dies war uns wichtig in bezug auf jüdisches Leben in diesem Land überhaupt.

Wir waren auch angewiesen auf die Inanspruchnahme der Aus- und Weiterbildungsmöglichkeiten, die von der Zentralwohlfahrtsstelle angeboten wurden. Ebenso wichtig war uns, daß unsere Kinder weiterhin die Gelegenheit bekamen, mit in die gemeinsam organisierten Ferienlager zu fahren, um in ihrem jüdischen Leben Freunde zu finden. Unser Rabbiner war auch hier eine unverrückbare Stütze, die uns ermutigte und ermunterte, nicht aufzugeben und die einst vorhandenen vielfältigen Ausrichtungen des Judentums in Deutschland wieder mitzubeleben.

Immer noch ohne eigene Räume wurde nach der Gemeindegründung 1992 eine Galerie unsere Synagoge. Und dies im wahrsten Sinne des Wortes: Vor Ankunft des Rabbiners, der inzwischen sein Stammhotel in Oldenburg hatte, wurden die Kunstwerke zur Seite geräumt, unpassende Bilder von der Wand genommen, mit aller Improvisation ein Gebetsraum vorbereitet sowie Tische und Stühle für den anschließenden Kiddusch aufgebaut. Wenn alle „Hindernisse" beseitigt waren, konnte der Rabbiner seines Amtes walten.

Mit Hannover hatten wir ein Abkommen getroffen: Der Rabbiner sollte in festgelegten Abständen der neuen Gemeinde zur Seite stehen und für die würdige Form der Gottesdienste und für die Vorbereitung zur Bar- und Batmizwa sorgen. Die erste Batmizwa war dann ein großes Erlebnis für die Gemeinde und natürlich auch für die Stadt.

In der Folgezeit wurde aus dem Rabbiner auch noch der Mitarchitekt des geplanten Umbaus des Hauses, das ab 1995 der Gemeinde als Synagoge und jüdisches Kulturzentrum zur Verfügung gestellt werden sollte. Als erste zukunftweisende Tat pflanzte er eine Libanonzeder vor dem Gebäude, die heute eine beachtliche Höhe und Fülle erreicht hat. Die Umbauarbeiten blieben in seinem Blickfeld, und im März 1995 konnte die Stadt zur Woche der Brüderlichkeit der Gemeinde das Haus mit rabbinischem Segen durch den Anschlag einer Mesusa übergeben. Im gleichen Jahr verließ „unser Rabbiner" Niedersachsen und wurde Landesrabbiner von Westfalen-Lippe. Für die Gemeinde wurde dieser Umstand zur ersten ernsthaften Prüfung, die sie bestehen mußte.

Rückblickend sind wir ihm, „unserem Rabbiner", großen Dank schuldig. Seine vorsichtige, aber bestimmte Art, uns den rechten Weg zu weisen, sollte der Grundstein einer Gemeinde werden, die inzwischen auf fast 300 Mitglieder angewachsen ist, über ein Gemeindezentrum einschließlich Mikwe verfügt, und die vor allen Dingen das Lernen fest in ihr Programm eingeschrieben hat.

Zehn Jahre sind wir gerade alt, diesen Geburtstag konnten wir gemeinsam mit unserem Rabbiner-Vater feiern und viele Erinnerungen austauschen, die heute ein Schmunzeln hervorrufen. Von den Anfängen erzählen wir gerne und von unserem Rabbiner auch. Wie kann man einem Menschen mehr Ehre entgegenbringen, als liebevoll und voller Respekt von ihm zu berichten und ihm freundschaftlich verbunden bleiben.

Oldenburg, im Juni 2002

Schwer zu erwischen, aber immer da

Ein Tag im Alltagsleben des Landesrabbiners Dr. Henry Brandt

Anke Klapsing-Reich

„Es gibt ein kleines Problem", empfängt mich Landesrabbiner Dr. Henry Brandt vor seinem Büro. Völlig unerwartet sei für heute morgen, 9 Uhr, eine außerordentliche Personalsitzung angesetzt worden. „Nicht sehr erfreulich. Da können Sie leider nicht mit hinein!" Also nehme ich noch einmal Platz in der kleinen Sitzecke im Flur, lasse meinen Blick über Aushänge und Ankündigungen schweifen, bis meine Augen den „Warnhinweis" entdecken: „Es besteht die Möglichkeit, mich zu den Sprechstunden Di. 10–13 Uhr, Fr. 10–13 Uhr ohne Voranmeldung aufzusuchen. Es ist jedoch ratsam, sich vorher zu erkundigen, ob ich nicht durch einen dringenden Termin verhindert bin."

Brigitte Miele wirbelt schon seit einer guten halben Stunde im Sekretariat des Rabbinats. Die Post ist sortiert, die Liste der Telefonanrufer füllt sich flott: „Tut mir leid, er ist gerade in einer wichtigen Sitzung. Ich notiere mir Ihre Nummer, er wird später zurückrufen." Gemeindemitglieder, Koordinierungs-Rat, Rundfunksender – jeder hat seine ganz speziellen Wünsche und Fragen an den Landesrabbiner von Westfalen-Lippe.

Die blonde Studentin, die sich zu mir in die Sitzecke gesellt, war vergangene Woche schon einmal da. Heute will die Assistentin am Ökumenischen Institut der Ruhr-Universität Bochum mit dem Rabbiner den zweiten Teil des Fragebogens durchgehen – wichtige Recherchearbeit für das Lexikon-Projekt mit dem Thema „Religionsgemeinschaften im Ruhrgebiet".

„Wo waren wir stehengeblieben?" Henry Brandt sitzt im hochlehnigen schwarzen Ledersessel hinter seinem Schreibtisch, fingert nach der Lesebrille, konzentriert sich auf Frage 41. „Ja, da können Sie notieren, daß mir der jüdisch-christliche Dialog sehr am Herzen liegt." Ein Anliegen, dem er auch durch seine Funktion als Jüdischer Präsident im Deutschen KoordinierungsRat zentrale Bedeutung verleiht. Die Arbeit nach außen sei wichtig, wenn zeitweise auch etwas viel. „Mein ganzes Tun dient dem Versuch, Aufgeschlossenheit und Liberalität als Grundton in die Gemeinde einzubringen." – Die Studentin vermerkt auf dem Formular, daß der Landesrabbiner in der Öffentlichkeit präsent ist, sei es durch Vorträge oder als Repräsentant aller jüdischen Gemeinden Westfalens an Gedenktagen wie zum Beispiel dem 9. November oder 27. Januar.

In einer knappen halben Stunde sind die Vorlagen beackert, Fragen nach Toleranz und Mission („Wer hat sich die denn ausgedacht?") mit dem Zitat des jüdischen Lehrsatzes: „Die Gerechten aller Völker haben einen Anteil an der kommenden Welt" hinreichend beantwortet. Vielen Dank, Auf Wiedersehen – die nächste Besucherin wartet schon im Flur, doch erst klingelt 'mal wieder das Telefon.

Die Nächste bitte! Ein schwieriger Fall. Diesmal ist der Rabbiner in erster Linie als Seelsorger gefragt. Souverän, immer ergebnisorientiert, fahndet er in dem verworrenen Problemknäuel nach dem roten Faden. Die hellen Augen betrachten über den Rand der Lesebrille hinweg aufmerksam sein erzählendes Gegenüber. Und wer ihn so sieht – die Fingerkuppen beider Hände aneinandergelegt, mit wachem Auge und Ohr –, der kann sich gut den jungen Henry Brandt vorstellen, der in seinem „früheren Leben" als studierter Nationalökonom für den Autokonzern Ford in England den Markt analysiert hat.

Die Kombination von Industrie-Arbeit und jüdischem Schriftgelehrten, gewürzt mit der Erfahrung eines bewegten, schillernden Lebens, bewertet der „Spät-Berufene" als besonders günstig. „Dadurch habe ich ein tieferes Verständnis für die Probleme der Menschen gewonnen, nicht nur aus dem Winkel des theoretischen Verstehens heraus." – Doch bei dieser Besucherin hilft ihm auch das nichts. „Im Moment bin ich für Sie nicht der richtige Ansprechpartner", verabschiedet er die Dame. Vielleicht später – da könne sie gerne wieder vorbeischauen: „Ich bin nicht leicht zu erwischen, trotzdem bin ich da."

Das Fax-Gerät summt und spuckt einen dreiseitigen FAZ-Artikel zum Thema Nahost aus. „Zur Info" von seinem Kollegen aus Baden-Württemberg. Um den brodelnden Konfliktherd geht es auch dem Redakteur, der den Landesrabbiner für seine Sendung als Live-Gast gewinnen möchte: „Wir brauchen noch jemanden von der israelischen Seite." Doch der dicke Terminkalender meldet unter entsprechendem Datum „belegt". „Tut mir leid. Da bin ich auf der Vorstandssitzung des Deutschen KoordinierungsRates."

Der Lehrer der Gesamtschule Huckarde hat mehr Glück: Die Synagogen-Führung mit der 7. Klasse geht in Ordnung. „Ermutigen Sie Ihre Schüler, Fragen zu stellen. Alle Fragen sind erlaubt. Und denken Sie bitte daran, daß die Jungen eine Kopfbedeckung mitbringen", erinnert Dr. Brandt an die jüdische Vorschrift. Das Informationsbedürfnis des Telefonpartners scheint noch nicht befriedigt. „Noch 'ne Frage kostet doppelt", scherzt der Rabbiner. Ja, man könne auch einen jüdischen Friedhof besuchen, aber: „Konzentrieren Sie sich lieber mehr auf die Lebenden als die Toten."

Zeit für den Blick in die Post: Der NDR braucht seinen Beitrag für eine Radiosendung. Termin mit dem Funkhaus ausmachen. Notizen für die Beerdigung am Donnerstag. Ein russischer Zuwanderer, 81 Jahre alt, fern der Heimat in Dortmund gestorben. Die Vorschlagliste für die russischen Vorträge im Rahmen der Erwachsenenbildung. Die Planung für die Veranstaltungen in deutscher Sprache sind abgeschlossen: Chassidismus, Jüdische Geschichte und Tradition, die Zaddikim, Ritual und Ethik stehen auf dem getippten Programm. „Habe ich zum ersten Mal selber auf meinem eigenen Computer geschrieben", verkündet er stolz dem Jugendlichen aus der Gemeinde, der das Manuskript für den Druck abholt.

Der klassische Rabbiner hatte mit Kleinkram nichts am Hut; er hat geforscht. „Es sind die täglichen Ansprüche des Alltags, die es mir versagen, meine Batterien aufzufrischen", kommentiert Dr. Brandt, der für zehn stetig wachsende jüdische Gemeinden in Westfalen und damit rund 6.200 Mitglieder, zuständig ist. Reist er nun ständig quer durch westfälische Lande von Gemeinde zu Gemeinde? „Nein", antwortet der Angestellte des Landesverbandes. Sein Auto-Tacho zeige zwar immer am Ende jedes Jahres rund 30 000 km mehr an, aber: „50 % meiner Zeit bin ich in Dortmund." Wenn eine Gemeinde seiner besonderen Betreuung bedürfe, sei er zur Stelle. „Doch die meisten kommen auch ganz gut ohne mich zurecht", lächelt der liberale Rabbiner.

Das Handy bringt sich bimmelnd in Erinnerung. „Hello darling, how are you?" Die britische Gattin hat gerade einen kleinen Eingriff gut überstanden, muß aber den Flug für den geplanten Verwandtenbesuch in England canceln. „Okay, I'll do it for you, bye." Englisch, Deutsch, Französisch und natürlich Hebräisch – munter springt der multilinguale Weltbürger zwischen den Sprachen hin und her. Rabbinerstellen in Genf, Zürich und Göteborg – da sind auch noch ein paar Brocken Schwedisch und Switzerduitsch hängen geblieben. Warum er vor fast 20 Jahren nach Deutschland, in das Land des Holocaust kam? „Ich sah hier eine Funktion, eine Aufgabe, Aufbauarbeit in den Gemeinden zu leisten. Den christlich-jüdischen Dialog zu fördern. Das Verhältnis jüdische Gemeinde und deutsche Öffentlichkeit zu optimieren. Zeichen gegen Antisemitismus und Antijudaismus zu setzen." Als unverbesserlicher

Optimist lenkt er immer wieder den Blick auf ein anderes Menschenbild als das der Hasser und Zerstörer. „Gibt es nicht Millionen Menschen, die damit beschäftigt sind, im Dienste anderer Menschen zu wirken?" Und er zitiert den Bibelvers, der seine hoffnungsvolle Grundeinstellung zum Leben trefflich spiegelt: „Siehe", spricht die Heilige Schrift, „ich setze vor euch das Gute und das Böse, das Leben und den Tod. Wähle das Leben, auf daß du lebst, auf der Erde, die ich dir gebe." – Der Mensch selber muß seinen Weg suchen.

Dr. Brandt sucht sich momentan seinen Weg durch das Termindickicht. Mit Sekretärin Brigitte Miele bringt er den Kalender auf den aktuellen Stand. „Morgen habe ich eine Beerdigung. Anschließend muß ich nach Hamburg, bei der Nordelbischen Kirche einen Vortrag halten. Am 8. komme ich aus Lüneburg zurück, nachmittags Vorstandssitzung. Machen Sie keine Termine." Dienstag ein Interview, Mittwoch Schulführung durch die Synagoge. Freitag wieder Sprechstunde. Gottesdienst am Schabbat. Jetzt noch die Termine für die Lehraufträge an den Universitäten Marburg und Münster einflechten, dazwischen Gespräche, Telefonate, gute Worte. Der Montag bleibt frei. „Meine Frau würde mich sonst umbringen!"

Ein Käsebrötchen gegen den kleinen Hunger, dann ins gegenüberliegende Gemeindezentrum zum Religionsunterricht. Jeden Dienstag. Heute steht ein neuer Themenkreis auf dem Lehrplan: die jüdische Bibel. „Der Tenach ist wie eine Zwiebel", veranschaulicht der Meister. „Mit der Tora als innerem Kern und vielen Schalen, den Schriften, drumherum, die sich auf sie beziehen." Bereschit, Schemot, Wajikra, Bemidbar, D'varim – die Schülerinnen und Schüler tragen die hebräischen Namen der fünf Bücher Mose in ihre Hefte ein. Der Großteil der jungen Leute stammt aus der ehemaligen Sowjetunion. Zugang zu den Zuwanderern zu gewinnen, sie für das jüdisch-religiöse Leben zu sensibilisieren, auf daß sie später einmal vielleicht ihre jüdische Identität akzeptieren –

das ist Dr. Brandt ein ganz besonderes Anliegen. Und so ziehen sie, Rabbiner und Bachurim, gemeinsam im Geiste durch die Wüste, blicken das Gelobte Land, erobern sich die Welt des Judentums Schritt für Schritt. – Streng? Nein, streng sei ihr Lehrer nicht, flüstert mir ein Teenager zu. „Nur wenn's zu laut wird, dann haut er schon 'mal auf den Tisch." Aber so lange die Noten gut sind, gibt's null Probleme.

Der Dienstag ist ein harter Rabbiner-Tag. Als letzter offizieller Termin nach dem Religionsunterricht steht noch am Abend eine Diskussionsrunde im Gemeindehaus auf dem Programm. Thema heute: Tradition und Erneuerung. Es ist ein kleiner Kreis, vorwiegend ältere Leute, die sich um ihren Rabbiner in unverbrüchlicher Treue scharen.

„Glauben Sie mir, ich bin froh, wenn dieser Tag zu Ende ist", gesteht der 74jährige. Geht ein Rabbiner nie in Rente? „Doch", schmunzelt er. „Später." Bis dahin wirkt er weiter als Prediger und Pressereferent, Religionslehrer und Repräsentant, Lehrmeister und Manager, Diplomat und Seelendoktor, Fürsprecher und Verkündiger. Mit Humor geht alles besser, und „Ein guter Rabbiner muß Humor haben", behauptet der Grundsatz-Optimist. Nur schade, daß er sich keine jüdischen Witze merken könne, bis auf den einen: „Der kleine Rebbe arbeitet wie besessen daran, die Welt zu verbessern, damit der Messias kommen kann. Er schuftet für Gerechtigkeit und Frieden, getreu dem Motto: Von den Reichen nehmen, den Armen geben. Nach 50 Jahren fragt seine Frau: ‚Moischele, jetzt schuftest du schon so lange, hast Du denn etwas erreicht?' ‚Natürlich', sagt der Rebbe, ‚die Hälfte ist geschafft: Die Armen nehmen schon ...'"

TEIL II

FREUDE AM DIALOG

Ein Steg, noch keine feste Brücke
Einführung

Manfred Keller

In seinem autobiographischen Rückblick berichtet Henry Brandt von Vorstufen des jüdisch-christlichen Dialogs in den 60er Jahren des vergangenen Jahrhunderts. Als Absolvent des Londoner Leo-Baeck-College engagierte sich der junge Rabbiner von Leeds in der „World Union for Progressive Judaism". In ihrem Auftrag besuchte er liberale jüdische Gruppen in Deutschland und unterstützte ein Austauschprogramm für Jugendliche. Auch nichtjüdische Jugendgruppen aus Deutschland kamen als Gäste in die jüdischen Gemeinden Englands. Dieses damals noch heikle Projekt stieß, wie Brandt sich erinnert, teilweise auf beträchtliche innergemeindliche Widerstände und Kritik. Deshalb bedurfte es intensiver Gespräche über das Verhältnis von Juden und Christen und den politischen Neuanfang in Deutschland nach der Befreiung vom nationalsozialistischen Unrechtsstaat.

Zusätzlich zum Jugendaustausch bahnten sich Arbeitskontakte der Rabbiner mit christlichen Theologen an. Bei Gemeindebesuchen und Tagungen wurde das Eis gebrochen: Befangenheit wandelte sich in Vertrauen, Angst und Zurückhaltung in Mut. Im Rückblick wagt Brandt den Schluß, „daß die damals unternommenen ersten Schritte mitgeholfen haben, das Umdenken in den Kirchen über ihre Beziehungen zum Judentum in Gang zu setzen".

Eingedenk der verheerenden Konsequenzen, die für Juden und andere Minderheiten aus der Zerstörung des Rechts durch die nationalsozialistische Diktatur folgten, war Brandt bei seinem Bemühen um einen Brückenschlag zwischen Juden und Christen von Anfang an niemals nur an religiösen Themen interessiert, sondern stets auch an der politischen Situation. Er folgte damit einer Maxime von Leo Baeck, der 1951 im „Aufbau" geschrieben hatte: „Auf dem Boden des Rechts können Menschen und Gemeinschaften offen zueinander hintreten, um dann einander zu finden." Folgerichtig kämpfte Brandt, der stolz darauf ist, seit seiner Flucht aus Nazideutschland immer „in gefestigten Demokratien" zu leben, stets zugleich für religiöse und politische Freiheit.

Bei dieser Einstellung konnte es Henry Brandt nach seiner Übersiedlung in die Bundesrepublik nicht schwerfallen, sich mit den Zielen einer „Gesellschaft für Christlich-Jüdische Zusammenarbeit" zu identifizieren. Die ersten dieser Gesellschaften waren 1948 gegründet worden, im selben Jahr wie der Staat Israel. Die amerikanische Besatzungsmacht hatte dazu die Initiative ergriffen. Analog zur US-amerikanischen „National Conference of Christians and Jews (NCCJ)" wollte sie im Nachkriegsdeutschland eine Bürgerbewegung schaffen zur „Umwertung der geistigen und kulturellen Werte des deutschen Volkes". Im einzelnen wurden folgende Ziele definiert: Brüderlichkeit zwischen allen Menschen, unabhängig von ihrer jeweiligen Religion oder Konfession; Förderung speziell des gegenseitigen Verständnisses zwischen Christen und Juden; Kampf gegen den Antisemitismus und Einsatz für eine gerechte und humane Gesellschaft. Nicht zuletzt sollten sich die Gesellschaften als besondere Freunde und Förderer Israels verstehen. Diese Option bedeutete nie eine kritiklose Zustimmung zur jeweiligen israelischen Politik, wohl aber ein klares Eintreten für das Existenzrecht des Staates Israel.

Die Gesellschaften für Christlich-Jüdische Zusammenarbeit schlossen sich im Deutschen KoordinierungsRat (DKR) zusammen, um ihren Aufgaben und Zielen besser gerecht zu werden. Seit 1951 veranstalten sie mit Unterstützung dieses Dachverbands im März jeden Jahres die „Woche der Brüderlichkeit". Die zentrale Eröffnungsveranstaltung wird traditionell von der ARD im Fernsehen direkt übertragen. Seit 1968 verleiht der Deutsche KoordinierungsRat jährlich die Buber-Rosenzweig-Medaille. Damit werden Menschen oder Initiativen ausgezeichnet, die durch ihr aktuelles Wirken den Idealen der beiden Namengeber entsprechen und zur Verbesserung der jüdisch-christlichen Beziehungen beigetragen haben.

Im Jahre 1985 wählte der Deutsche KordinierungsRat Brandt zu seinem Jüdischen Vorsitzenden. In dieser Funktion hat der Rabbiner seither viele Veranstaltungen zur „Woche der Brüderlichkeit" mit einer Rede eröffnet, gelegentlich die Laudatio auf den Preisträger der Buber-Rosenzweig-Medaille gehalten und nicht selten in der Religiösen Gemeinschaftsfeier am Vorabend der zentralen Eröffnung gepredigt. Aus der Vielzahl dieser Reden und Ansprachen mußte für das vorliegende Buch eine Auswahl getroffen werden. Aufgenommen wurden insbesondere solche Beiträge, die Brandts Auseinandersetzung mit der biblischen Tradition spiegeln und die so gewonnenen Einsichten dialogisch auf die aktuelle gesellschaftspolitische Situation beziehen.

Natürlich wird Brandt als einer der drei Vorsitzenden des DKR (z.Zt. neben Eva Schulz-Jander als Katholischer Vorsitzender und Berndt Schaller als Evangelischem Vorsitzenden) auch bei Jubiläen ums Wort gebeten, so etwa zum 40jährigen Bestehen des KoordinierungsRats und zum 50jährigen Jubiläum der Gesellschaft für Christlich-Jüdische Zusammenarbeit Düsseldorf. Die ausgewählten Reden zeigen, wie hoch Brandt diese Arbeit sowohl für das christlich-jüdische Zusammenleben wie für die politische Kultur in Deutschland schätzt.

Aber nicht nur auf Bundes- und Landesebene engagiert sich Henry Brandt im jüdisch-christlichen Dialog. In Vorträgen, Seminaren oder Tagungen, in Universitäten, Schulen und

Kirchen führt er den Dialog vor Ort. Dabei ist ihm jede Enge fremd. Er liebt das spontane, offene Wort; die freie Rede ist sein Element. Kein Wunder, daß vieles von dem, was Brandt bei solchen Gelegenheiten gesagt hat, entweder gar nicht oder nur in Nachschriften erhalten ist. Leider war es nicht möglich, die Vorlesungstätigkeit an den Universitäten Marburg und Münster zu dokumentieren. Als O-Ton aus dem Hörsaal ist hier Brandts Beitrag zu einer Ringvorlesung an der Universität Hannover abgedruckt.

Bevorzugte Partner im jüdisch-christlichen Dialog sind für den Landesrabbiner naturgemäß die Kirchen. Brandt folgt den Einladungen des Zentralkomitees der deutschen Katholiken und stellt sich auf Katholikentagen den Herausforderungen des Dialogs. Er berät synodale Gremien evangelischer Landeskirchen – wie die Beispiele Hannover und Westfalen zeigen – bei der Neubestimmung ihres Verhältnisses zum Judentum.

Den Abschluß unserer Auswahl bildet der kleine Essay „Ist der Dialog wirklich schon ein Dialog?". In dieser nachdenklichen Zwischenbilanz legt Henry Brandt bei aller Anerkennung der geleisteten Arbeit den Ton auf die fehlende Symmetrie unter den Gesprächspartnern. Nach zwei Jahrtausenden der „Vergegnung", wie Martin Buber formuliert, und nach dem versuchten Völkermord an den europäischen Juden gibt es zwischen Christen und Juden noch immer kein Gespräch auf Augenhöhe. Christen fällt der Prozeß der Umkehr nach wie vor sehr schwer, weil damit Eingeständnisse eigenen Versagens und die Räumung dogmatischer Positionen verbunden sind. Aber auch der jüdischen Seite wünscht Brandt, daß sie sich „intensiver und objektiver als bisher mit dem Christentum beschäftigt". Einen Silberstreif am Horizont erblickt der liberale Rabbiner in dem Dokument „Dabru Emet" („Redet Wahrheit") aus dem Jahr 2000. Hier skizzieren jüdische Gelehrte aus den USA und Kanada eine neue Sicht des Christentums. Wann solche Erkenntnis sich durchsetzt, wagt Brandt nicht zu prognostizieren. Aber daß einmal die Zeit kommen wird, darin bleibt er Optimist.

Ansprachen des jüdischen Vorsitzenden des DKR
40 Jahre Deutscher KoordinierungsRat
Festakt Bad Nauheim 1991

Mir ist die ehrenvolle Aufgabe zugefallen, Sie alle im Namen des Deutschen Koordinierungsrats der Gesellschaften für Christlich-Jüdische Zusammenarbeit herzlich zu diesem Festakt, der das 40jährige Bestehen des Deutschen KoordinierungsRats feiert, begrüßen zu dürfen.

Ich zähle auf Ihr verständnisvolles und nachsichtiges Einvernehmen, wenn ich nicht alle die vielen Ehrengäste, die es bestimmt verdient hätten, namentlich aufzähle. Unter uns befinden sich führende Vertreter aus Politik, den religiösen Gemeinschaften, der Wissenschaft, Industrie und Wirtschaft, aber auch – und sie begrüße ich besonders herzlich – Männer und Frauen der ersten Stunde unserer Arbeit sowie Vertreter und Mitglieder der Gesellschaften für Christlich-Jüdische Zusammenarbeit.

40 Jahre sind, je nach Gesichtspunkt, entweder eine lange oder fast gar keine Zeit. Aus dem Blickwinkel der Arbeit des Deutschen KoordinierungsRats ist es der Gesamtumfang unserer Existenz, aus der Perspektive jüdisch-christlicher Beziehung oder Vergegnung nur ein Fragment der Geschichte. Geprägt durch eine lange Leidensgeschichte und den Blick verstellt durch die Rauchschwaden von Auschwitz, verkennen wir vielleicht die Bedeutung dieser 40 Jahre, wenn wir manchmal in einem Anflug von Euphorie zu glauben beginnen, daß sie

im Verhältnis zwischen Judentum und Christentum den Anfang der großen Wende gebracht hätten. Bisher Unvorstellbares und Unerhoffbares ist geschehen, geschrieben und gesprochen worden. Das atemberaubende Tempo der Neuerungen in Wissenschaft und Technologie scheint sich auch in unserem Bereich bemerkbar zu machen. Da, wo selbst eine Bekennende Kirche im Dritten Reich keine Worte für die entrechteten, geschundenen und verfolgten jüdischen Mitmenschen fand, wo ein gequältes Stuttgarter Schuldbekenntnis die besondere, einzigartige Schuld an den Juden nicht aussprach, wo oft hilfloses oder bewußtes Schweigen den nach dem Krieg noch bei Zweidrittel der deutschen Bevölkerung existierenden Antisemitismus widerspiegelte, stehen nun das Werk Papst Johannes XXIII, das Vaticanum II und „Nostra Aetate", die Erklärung über das Verhältnis der Kirche zu den nichtchristlichen Religionen; der Papstbesuch in der Synagoge zu Rom; die klaren Worte Evangelischer Synoden – beispielhaft die der Rheinischen Synode – und viele Verlautbarungen ekklesiastischer Körperschaften der beiden großen christlichen Konfessionen.

Wir haben gelernt, miteinander und zueinander in gegenseitigem Respekt und in Anerkennung des Selbstverständnisses des anderen zu sprechen. Ja, wir haben begonnen, zu angemessenen Anlässen und in passenden Formen miteinander zu beten. Wer hätte das vor 40 Jahren zu hoffen gewagt!

Vielleicht sind dies modisch bedingte, vorübergehende Erscheinungen, Illusionen einer Hoffnung, zukünftige Fußnoten der Geschichte. Es gibt Momente und Ereignisse, die uns zweifeln lassen. Man erinnere sich an die jüngsten Peinlichkeiten im Zusammenhang mit dem Kloster der Karmelitinnen in Auschwitz und dem damit verbundenen Mißgriff einer bedeutenden kirchlichen Persönlichkeit in die Mottenkiste antisemitischer Klischees, an den plötzlichen Opportunismus und die mangelnde Ausgewogenheit bezüglich der Beziehungen oder der Nicht-Beziehungen zum Staat Israel. Ominöser noch das massive Wiedererscheinen radikaler, extremistischer

Rattenfänger auf der Bühne der Politik. Viele wissen sich erfolgreich in den Hohlräumen unserer Gesellschaft einzunisten. Bei Inkompetenz, mangelnder Aufrichtigkeit und Integrität, der Vorherrschaft des Mittelmaßes, die zudem ein ungenügendes soziales Bewußtsein schaffen, schalten für uns die Ampeln auf Gelb.

Und trotzdem! Heute, 40 Jahre danach, erinnern wir uns in Dankbarkeit an das Wirken, den Mut, die Hingabe der Pioniere der Anfangsjahre. Wir schulden es ihnen, uns und unseren Kindern, von unseren Zielen nicht loszulassen, sie selbstbewußt, phantasievoll und konsequent zu verfolgen.

Nach 40 Jahren Wüstenwanderung sind unsere Blicke stärker als je auf das verheißene Land des Friedens und der zwischenmenschlichen Eintracht gerichtet, auf eine Welt, in der auch der Mensch mit Gottes Schöpfung in Einklang leben wird.

Der Weg ist schwer, die Strecke lang, das Ziel jeder Anstrengung wert. Laßt uns gemeinsam vorwärtsgehen!

50 Jahre Gesellschaft für Christlich-Jüdische Zusammenarbeit Düsseldorf

Festakt Düsseldorf 2001

Wenn eine Organisation ihr 50. Jubiläum feiert, ist es selbstverständlich, sich in erster Linie mit dem Rückblick zu beschäftigen. Es gilt, Dank und Anerkennung den Gründern und Erhaltern zu zollen und all denen, die über Jahre hinweg die Geschicke der Gesellschaft gelenkt und ihr vielseitiges Programm durchgeführt haben. Man wird wohl mit Bewunderung konstatieren, wie umfangreich und vielschichtig die Veranstaltungen im Laufe eines halben Jahrhunderts waren und gleichzeitig wird man auch feststellen können, wie sich in dieser Zeitspanne Mitgliedschaft und Publikum verändert haben. Die Anforderungen und Erwartungen, welche den Vorständen über die Jahre gestellt wurden, werden sich bestimmt auch in ihrer Akzentuierung verschoben haben. Das, was in den Anfangsjahren im Mittelpunkt stand, ist wahrscheinlich heute durch andere Themenkreise abgelöst worden, die nun in vorderster Reihe in unserer Aufmerksamkeit stehen oder stehen müßten.

Es wäre aber auch eine Gelegenheit verpaßt, würde man es bei einer Bestandsaufnahme belassen und nicht gleichzeitig nach vorwärts blicken. Insbesondere, da es klar geworden ist, daß der über die letzten 50 Jahre eingeschlagene Weg nicht unverändert weiter gegangen werden kann. Dies ist nicht ein Phänomen, welches nur bei uns in den Gesellschaften für

Christlich-Jüdische Zusammenarbeit deutlich wird. Es ist eine allgemeine Binsenwahrheit, daß Stillstand Rückschritt ist. Um zu überleben und uns weiter zu entwickeln, müssen wir außer der jungen Generation auch Menschen ansprechen, die voll im Erwerbsleben stehen. Gerade diese beiden Gruppen haben andere Prioritäten als die Menschen, die bisher unsere Mitgliedschaften ausmachten. Man darf ihnen nicht unterstellen, daß sie die unbeschreiblichen Geschehnisse des 20. Jahrhunderts verdrängen oder vergessen wollen, doch aus ihren Zukunftsängsten heraus geht es ihnen eher um das Nachdenken über das Morgen, als sich Erinnerungen und Gedanken hinzugeben.

Die Arbeit unserer Gesellschaften befaßte sich in den vergangenen Jahren in erster Linie mit der Schoa und ihren Auswirkungen, mit den Problemen des Staates Israel und mit der Verbreitung von Wissen und Kenntnissen über das Judentum. Notwendigerweise mußte der Dialog zwischen den Konfessionen im Rahmen der Veranstaltungen eine Schlagseite verzeichnen. War doch fast immer nur eine kleine Minderheit sowohl der Organisatoren wie auch der Teilnehmer Juden. Diese Asymmetrie ergab sich notwendigerweise aus den Wirren der Zeit.

Inzwischen haben die großen Kirchen Bedeutendes über ihre grundsätzliche Einstellung zum Judentum gesagt. Wenn man die jetzt festgelegten Positionen in dieser Hinsicht mit denen der Vergangenheit vergleicht, muten sie fast revolutionär an und insofern sie sich von dauerhafter Natur erweisen sollten, stellen sie eine echte Bewältigung einer leidigen Geschichte von fast 2000 Jahren dar. Reaktionen von jüdischer Seite blieben weitgehend aus. Dies ist verständlich, wenn man den Hintergrund der Schoa und die kurze Zeitspanne seither bedenkt. Jüdischerseits waren die Stimmen bisher eher mahnend, aber auch erklärend und erzählend. Mehr konnte kaum erwartet werden. Desweiteren gestalteten sich die Beziehungen zu den offiziellen jüdischen Gremien und auch zu den örtlichen jüdischen Gemeinden oft – mit bemerkenswerten Ausnahmen – schwierig. Der jüdische Personenkreis, der sich in unseren Gesellschaften engagierte, war nicht immer in den verschiedenen leitenden Gremien der Gemeinden vertreten. Von dort erfuhr man eher reservierte Zurückhaltung und kaum verhehlte Zweifel, aber auch nicht immer berechtigte Erwartungen, die Gesellschaften der Christlich-Jüdischen Zusammenarbeit sollten unkritisch die Stellungnahmen der Gemeinden in unterschiedlichen Bereichen übernehmen.

Nun zum ersten Mal haben sich autorisierte Stimmen aus den USA gemeldet, die jüdischerseits auf die neue Richtung der großen Kirchen reagieren. Zwar umfaßt „Dabru Emet" nur zwei Seiten, doch wird hier nach meiner Kenntnis zum ersten Mal von jüdischen Intellektuellen die Notwendigkeit anerkannt, daß eine Reaktion jüdischerseits nun an der Zeit sei. Zwar ist es offensichtlich, daß diese Verlautbarung aus der verhältnismäßigen Normalität der Beziehungen zwischen den Konfessionen in der amerikanischen Szene her stammt, doch ist sie bestimmt ebenso für den deutschen Schauplatz relevant und erachtenswert. Es gilt, Perspektiven der Zusammenarbeit mit den christlichen Gesprächspartnern auch aus jüdischer Sicht zu erarbeiten. Daraus ergibt sich die Voraussetzung, jüdischerseits christliche Positionen zu erforschen, zu erklären und zu verstehen. Auch die sich daraus ergebenden Spannungen müssen benannt und ausgehalten werden. Anders gesagt, das dialogische Gespräch muß an Symmetrie gewinnen. Und obwohl es auch die Grenzen der christlich-jüdischen Zusammenarbeit aufzeigen wird, wird man bestimmt schnell erkennen, daß die Gemeinsamkeiten weitaus überwiegen. Dies besonders im Bereich der biblischen sozialen Ethik und den sich daraus ergebenden Forderungen zum praktischen Tun in unserer Gesellschaft.

Gerade in unserer Zeit werden die biblischen, gesellschaftlichen Forderungen von übermächtig scheinenden Kräften untergraben. „Globalisierung" bedeutet in weiten Bereichen nichts anderes als die Maximierung von Profit und „Shareholder value". Die Aufwertung von gleichgeschlechtlichen Beziehungen gleicht einer Abwertung von Ehe und Familie und die Diskussion um aktive Sterbehilfe öffnet Tür und Tor für eine mörderische Lösung des Überalterungsproblems und der Leere in den Pensionskassen. Die Organe unserer Gesellschaft – aber besonders die Justiz – fahren einen Schmusekurs mit Gesetzlosigkeit und Gewalt. Oft macht man sich mehr Sorgen um die Täter als um die Opfer. Angesichts der „Mobilität" des Arbeitsmarktes und des Dranges nach Rationalisierung in Industrie und Wirtschaft bangen Millionen um ihre Arbeitsplätze, und wer nicht mehr gebraucht wird oder mitrennt, den beißen die Hunde. Hier sind Christentum und Judentum wahrlich gefordert. Und zwar durch das praktische und standhafte Eingreifen ihrer Vertreter in den gesellschaftlichen Diskurs. Hebräisch nennt man, was von uns verlangt wird, „Tikkun Olam" – die Herrichtung oder die Verbesserung der Welt hin zum Königreich Gottes. Es geht hier nicht um utopisches Träumen, sondern um die Verwirklichung der Forderung nach sozialer Gerechtigkeit und Solidarität in unserer Gesellschaft, in unserer Zeit; wenn es nicht schon zu spät ist. Auf jeden Fall läßt sich gerade über diesen Themenkreis mit modernen Menschen und besonders mit unserer Jugend sprechen. Die Mahnung der Geschichte und ihre Lehren bilden das Fundament für die Vision der Zukunft, an deren Verwirklichung wir als Christen und Juden in erster Reihe mitzuarbeiten haben. Daran muß sich unsere zukünftige Arbeit orientieren.

Verwirklichte Hoffnung – 40 Jahre Staat Israel
Woche der Brüderlichkeit 1988
Eröffnungsansprache

Vor 40 Jahren wurde der unabhängige, demokratische, jüdische Staat Israel von David Ben Gurion proklamiert. Auch angesichts der Tatsache, daß während der letzten Jahrzehnte viele Völker ihre Unabhängigkeit erlangten und neue Staaten gegründet wurden, war die Geburt des Staates Israel doch ein einzigartiges, aus dem normalen Rahmen herausragendes Ereignis unserer Zeit. Beweis dafür ist schon die unverhältnismäßig intensive Aufmerksamkeit, die Israel von allen Seiten gezollt wird: Ob zu Freude oder Leid, ob als Segen oder Fluch, zum Guten und zum Schlechten – die Weltpolitik, die Medien – ja, besonders die Medien –, aber auch, vielleicht ein bißchen zögernd, die Theologen haben in Israel ein Lieblingsthema gefunden. Deshalb wird bestimmt auch die Jahreslosung des DKR vielerseits kritisch geprüft werden: „Verwirklichte Hoffnung – 40 Jahre Staat Israel". Man wird uns fragen: Kann man angesichts der momentanen Geschehnisse in und um Israel diese Formulierung vertreten? Ich behaupte: Schon! Wir stehen zu unserer Losung, ohne Fragezeichen, ohne Wenn und Aber.

Wir sehen die Geburt und Existenz Israels vor dem Hintergrund weiterer Geschichtshorizonte, hinweg über die engen Grenzen der sensationsträchtigen, voreingenommenen Oberflächlichkeit, die momentan die Berichterstattung über den

Staat Israel charakterisieren. Man muß sich daran erinnern: Seit seinem ersten Tag hat Israel noch keinen Moment erlebt, ohne im fortwährenden Kampf um seine Existenz zu stehen. Außer Ägypten erachten sich alle Nachbarstaaten im Kriegszustand mit Israel. Keiner der Widersacher will oder kann sich zu einem Gespräch über Aussöhnung und Frieden an den Verhandlungstisch setzen. Die, welche es im Ansatz versuchten, haben dafür mit ihrem Leben bezahlt. Die Gesprächspartner, die – als alleinige Vertreter – angepriesen werden, haben sich in Wort und Schrift auf die Zerstörung Israels eingeschworen. Für Israel geht es nicht im wesentlichen um etwas Mehr oder Weniger, sondern um Existenz und Überleben.

Trotz einzelner Vorkommnisse oder Bemerkungen, die in Israel – noch mehr als bei uns – Betroffenheit und Ablehnung auslösen, behaupte ich: Ja, der Staat Israel stellt verwirklichte Hoffnung dar und zwar im Sinne der ‚Hatikwah': „... ein freies Volk zu sein in unserem Land, dem Land Zions – Jerusalem." Seit 19 Jahrhunderten und länger lebten und wanderten Juden unter den Völkern der Erde. Meistens wurden sie entrechtet, diskriminiert, verachtet, gejagt und geschunden. Ihr Leben war oft wohlfeil. Aber zu jeder Zeit und an jedem Ort trugen sie die Heimat in ihrem Herzen, riefen sie mehrmals täglich und zu jedem Festtag in Gebet, Gesang und Ritual in ihrem Bewußtsein wach. Eine Heimat nicht irgendwo, sondern auf jenem Stückchen Land, von dem sie glaubten und glauben, Gott habe es ihnen verheißen. So sangen sie: „Wenn ich dein vergesse, o Jerusalem, verdorre meine Rechte ..." Sie sangen, beteten, träumten, und etliche wirkten mit Geist und Hacke für ein neues Leben in Freiheit im Land der Väter. Aber erst der Aufschrei aus der tiefsten Hölle der Barbarei – für die stellvertretend der Name Auschwitz steht – sprengte offen die Tore des Landes für die zurückkehrenden Kinder. Dort erwuchs dem jüdischen Volk ein Zufluchtsort für die Verfolgten und ein furchtloser Fürsprecher für die, die sich andernorts nicht gegen Unrecht wehren konnten.

Mit all seinen Schwierigkeiten, Fehlern und Schwächen – auch in Israel leben nur Menschen – ist Israel doch verwirklichte Hoffnung. Nicht die Verwirklichung aller – auch nicht aller jüdischen – Hoffnungen! Zum einen, weil erfüllte Hoffnungen immer die Hebammen neuer Träume und Hoffnungen sind, zum anderen, weil, wenn alle Hoffnungen erfüllt sein könnten, der Mensch hoffnungslos bliebe. So treten neue Hoffnungen an den Platz der bereits verwirklichten: Die Hoffnungen auf Frieden, auf Verständigung und Eintracht mit den Nachbarn – Voraussetzungen für die Erfüllung der größten Hoffnung, die das ganze jüdische Volk beseelt und den jüdischen Geist aller Generationen widerspiegelt: Im eigenen Land und in Freiheit eine mustergültige, beispielsetzende Gesellschaft aufzubauen, die sich an die Spitze des Strebens nach einer Welt ohne Krieg, Haß, Hunger und Not stellt, einer Welt der Brüderlichkeit: oder soll ich sagen: der Geschwisterlichkeit?

Die Woche der Brüderlichkeit 1988 ist eröffnet!

Europa – Erbe und Auftrag
Woche der Brüderlichkeit 1992
Eröffnungsansprache

Im Namen des Deutschen KoordinierungsRates der Gesellschaften für Christlich-Jüdische Zusammenarbeit begrüße ich Sie alle herzlich zu dieser Eröffnungsfeier der Woche der Brüderlichkeit in Osnabrück, Ort des wichtigen Europäischen Friedensschlusses von 1648.

Unser Jahresthema 1992 lautet: „Europa – Erbe und Auftrag." Warum stellen wir für dieses Jahr Europa in den Mittelpunkt unserer Arbeit? Der gemeinsame Markt steht vor der Verwirklichung, und die Wegmarken für ein weiteres Zusammenwachsen der westeuropäischen Länder sind bereits gesetzt. Nun sind wir unerwartet in eine ganz andere Art des Umbruchs in Europa geraten. Grenzen, die noch vor kurzer Zeit unverrückbar erschienen, sind zerbröckelt oder gefallen.

Unsere wirtschaftlichen Schwierigkeiten verblassen angesichts des Hungers und der Entbehrungen, denen sich Massen von Menschen ausgesetzt sehen. Tausende und Abertausende wandern Hoffnung suchend auf den Flüchtlingswegen der Welt und finden ihren Weg auch zu uns. Vergessen geglaubte Feindbilder und ethnische Ausgrenzungen feiern Auferstehung, und blutige Konflikte schlagen wieder vor allem die Schwachen und Unschuldigen. Die Euphorie, ausgelöst durch Perestroika, Glasnost und den Mauerfall, ist schnell verflogen. Nun ist Geknirsche und Knistern auch in unserem gesellschaftlichen Gebälk nicht mehr zu überhören. Wir könnten das Jahresthema von 1986 nochmals diskutieren, denn es hieß: „Bewährung liegt noch vor uns".

Vor 500 Jahren lief Christopher Kolumbus auf seine kühne Fahrt gen Westen aus. Ein Unternehmen, welches den Horizont Europas grundlegend veränderte und unsägliches Leid über Millionen von Menschen brachte. Im gleichen Jahr wurden die Juden und Mauren aus dem gerade geeinten christlichen Spanien vertrieben. Vor 50 Jahren tagte die Ausführungsriege der Nazi-Herrschaft am Wannsee und plante kaltblütig den industriellen Mord der Juden Europas. Diese Daten und ihre Bedeutung werden unser besonderes Augenmerk auf sich ziehen, doch stellen sie nicht das ganze Erbe Europas dar, obwohl sie davon ein Teil sind.

Das uns gegebene Erbe Europas ist die Gesamtsumme aller Ereignisse in allen Bereichen des Lebens, seitdem Europa als solches erkennbar wurde. Manche hinterließen ihre Spur als epochale Einschnitte in der Entwicklung unseres Kontinents. Andere blieben zu ihrer Zeit fast unbemerkt, um später desto nachhaltiger zu wirken. Aufbauendes und Zerstörendes lösten sich gegenseitig ab und ätzten ihre Linien in die natürliche sowie geistige Landschaft Europas. Haß, Gier, Überheblichkeit und Machtgelüste, aber auch Not und Entbehrungen gebaren Völkerwanderungen, Kriege, Hungersnöte und alles, was es an Leid gibt. Auschwitz steht ganz am Ende einer langen Liste.

Doch hat das Erbe Europas auch seine strahlenden Seiten: Fruchtbare Zeiten des Friedens, des Aufbaus und des konstruktiven Miteinanders. In den Wissenschaften aller Richtungen, in den geistigen Disziplinen, in allen Sparten der Künste, in Industrie und Handel wurde gerade in Europa Bahnbrechendes geleistet. An vielen Fronten wurden Krankheit und Tod, Unwissen und alle Art gesellschaftlicher Übel erfolgreich bekämpft. Hier in Europa schwang sich der menschliche Geist auf die höchsten Stufen des bisher Erreichten.

Das uns hinterlassene Erbe ist in der Tat durchwachsen: Geschwärzt von den Bränden der Kriege, rot geädert von den Strömen des Blutes der Opfer und Märtyrer, verseucht vom Gasgeruch der Vernichtungslager – ergibt das Erbe Europas doch genügend Material, das Fundament einer neuen Zukunft zu bauen, vorausgesetzt, wir wissen es zu nutzen.

Berechtigterweise gelten die Errungenschaften Europas im Bereich von Kultur, Ethik und sozialem Fortschritt als durch das Christentum geprägt, genauso wie die dunklen Perioden seiner Geschichte im Schatten des zum Schwert und Folterinstrument entstellten Kreuzes standen.

Anfänge einer weitgehenden Neubesinnung haben die Erkenntnis gebracht, in welchem bedeutendem Maße gleichzeitig das Judentum an der Entwicklung europäischer Kultur und gesellschaftlichen Gewissens teilhat. Ich denke hier weniger an die oft beschworenen Beiträge berühmter jüdischer Persönlichkeiten als an die wesentlichen, unübertrefflichen Grundwerte der Hebräischen Bibel, die für die Erreichung jeder friedlichen und gerechten Gesellschaftsordnung unabdingbare Voraussetzung sind: Heiligkeit des Lebens, das Gleichheitsprinzip für alle Menschen, Verantwortung für den Nächsten und die Natur, Fürsorgepflicht für die Schwachen der Gesellschaft, Barmherzigkeit, Gnade, Versöhnung und die Vision einer Menschheit in Frieden und Gerechtigkeit – um nur einige zu nennen. Hier liegt die tragende Kraft der Wurzel.

Demzufolge stellt sich der Auftrag für Europa als ein jüdisch-christlicher dar. Es gilt, bestehende und unüberbrückbare Unterschiede anzuerkennen; es gilt, die Gemeinsamkeiten der biblischen Wegweisung neu aus der Erbmasse herauszuarbeiten, um sie als Leitbild für die zukünftige Gestaltung Europas zu verfolgen. Es gibt keinen anderen Weg. So sollte in den kommenden Jahren in der christlich-jüdischen Zusammenarbeit kein Mangel an Aufgaben zu verzeichnen sein. Nur ... an ihren Taten sollt ihr sie erkennen.

Hiermit eröffne ich die Woche der Brüderlichkeit 1992.

Wenn nicht ich, wer? Wenn nicht jetzt, wann?
Woche der Brüderlichkeit 1998
Eröffnungsansprache

Das für dieses Arbeitsjahr der Gesellschaften für Christlich-Jüdische Zusammenarbeit bestimmte Thema „Wenn nicht ich, wer? Wenn nicht jetzt, wann?" ist eine verkürzte Form des Spruches des jüdischen Gelehrten Hillel, der vor etwa 2000 Jahren lebte. Durch diese Veränderung verlagern sich Nuancen. Wir wollten bewußt die Frage nach der persönlichen Verantwortung in den Mittelpunkt stellen, um gleichzeitig darüber nachzudenken, ob und wann es statthaft sei, deren Wahrnehmung zu vertagen, sei es nur auf etwas später oder auf den St.-Nimmerleins-Tag. So kurz die Sätze unseres Themas und so einsilbig die Worte, es mangelt ihnen in keiner Weise an Herausforderung. Wie Hammerschläge schlagen sie jedem einzelnen ins Gewissen und schneiden durch die Hüllen der Ängstlichkeit, des Sich-Verstecken-Wollens und der Drückebergerei.

Ganz bewußt haben wir keine rein rückwärtsblickende, nur die Vergangenheit reflektierende Arbeitsvorgabe gewählt, obwohl wir es gerade in diesem Jahr 1998 hätten verantworten können. Begehen wir doch einige runde Gedenk-, Erinnerungs- und Jubeltage. Vor 60 Jahren wurden in der Pogromnacht die meisten Synagogen Deutschlands durch Frevlerhände in Schutt und Asche gelegt. Die letzten Fetzen der Masken fielen von der teuflischen Fratze des Nationalsozialismus. Es war zwar nicht der Anfang, doch aber eine zeichensetzende Station auf der wilden Höllenfahrt, die zur Zerstörung der meisten jüdischen Gemeinden in Europa, zum millionenfachen Mord an Juden, Sinti, Roma und Behinderten sowie zu den unzähligen Einzel- und Kollektivtragödien des Zweiten Weltkrieges führten. Solch ein Jahrzehnt wie das damalige hat es in der Menschheitsgeschichte vorher nicht gegeben – und wird es hoffentlich auch nie wieder geben.

Im Bereich der christlich-jüdischen Zusammenarbeit in Deutschland feiern wir hingegen dieses Jahr ein rundes Jubiläum. Vor 50 Jahren wurde hier in München die erste Gesellschaft für Christlich-Jüdische Zusammenarbeit gegründet. Nach der Schoa war dies gewagt – alles andere als eine Selbstverständlichkeit. Denn gerade für Deutschland war und ist die Thematik des christlich-jüdischen Miteinanders von ausschlaggebender Bedeutung. Es waren mutige, weitsichtige Persönlichkeiten, die damals den ersten Schritt wagten, ohne den wir den langen, beschwerlichen, doch auch erfolgreichen Weg, der uns bis hierher gebracht hat, kaum hätten gehen können. Als viele noch dachten – nicht wenige in den obersten Gremien der Kirchen –, daß man in Theologie, Tat und Denken an die Zeit vor 1933 nahtlos anknüpfen könnte, setzten die Münchener Pioniere der christlich-jüdischen Zusammenarbeit klare Zeichen in Richtung einer neuen Zeit. Dies würdigen wir heute durch Hochachtung und Dank.

Mit voraussehbarer Regelmäßigkeit tauchen zu dieser Jahreszeit die Kritiken an der Woche der Brüderlichkeit, an unserer Arbeit in den Gesellschaften und am Deutschen Koordinierungsrat auf. Ehrlich gemeinte und auf Wahrheit gründende Kritik in allen Ehren, doch die uns bescherte stammt meistens von mißgünstigen Neidern, die wenig Interesse und Anteil an unserer Arbeit nehmen und noch weniger darüber wissen. „Die Luft ist raus", unkte wieder einer dieses Jahr. Durch die große Anteilnahme an der Woche der Brüderlichkeit ist diese Einstellung widerlegt. Unsere beste Antwort wird jedoch sein, resolut, phantasievoll und zielstrebig im Geiste der Präambel unserer Satzung dieses Werk weiterzuführen, in dieser und den anderen Veranstaltungen der Woche der Brüderlichkeit.

Vor 50 Jahren – ebenfalls im Jahre 1948 – wurde der Staat Israel gegründet. Nicht nur für das jüdische Volk im Lande selbst und weltweit war dies ein epochales Ereignis, sondern auch für die gesamte Völkerfamilie der Erde. Für Politik und Theologie hat sich dadurch die Welt verändert, für uns Juden jede Facette unseres Lebens. Ein Traum zweier Jahrtausende ist in Erfüllung gegangen. Damit wurde eine alt-neue Herausforderung belebt, aus dieser neuen Wirklichkeit Segensreiches zu schaffen.

So kommt es nicht von ungefähr, daß die diesjährige Preisträgerin der Buber-Rosenzweig-Medaille eine in Deutschland geborene Israelin ist. Lea Rabin hat ihr jetziges und zukünftiges Lebenswerk unter das Motto gestellt: „Ich gehe weiter auf seinem Weg." Mit ihr ist untrennbar der Geist Jitzchak Rabins hier und heute uns gegenwärtig. Hier haben wir vor uns das Beispiel von Menschen, die angesichts schier unüberwindbarer Probleme mit „Ich und Jetzt" antworteten. Sie verstanden: Das Wagnis zum Frieden – realistisch bedacht, behutsam, doch konsequent vorangetrieben – erlaubt der Morgenröte der Hoffnung zu erstrahlen. Das Wagnis zum Krieg verspricht nur Blut, Tränen und Zerstörung. Für den von den Rabins gewählten Weg paßt noch ein anderer Spruch Hillels: „Sei von den Schülern Arons, der den Frieden liebt und ihm nachjagt". Frieden schließt man eben mit dem ehemaligen Feind, nicht mit Freunden.

Erlauben Sie mir noch eine autobiographische Anmerkung: Ich bin ein Kind dieser Stadt, verlebte hier erste glückliche Jahre meines Lebens. Vor 60 Jahren wurde ich schmählich aus der Schule geworfen, mein Vater nach Dachau geschleppt, unsere herrliche Synagoge abgerissen. Nur mit Müh und Not konnten wir uns in letzter Minute aus der Heimat retten. Vor 50 Jahren war ich bei der Gründung des Staates Israel vor Ort dabei, und in der gleichen Einheit wie Jitzchak Rabin durfte ich unseren Staat verteidigen. Und heute habe ich das Privileg, hier in meiner Geburtsstadt, in einem anderen, einem freien und demokratischen Deutschland – wenn auch sein Pelz hie und da noch häßliche braune Flecken zeigt – in Ehren mit Ihnen am Bau einer besseren Zeit zu wirken. Ich kann Gott nur aus tiefstem Herzen danken und mich darüber freuen.

So fühle ich mich legitimiert, Ihnen zuzurufen: Die Antwort auf Wer und Wann? ist nicht: Der und Dann, sondern Ich und Jetzt.

Ich eröffne die Woche der Brüderlichkeit 1998.

... denn er ist wie Du
Woche der Brüderlichkeit 2001
Eröffnungsansprache

Mit den Worten „... denn er ist wie Du" hat der Deutsche KoordinierungsRat die Woche der Brüderlichkeit 2001 überschrieben.

Im Laufe des nun beginnenden Arbeitsjahres werden sich die knapp 80 Mitgliedsgesellschaften den vielen Aspekten und Ebenen dieses herausragenden Themas stellen. Den meisten von Ihnen wird klar sein, daß es sich hier um einen Teilsatz aus dem biblischen Gebot der Nächstenliebe handelt, das zuerst in den fünf Büchern Mose promulgiert und später im Neuen Testament zustimmend aufgegriffen wurde.

„... denn er ist wie Du" ist ein großes Prinzip und eines der höchsten Gebote der gemeinsamen christlich-jüdischen Tradition. Indem wir dieses Thema gewählt haben, stellen wir uns den Forderungen der Präambel, in der es unter anderem heißt: „Die Gesellschaften für Christlich-Jüdische Zusammenarbeit wenden sich entschieden gegen Rechtsextremismus und seine Menschenverachtung, Diskriminierung von Einzelnen und Gruppen aus religiösen, weltanschaulichen, politischen, sozialen und ethnischen Gründen [...] gegen Intoleranz und Fanatismus."

Wir hoffen, daß wir mit dem vorgeschlagenen Thema und der Wahl des Preisträgers der Buber-Rosenzweig-Medaille den Nerv der Zeit getroffen haben.

Obwohl das Gebot der Nächstenliebe schon vor fast dreitausend Jahren in der Tora, den fünf Büchern Mose, formuliert wurde und seitdem eine für eine friedliche und gerechte Gesellschaftsordnung unabdingbare Voraussetzung darstellt, hat es auch für jetzt und hier und uns weder an Relevanz noch an Brisanz eingebüßt. In einer Zeit von beängstigend rasanten Veränderungen in unserer Welt, von weltweiter blitzschneller Kommunikation, der Globalisierung auf vielen Ebenen des menschlichen Miteinanders, des rasanten Fortschrittes in den Wissenschaften, der einerseits uns das Genom entschlüsseln läßt und andererseits uns ein fürchterliches Instrument für universellen Selbstmord an die Hand gibt, fordert uns das Gebot der Nächstenliebe mehr denn je.

Durch die Wahl der „Schule Ohne Rassismus" als Empfänger der Buber-Rosenzweig-Medaille 2001 wollen wir Zeichen setzen, daß es besonders die jetzt noch jungen Kräfte zu fördern gilt, die in der Anerkennung des Nächsten, des Anderen, des sich von uns Unterscheidenden als gleichgestellten und gleichberechtigten Menschen ein probates Mittel für die Gestaltung der Zukunft sehen. Noch viel wichtiger als eine Anerkennung des bereits Geleisteten ist der Ausdruck unserer Hoffnung auf zukünftige Errungenschaften und Effektivität der „Schule Ohne Rassismus".

Die anscheinend einfache Klarheit unseres Themas „… denn er ist wie Du" trügt. Seit seiner ersten Formulierung gibt dies Wort Rätsel auf, verlangt von uns Forschen, Definitionen, Korrekturen und Verbesserungen in Theorie und Praxis, es gibt uns unendlich viele Fragen auf, die wahrscheinlich niemals abschließend beantwortet werden können.

Was bedeutet Liebe in bezug auf unseren Nächsten und den Fremden, die in vielen Bereichen doch so anders sind als wir, und wie ist der Andere uns gleich? Unterscheidet er sich doch in so vielen Dingen von uns. Eine der großen Lehren des Judentums verkündet, daß jeder Mensch, der je gelebt hat, lebt oder leben wird, ein einmaliges Wesen ist, wie eine Münze, nur einmalig geprägt. Worin ist dann der Andere mir gleich? Kann nicht eigentlich erst der geklonte Mensch dem anderen zurufen: Du bist wie ich – gleich mir? Schnell wird offensichtlich, daß der Teilsatz, der unser Thema bildet, sich ganz und gar nicht als politisches Schlagwort eignet. Vielmehr muß er ein andauernd tief sitzender Stachel im Gewissen der Einzelnen und der Gesellschaft bleiben. Jenseits jedes Opportunismus soll er tiefgreifende und dauerhafte Änderungen in unserer Wahrnehmung der Anderen – wer auch immer – avisieren. Gerade bei solch einer Aufgabenstellung ist eine Führungsrolle der Religionen notwendig und gefragt. Und deshalb ist es schon folgerichtig, dieses Thema im Rahmen der christlich-jüdischen Zusammenarbeit aufzurollen.

Erlauben Sie mir noch einen abschließenden Gedanken. „... denn er ist wie Du": Indem ich bejahe, daß der Andere und auch der Fremde mir gleich ist, gestehen wir ihm nicht nur gleiche Rechte zu, sondern auch gleiche Verantwortung und Pflichten. Wenn er wie ich ist, dann bin ich wie er. Der Respekt und die Achtung, die ich ihm zu zollen angehalten bin, der Anspruch auf Toleranz und Einfühlsamkeit, Kompromißbereitschaft und der Wille, von mir und Meinem zu geben, sind keine Einbahnstraße, sondern sie verlangen Gegenseitigkeit. Denn anders funktioniert die Gleichung nicht. Ja mehr noch – wenn ich dem Anderen weniger zumute als mir selbst, beleidige ich ihn sogar, indem ich sein Potential und seine Fähigkeiten geringer einschätze als meine eigenen. Das Prinzip der Gleichheit der Menschen kann seine segensreiche Wirkung nur im Rahmen einer von allen akzeptierten und respektierten moralischen und rechtlichen Ordnung entwickeln.

Wir sind aufgerufen, im kommenden Jahr viel und intensiv an unseren Themen zu arbeiten und darüber hinaus in allen Jahren, die noch vor uns liegen.

Hiermit eröffne ich die Woche der Brüderlichkeit 2001.

Über Grenzen hinweg zu neuer Gemeinschaft
Woche der Brüderlichkeit 1991
Rede zur Verleihung der Buber-Rosenzweig-Medaille

Auf der letzten Anhöhe des westlichen Ausläufers der Karmelkette, da, wo der Berg steil ins Mittelmeer abfällt, steht der Leuchtturm von Stella Maris. Heute, wie schon über viele Jahrzehnte hinweg, lenken seine Strahlen den Seefahrer sicher in die Haifaer Bucht. Ganz in seiner Nähe befindet sich jener Ort, von dem erzählt wird, daß dort der Prophet Elias die Priester des Baals herausgefordert und bezwungen hat und damit dem Volke Israel das Bekenntnis zu Gott entrang. Wohl nicht nur, weil das Bekenntnis zu Gott als Quelle des Tuns sich als ein Licht auf dem Pfad zum Frieden und der Geborgenheit verstehen läßt und somit als Leitsatz für die Arbeit des Leo-Baeck-Erziehungszentrums gelten könnte, ist diese Institution, die wir heute ehren, gerade in dieser anmutigen Landschaft errichtet worden. Doch die symbolhafte Verbindung ist durchaus berechtigt. Der Name „Leo Baeck" deutet unübersehbar darauf hin.

Allgemein gesehen ist es bestimmt wahr: Es gibt weltweit größere, vielleicht auch bessere und erfolgreichere Schulen und Erziehungszentren als „Leo Baeck" in Haifa. Diese Art Institution muß aber immer in den Dimensionen von Zeit und Raum und vor dem Hintergrund ihres Umfeldes gesehen werden. Ihre Wirksamkeit ergibt sich aus der Position, die sie sich in der Aktualität der Gesellschaft, in die sie eingebettet ist, erwirbt. Das

Leo-Baeck-Erziehungszentrum steht eben in Israel und zwar im 20. Jahrhundert; genauer gesagt, es besteht gerade seit der Zeit, da Hitler und seine Horden den Krieg im Osten entfesselten und das letzte grausame Kapitel der Zerstörung des mittel- und osteuropäischen Judentums begann. Das ist nicht irgendwo und irgendwann, sondern im wiedergeborenen und seit seiner Gründung um seine Existenz und Sicherheit kämpfenden Staat Israel, in der Zeit nach dem Holocaust. In diesem Kontext hat sich das Leo-Baeck-Erziehungszentrum beispielhaft bewährt und dem stolzen Namen, den es trägt, Ehre gebracht.

Leo Baeck war der letzte große Rabbiner und geistige Führer des deutschen liberalen Judentums, ein unvergleichlicher Seelsorger, Lehrer, Denker und Humanist, ein Vorbild universeller Menschlichkeit und selbstverständlichen jüdischen Selbstbewußtseins; sein Name steht demgemäß als Vermächtnis, Programm und Zielsetzung. Die Gründer und Lenker der damaligen Schule, die den Namen „Leo Baeck" wählten, wußten sehr wohl, was sie taten und welche hohe Meßlatte und Verpflichtung sie damit für sich und ihre Nachfolger aufstellten. Denn so sah der Meister die Aufgabe eines Erziehers:

„Sein Stoff ist die Seele des Menschen. Der Erzieher will eine Form, eine Individualität formen, er will eine Form zur Selbstverwirklichung, zur Selbstgestaltung bringen. Sein Werk ist daher etwas nie Fertiges, nie Abgeschlossenes. Er kann sich von seinem Werke zurückziehen, es der eigenen inneren Bestimmtheit, der Kraft seiner Selbstentfaltung überlassen, aber er erfährt nie die Künstlerstunde, in der es beendet ist."

Schon von den Anfängen an war die Verbesserung im Mit- und Nebeneinanderleben jüdischer und arabischer Israelis ein Hauptanliegen des Leo-Baeck-Erziehungszentrums. Arabisch wurde zweite Pflichtsprache und das Studium der islamischen Kultur in ihren verschiedenen Aspekten konnte im Rahmen der Wahlfächer belegt werden. Überhaupt wurden Kenntnis und Respekt für unterschiedliche Glaubens- und Denkrichtungen als vorrangig betont. Drusen wurden unter den Schülern integriert und gemeinsame Aktivitäten mit arabischen Jugendlichen auch in Situationen von Ferienlagern gefördert. Das Leo-Baeck-Erziehungszentrum hatte sich Toleranz und Verständigung auf seine Fahne geschrieben.

Beschäftigte sich Rabbiner Dr. Leo Baeck hauptsächlich mit der Synthese jüdischer Tradition und europäischen Gedankenguts, so übersetzte dies das Leo-Baeck-Erziehungszentrum, im Licht der Bedürfnisse Israels, in Arbeit an der Synthese von jüdischer Tradition und modernem Leben im jungen Staat. So wurde die religiöse Erziehung des Leo-Baeck-Erziehungszentrums Ausgangspunkt für die Entwicklung einer israelischen liberal-jüdischen Bewegung. Der Zugang zur jüdischen Religiosität wurde gekennzeichnet von enger Verbindung mit den Traditionen Israels, gekoppelt mit der Bejahung der Dynamik im Verständnis des Glaubens und dessen Übertragung in die Gebiete des praktischen Tuns. Aus solch einer intensiven, ansprechenden, weltoffenen und modernen Religiosität, die dank ihrer Überzeugungskraft und deshalb ohne Zwänge Jugendliche sowie Erwachsene in ihren Bann zog, ergab sich wie von selbst eine breitgefächerte Hinwendung zum sozialen Engagement.

„Der Schüler wird zur Brücke zur Bevölkerung; seine Tätigkeit, seine Verbundenheit soll ihn zum Teil der Gemeinschaft machen, in der er lebt ...", schreibt Herbert Bettelheim in einem Aufsatz über die Pädagogik des Zentrums. Eigentlich gingen die Schüler über diese Aufgabenstellung noch hinaus. In einer gigantischen Aktion, welche die Befragung von 10.000 Haushalten umfaßte, stellten sie die Bedürfnisse und Wünsche der Bewohner der umliegenden Bezirke fest. In einer Messe der Möglichkeiten boten sie dann autonome, aber vom Zentrum koordinierte Interessengruppen an, durch die Bürger für Bürger, je nach Neigung, hilfreich wirksam werden konnten. Arbeitsgruppen entstanden und nahmen sich einer weiten Palette von Themen an: Ökologie, Koexistenz, Kinderbetreuung, Probleme alleinerziehender Eltern, Hilfe und Integration für Neueinwanderer und vieles andere mehr. Bewundernd und der Nachahmung empfehlend kann man dieses Wirkungsfeld des Leo-Baeck-Erziehungszentrums wohl als Judentum „in action" bezeichnen.

Wäre der Golfkrieg nicht vor einigen Tagen zu Ende gegangen, hätte ich das Jahresthema „Über Grenzen hinweg – zu neuer Gemeinschaft" nur mit Zurückhaltung erwähnt. Nun, da die erpresserische Tyrannei zerschlagen ist und sich neue Möglichkeiten für den Nahen Osten erschließen, kann man wieder leichter vom Abbau existierender Abgrenzungen und vom Streben nach mehr Gemeinsamkeit sprechen.

Deshalb ist es für uns gerade jetzt von besonderer Bedeutung, durch das Leo-Baeck-Erziehungszentrum, seine Lehrer, Leiter und Schüler, ein Gesicht des Staates und des Volkes Israel vorzuzeigen, das zwar schon immer existierte, uns aber von sensations- und gewaltsüchtigen Medien weitgehend vorenthalten wurde. Hier erleben wir Erziehung zu Demokratie, Toleranz, Verständigung und Friedensliebe, einträchtig Hand in Hand gehend mit der Erziehung zur Liebe zu Heimat, Volk und Glaube.

Die Auszeichnung, die wir heute dem Leo-Baeck-Erziehungszentrum in Haifa verleihen, will nicht nur Getanes anerkennen und Vergangenes loben. Darüber hinaus und von größerem Gewicht soll diese Buber-Rosenzweig-Medaille eine Ermunterung für die Zukunft sein. Gerade in dieser Zeit sind die Wege, welche man dort lehrt und geht, gefragt, da sie aufzeigen, wie Haß, Vorurteil und Extremismus zugunsten von Verständigung, Ausgleich und Friedfertigkeit überwunden werden können.

Über Grenzen hinweg – zu neuer Gemeinschaft! Wenn wir eines Tages hören sollten, daß Erziehungszentren mit ähnlichen Agenden wie die des Leo-Baeck-Erziehungszentrums Haifa in Damaskus, Bagdad, Amman, Kairo, Beirut und Riad eröffnet werden, dann werden wir sicher sein können, daß Frieden im Nahen Osten und Sicherheit für alle dort lebenden Völker möglich sind.

Gehen zwei zusammen, ohne daß sie sich verständigt hätten
Woche der Brüderlichkeit 1989
Predigt in der Religiösen Gemeinschaftsfeier

Gehen zwei den gleichen Weg, ohne daß sie sich verabredet haben?" fragt der Prophet Amos. Im Zusammenhang mit den Anliegen des Propheten, die sich aus den geistigen, religiösen, politischen und gesellschaftlichen Umständen seiner Zeit ergaben, wollte Amos damit zum Ausdruck bringen, daß alles auf eine sachgerechte Ursache zurückzuführen sei, daß nichts ohne triftigen Grund geschieht, und daß die maßgebendste, allen anderen Dingen vorangestellte Ursache der Wille Gottes ist. Um dies zu belegen, zitiert Amos eine Reihe von Beispielen: „Brüllt der Löwe im Wald, und er hat keine Beute? Gibt der junge Löwe Laut in seinem Versteck, ohne daß er einen Fang getan hat? Fällt ein Vogel zur Erde, wenn niemand nach ihm geworfen hat? Springt die Klappfalle vom Boden auf, wenn sie nichts gefangen hat? Bläst in der Stadt jemand ins Horn, ohne daß das Volk erschrickt?"

Der Deutsche KoordinierungsRat der Gesellschaften für Christlich-Jüdische Zusammenarbeit hat dieses Amos-Wort als Leitthema für seine Arbeit in diesem Jahr gewählt in der Absicht, in kritischem Rückblick 40 Jahre jüdisch-christlichen Gesprächs in der Bundesrepublik zu bilanzieren. „Gehen zwei den gleichen Weg, ohne daß sie sich verabredet haben, ohne daß sie sich verständigt haben?" Hier kommt es vorrangig auf die eigentlichen Worte und ihre Bedeutung an, weniger auf die

Gesamtabsicht des Propheten Amos im Rahmen der Gegebenheiten seiner Zeit.

Das äußere Erscheinungsbild zeigt schon Zusammenhalt: Hier stehen wir gemeinsam, um zu beten, zu bitten, zu lobpreisen und zu bekennen. Können wir daraus schließen, daß wir uns verständigt haben, daß wir uns gegenseitig verstehen? Besagt die Tatsache, daß wir hier in einer Art und Weise zusammengekommen sind, die vor 60–70 Jahren auch unter den günstigsten Umständen undenkbar gewesen wäre, daß Juden und Christen bereits einen hohen Grad der Verständigung erreicht haben? Um darüber weiter nachzudenken, müssen wir uns ein bißchen mehr mit der Bedeutung des Wortes ‚Zusammengehen' auseinandersetzen.

Zusammengehen ist nicht gleichzusetzen mit Nebeneinandergehen. Letzteres tun viele, doch ist es offensichtlich, daß dieses Nebeneinandergehen keine Verständigung voraussetzt. Soldaten ziehen im Gleichschritt und in geordneten Kolonnen nebeneinander in den Krieg. Sklaven, an ihre Ketten gefesselt, taumeln nebeneinander zu ihrer Fronarbeit. Der Pöbel in seiner blinden Wut rennt in die gleiche Richtung, um sein zerstörerisches Werk zu vollbringen. Doch liegt diesem Nebeneinander kein gegenseitiges Verstehen zugrunde.

Im Gegensatz zu diesem Nebeneinander illustriert die Bibel in der Geschichte Isaaks das Wesen des Zusammengehens. Dort wird berichtet, wie auf offensichtliche Weisung Gottes hin Abraham sich mit seinem jungen Sohn Isaak von seinem Wohnort aus auf einen Dreitageweg begibt, um seinen einzigen, geliebten Erstgeborenen zu opfern. Dort steht geschrieben: Wajelchu schnejhem jachdaw – Und sie gingen beide zusammen. Sie waren sich in keiner Weise gleich. Hier Vater – dort Sohn, hier Opferer – dort Opfer, hier Seelenpein – dort Furcht, hier gebündelte Erfahrung und erprobter Glaube – dort unschuldiges Ahnen und jugendliche Unerfahrenheit. Doch ist das Verbindende ungleich stärker und bindender. Denn die Bande der Liebe, des Gehorsams, des Vertrauens, des

Glaubens und des Gottvertrauens binden sie aneinander. Die meiste Zeit schreiten sie schweigend daher, denn es ist ein Kennzeichen des Miteinandergehens, daß es Schweigen verträgt. Verständnis bedarf nicht vieler Worte.

Kommen wir also auf uns und unsere Zeit zurück. Gehen wir nur nebeneinander? Tun wir es, weil es der Augenblick von uns verlangt? Ist es unsere Reaktion auf das Echo der Todesschreie aus Auschwitz und auf die Erinnerung an das Trümmerfeld Europa als Folge des mörderischen Weltkrieges? Gaukeln wir das Nebeneinander als ein Miteinander vor, weil wir glauben, daß es von uns erwartet wird – eine oberflächliche, medienträchtige Pflichtübung mit Therapieeffekt gegen den Schock der Schoa, der uns noch in den Gliedern steckt?

Oder aber ist unser Zusammensein, unser gemeinsames Gebet wie Gespräch, Ausdruck eines wahren Wandels, eine Umkehr von den Irrwegen vieler Jahrhunderte und eine Rückkehr zu den von Gott vorgezeichneten Pfaden? Vernehmen unsere Sinne wirklich die Zeichen einer grundsätzlichen und dauerhaften Abkehr von triumphalistischer Überheblichkeit, menschenvernichtendem Haß und Vorurteil? Erleben wir wirklich den Beginn der Unterordnung institutioneller Interessen unter die Hauptanliegen der Menschlichkeit und der Nächstenliebe?

Auf alle diese Fragen wage ich keine Antwort. Ob das, was wir heute und in unserer Zeit erleben, ein wahrhaftiges Zusammengehen aufgrund gegenseitigen Verstehens ist oder nur ein vorübergehendes Nebeneinanderschreiten, wird nicht von großen Anlässen oder rhetorischen Phrasen von Rednern, Referenten und Politikern bestimmt. Die Antwort liegt bei uns allen. Sie liegt in unserem Denken und, noch mehr, in unserem Tun, besonders wenn es unsere Mitmenschen und unsere Umwelt betrifft. Aber mehr noch liegt die Antwort in dem Vermächtnis, das wir unseren Kindern hinterlassen werden.

1945–1995: Aus der Befreiung leben
Woche der Brüderlichkeit 1995
Predigt in der Religiösen Gemeinschaftsfeier

Morgen eröffnen wir hier in der Stadt Oldenburg die alljährliche Woche der Brüderlichkeit. Es war immer meine Überzeugung, daß es Gesellschaften für Christlich-Jüdische Zusammenarbeit nicht ansteht, solch eine Woche, die ja für das ganze Jahr gültig sein soll, mit irgendeiner Veranstaltung zu eröffnen, irgendeiner Podiumsdiskussion oder einem Konzert, sondern daß es für uns eigentlich nur statthaft sein kann, mit einer religiösen Gemeinschaftsfeier zu beginnen. Denn wenn wir im Zeichen von christlicher und jüdischer Gemeinschaft sprechen, dann wollen wir nach unserem Gutdünken und Willen nicht nur Gutes tun, sondern wir stellen es notwendigerweise unter das Auge und in den Dienst Gottes. Wenn wir nicht Ihn zuerst anrufen und unsere Arbeit Ihm weihen, Seine Wege suchend und Seine Wege gehend, dann – wie der Psalm sagt: „... arbeiten und bauen wir umsonst".

Für dieses Jahr haben wir das Thema gewählt: „1945–1995: Aus der Befreiung leben!" Auch der Prophet Jeschaiahu hat uns dazu etwas zu sagen. In einer Übersetzung, die etwas anders klingt als die geläufige, heißt es: „Deine Söhne werden Trümmer der Vorzeit wieder bauen und die Fundamente früherer Geschlechter wirst Du aufrichten". Natürlich können wir ungefähr den „Sitz im Leben" dieses Satzes wissen! Er wurde als Nachricht des Trostes und der Zuversicht an die damaligen Exilanten nach der Zerstörung des Tempels von Jerusalem geschickt: Sie sollten nicht verzagen, denn es gäbe eine Zukunft; Ruinen würden wieder aufgebaut werden, die Kinder wieder zurückkehren in das Land ihrer Väter. Bestimmt haben diese Worte damals ihre Wirkung nicht verfehlt. Aber Worte der Propheten gelten nicht nur für die Zeit, in der ein Prophet mahnt und lehrt. Wir lesen sie immer wieder, weil wir selbst aus ihnen Lehren für unsere Zeit, für unsere Umstände ziehen wollen.

„Deine Söhne werden Trümmer der Vorzeit wieder aufbauen". Der Blick ist aufgrund der Erfahrung der Vergangenheit in die Zukunft gerichtet. Der Ausgangspunkt ist der Wiederaufbau von etwas, das bereits in der Vergangenheit existierte. Auf den Trümmern der Vorzeit wird wieder aufgebaut. Besonders in diesen Tagen haben wir immer wieder die Trümmer von Dresden im Bild vor uns gehabt, verbunden mit den Bildern der Trümmer von Coventry, London und Liverpool, Hannover oder anderer Städte; weiter zurück die Trümmer von Rom und anderer Städte aus dem 30jährigen Krieg – wie auch immer, wann auch immer. Aber Neuanfang war auch hier selten ein Beginn auf der grünen Wiese. Wir wissen, was passiert ist, wenn man aufgrund von Entscheidungen der Politik in verschiedenen Ländern versucht hat, Retortenstädte, als Hauptstädte noch dazu, auf der grünen Wiese zu errichten; große geplante Städte ohne jede Vergangenheit oder Geschichte. Das geht einfach nicht. Geschichte und Tradition und die Erinnerung – auch an die Fehler, an die Tragödien, an die Zerstörung – gehören dazu, um wieder sinnvoll aufbauen zu können.

Von besonderer Bedeutung ist das Nachdenken über die Gründe der Zerstörung, über die Entscheidungen der Menschen, die dazu geführt haben, das Nachdenken über Gründe, die es uns ermöglichen, wenn wir uns wirklich anstrengen, Lehren aus der Vergangenheit zu ziehen und auch Positives daraus zu destillieren. Denn wenn man aus der Vergangenheit nicht lernen will – das wurde uns ja des öfteren gesagt –, dann ist man verdammt, die Fehler der Vergangenheit in der Zukunft zu wiederholen.

Diese Worte sind für uns an diesem Wochenende in Oldenburg relevant, wenn die neue, bescheidene und kleine, aber doch stolze Synagoge von der Stadt der jüdischen Gemeinde übergeben wird. Da wird auch nicht auf der religiösen grünen Wiese etwas hergestellt. Obwohl hier Neues geschieht, ist es doch ein Wiederaufbau der Trümmer der Vergangenheit. Man muß nur über die Straße gehen zum Gedenkstein an die ehemalige Synagoge von Oldenburg und dann wieder zurück zu dem schmucken kleinen Bau der neuen Versammlungsstätte. Dann sieht man: da ist doch eine direkte Verbindung. Der kurze Weg vom Gedenkstein zur neuen Synagoge ist ein Sinnbild, daß es trotz allem – trotz der Zerstörung, des Mordens, des Totschlags und des Exils – eine Kontinuität gibt, und daß die neue Gemeinde in der Fortsetzung der Tradition der alten steht. Nicht daß man alles einfach so weiter machen kann oder wird, wie es einmal war. Denn die Uhr läßt sich nicht zurückdrehen. Aber trotzdem: Die Wurzeln auch der neuen Gemeinde sitzen tief in der Überlieferung der alten, und eine der stärksten Wurzeln ist eben die Erinnerung und das Gedenken.

Der Jeschaiahu-Satz spricht von Trümmern. Ja, wir wissen, was Trümmer sind. Aber der 2. Teil heißt: „... und die Fundamente werden wieder aufgerichtet". Diese waren nicht zerstört. Sie existieren weiter. Sie werden wieder aufgerichtet, das heißt, man wird weiter auf den Fundamenten bauen, die noch immer existieren, die ja auch die Fundamente dessen waren, was zerstört wurde.

Was ist das Tragende, das uns alle hier zu dieser Gemeinschaftsfeier führt, zu einer Woche der Brüderlichkeit, zum Wiederaufbau der Ruinen? Welches ist das Fundament unserer Hoffnung, daß es nicht immer so sein muß, wie es war, daß es doch besser werden kann, daß wir eine bessere Zukunft haben können, wenn wir es nur wollen?

Was kann man als Jude, was kann man als Christ auf solche Fragen antworten? Die Antwort ist klar und einfach, es sei denn, wir machen es uns schwer und wollen sie nicht sehen. Es kann doch nur Gottes Wort sein, und es kann doch nur der Wille Gottes sein. Denn was ist unser eigenes Wort, was ist unser eigener Wille? Aber wenn Gottes Wort und Gottes Wille, dann bedeutet dies dem Juden: Tora, d.h. die Weisung, die ja auch genauso ein Teil der christlichen Bibel ist. Hier besteht ein gemeinsames und tragfähiges Fundament! Und wenn ich mir daraus etwas nehmen muß, um fragen zu können, an was ich dieses Fundament festmachen kann – es gibt ja so viele Weisungen, so viele Vorschriften und Gebote. Ist da etwas, auf das wir uns ohne viele Worte einigen können? Ich glaube, auch das ist klar: Es sind die Ebenbildlichkeit Gottes im Menschen, die Freiheit, die uns gegeben ist, als Menschen zu wählen zwischen dem Guten und dem Bösen; also frei zu wählen, was wir als Menschen tun wollen. Wir sind keine Marionetten, nicht vorprogrammiert, sondern Menschen, ausgestattet mit freiem Willen und Verstand, um wählen zu können. Deshalb sind wir auch frei, das Böse zu wählen. Doch berauschend ist die Möglichkeit, sich auch frei dem Guten zuzuwenden. Zusammenfassend: Die Ebenbildlichkeit und die Freiheit gekoppelt mit Gerechtigkeit, im Sinne des Gebotes der Nächstenliebe angewandt, sind unsere richtungsweisenden Wegzeichen.

Daneben steht noch: „Liebe den Fremden, denn er ist wie du. Kennst du doch das Herz des Fremden, warst du selbst ein Fremder in Ägypten." Das kommentiert nur das Gebot der Nächstenliebe. Gemeinsam mit den bereits zitierten Begriffen ist hier das Fundament, auf dem wir gemeinsam aus den Ruinen wieder aufbauen können.

Aus den Ruinen sind neue Städte entstanden. Die meisten Straßenzüge sind die alten. Zwar heute von Betonklötzen umgeben, kann man jedoch das Bild des Alten noch erkennen. Das ist physisch so, das ist geistig so.

Auf Oldenburg angewandt, ist zu sagen: Aus der Erinnerung an die Trümmer der Synagoge erwächst das Pflänzchen der neuen Jüdischen Gemeinde dieser Stadt. Auf diesen Fundamenten gibt es eine Chance für die Stadt und ihre Bürger, eine neue, aber doch alte Solidarität aller Menschen guten Willens zu errichten, auf daß sich niemals wiederhole, was auch die Geschichte dieser Stadt besudelte.

Wir drei – Landesbischof, Weihbischof und ich –, jeder einzelne von uns steht, so glaube ich, fest in der eigenen Überzeugung, denn unsere Wege sind die, in die wir hineingeboren worden sind. Doch stehen wir auf dem gleichen Fundament, besonders wenn es so definiert ist, wie ich es versucht habe: die Ebenbildlichkeit des Menschen, die besondere Freiheit, die uns gegeben ist, zwischen Gutem und Bösem zu wählen, die Jagd nach der Gerechtigkeit und die Verwirklichung der Nächstenliebe. Ich glaube, keiner von uns dreien und keiner von Ihnen allen hier, muß anderen einen geringeren Wert zusprechen. Keiner von uns braucht sich auf Kosten anderer zu profilieren. Denn gemeinsam stehen wir drei für alle, die versammelt sind und die heute nicht mit uns hier stehen, unter dem Wort Gottes und unter seinem Auge. Alle stehen wir am Eckstein dieses Fundaments, auf dem nichts anderes geschrieben steht als: „Ich bin der Ewige, dein Gott." Deshalb sind wir Maurer am gleichen Bau, wenn wir auch an unterschiedlichen Wänden bauen. Am Ende wird das Dach von allen Wänden getragen, sich über sie alle wölben. Deshalb feiern wir jedes Jahr wieder eine Woche der Brüderlichkeit.

Jüdisch-Christliche Dialoge vor Ort

Judentum und Christentum – Zwei Glaubensweisen
Vorlesung an der Universität Hannover 1988

Ich weiß nicht, ob man hinter das gestellte Thema nicht ein Fragezeichen setzen sollte: nicht, weil etwa Judentum und Christentum nur eine Glaubensweise sind – dies bestimmt nicht –, sondern weil es fraglich ist, ob man das Judentum überhaupt als eine Glaubensweise definieren kann. Aber darüber will ich heute nicht sprechen, es kommt nur indirekt in meinen Ausführungen zum Ausdruck. Doch möchte ich es in den Raum stellen, daß man eigentlich über Judentum als Glaubensweise nur sehr bedingt sprechen kann. Das Judentum ist eher, sagen wir, eine existentielle religiöse Erfahrung, denn der Glaube spielt nicht die gleiche Rolle und erhält im Judentum eine andere Gewichtung als im Christentum.

Zu Beginn möchte ich den Veranstaltern herzlich danken, daß sie mich eingeladen haben, an dieser Ringvorlesung teilzunehmen. So erfreulich es ist, daß diese Ringvorlesungen stattfinden, daß dem jüdisch-christlichen Dialog so viel Interesse von unterschiedlichen Menschen entgegengebracht wird, müssen wir uns doch vergegenwärtigen, daß dieser Dialog noch in seinen Anfängen steckt und daß er auch nicht so einfach ist, wie manche ihn haben wollen, oder sich einbilden, daß er sei. Der Weg zueinander ist voller Fußangeln und Gefahren, denn das Gespräch zwischen Juden und Christen, besonders in Deutschland, muß notwendigerweise auf dem

Hintergrund der Geschehnisse der Nazizeit stattfinden. Nicht nur die Betroffenheit, die sich aus dieser Erinnerung ergibt und die sie emotionell überlagert, macht es schwer, über diese Thematik zu sprechen. Da ist auch die Erkenntnis eines Emil Fackenheim oder eines Hans Küng, die beide, in unterschiedlichen Worten, das gleiche sagten: Der Antisemitismus des Nationalsozialismus, obwohl er auch in seinem Wesen antichristlich war, hätte nicht ohne den christlichen Antisemitismus entstehen können. Die Linie von einem christlichen Antisemitismus zum nationalsozialistischen mörderischen Antisemitismus wird hier klar gezogen. Und das bedeutet natürlich, daß nach rund 2000 Jahren des Auseinanderlebens und Auseinanderredens sich heute ein Dialog zwischen den Glaubensgemeinschaften äußerst schwierig gestaltet. Erst der Schock der christlichen Selbsterkenntnis, daß über die Jahrhunderte Gelehrtes und Aufgenommenes am Ende eine schlimme Saat hervorgebracht hat, hat zu ersten Anflügen einer Neuorientierung geführt, das Judentum wieder als eigenständige, unabhängige Religion anzuerkennen. Dem war nicht immer so. Im Zentrum stand der Glaube, das Christentum sei Neu-Israel, in einem neuen Bund mit Gott stehend. Dies ging von der Voraussetzung aus, durch die Existenz des neuen Israel und des neuen Bundes sei der alte Bund tot. Eine Substitutionslehre, die behauptet, das Alte sei nun zuende gegangen. Die Juden, die übergeblieben waren, wurden in eine Situation hineinmanövriert und hineingezwungen, die den Beweis bringen mußte, wie die, die unter dem Fluch des Gottesmordes stehen und halsstarrig den gekommenen Messias nicht anerkennen, leiden müssen. Man nahm Besitz von dem Erbe und der Verheißung Israels, man übernahm das Alte Testament mit Haut und Haar und entfernte das Judentum aus dessen Wirklichkeit. Und so entstand eine neue Glaubensweise, die sich vom Judentum durch vieles grundsätzlich unterschied. Hier hatten wir ein neues Israel, aber ohne Tora, d.h. ohne Gebote, ohne Land oder Anspruch auf das Land, und ohne Volkstum, die eigentlich das Wesen Israels charakterisieren. Und deshalb eben das vorher erwähnte Fragezeichen hinter Glauben, denn das Judentum ist eher eine religiöse Volksgemeinschaft als eine Glaubensgemeinschaft. Und ein Israel ohne Tora, ohne Land und ohne Volkstum ist etwas ganz anderes als das Israel, welches wir Juden darstellen. Indem das Christentum sich von der Zentralität der Gemeinschaft als Träger der Verheißung entfernt und sich auf die Rettung der einzelnen Seele im Schoß der Kirche konzentriert, schafft es eine Gegenüberstellung von Glauben auf der einen Seite, gegen die Erfüllung der Gebote auf der anderen. Ganz abgesehen davon, daß bereits das Ende der Geschichte der Menschen vorweggenommen wird, indem man behauptet, der Erlöser walte bereits unter uns. Man nimmt den Glauben als die Verankerung in dem Erbe Abrahams. Den Satz der Bibel, in dem gesagt wird, daß Abraham an Gott glaubte und ihm dies als Rechtschaffenheit zugedacht wurde, wird vom Christentum als Begründung angeführt, sich in die Verheißung an Abraham einzuschalten. Das heißt, sich selbst als Nachkommen Abrahams durch den Glauben des Erbes Israels zu bemächtigen. Auf der anderen Seite steht ein noch immer lebendes Judentum, das, wie Marcel Dubois aus Jerusalem einmal sagte, eher eine religiöse existentielle Erfahrung ist als eine Glaubensgemeinschaft. Oft und gern wird konstatiert, der Glaube Jesu eine uns, der Glaube an Jesus trenne uns. Das mag wohl stimmen. Dagegen möchte ich einen weiteren Satz stellen, der vielleicht eher die Augenbrauen hochziehen läßt und vielleicht auf Ablehnung stößt. Ich werde ihn aber trotzdem vortragen (denn ich stehe ja hinter dem Schutz dieses Pultes, und Sie haben Ihre faulen Tomaten und Eier nicht mitgebracht): Die Hebräische Bibel ist zwar ein gemeinsames Element, sie ist aber auch ein trennendes zwischen Judentum und Christentum. Wie komme ich eigentlich dazu, so etwas zu behaupten, wo man doch immer wieder hört, gerade die Hebräische Bibel sei uns gemeinsam. Das ist wohl so, denn wenn man das Alte Testament zur Hand nimmt und es mit der Hebräischen Bibel vergleicht, siehe da, es ist das gleiche Buch.

Dabei ist von verhältnismäßiger Bedeutungslosigkeit, daß die Reihenfolge der Bücher unterschiedlich ist. Inhaltlich ist es Wort für Wort das gleiche Buch; und trotzdem sage ich, daß auch die Hebräische Bibel uns trennt. Besonders mache ich diese Feststellung, weil die Bibel durch die christliche Brille ganz anders gelesen wird als durch die hebräisch-jüdische (und das nicht nur, weil Hebräisch von rechts nach links und die deutsche Übersetzung von links nach rechts gelesen wird), sondern weil sie ganz anders verstanden und interpretiert wird. So beruft man sich christlicherseits auf Beweissätze, die sich auf das kommende Christentum beziehen und die Wahrheit der christlichen Lehre bestätigen sollen. Ich sprach vorhin vom Christentum als einem Neu-Israel ohne Tora, ohne Landverheißung, ohne Volkstum, und es sind gerade diese drei Elemente, die unter den wesentlichsten der Hebräischen Bibel sind. Es gibt kein Verständnis des Alten Testamentes – der Hebräischen Bibel – nach jüdischem Verständnis, ohne Tora, d.h. ohne die Verbindlichkeit der Gebote festgeschrieben zu sehen. Es gibt keine jüdische Bibel ohne eine konkrete Landverheißung, die ja nicht nur einmal oder zweimal geschieht, sondern x-mal in allen möglichen Formulierungen und Schattierungen wiederholt wird. Und auch die Zusammengehörigkeit sowie die konkrete Identität eines Volkes Israel als die biologischen und geistigen Nachkommen Abrahams lesen sich aus der Bibel heraus, zumindest wenn ein Jude sie liest. Das Verständnis, das der Jude aus der Bibel erliest, daß der Besitz der Gebote das höchste Privileg des Menschen ist, da hehrer und begeisternder Ausdruck göttlicher Liebe, schwindet, wenn man sie eben anders liest. Wahrscheinlich war hier das Problem, das Paulus mit der Tora hatte, angesiedelt, und er hatte ernste Probleme mit der Tora! Paulus war einer der bedeutendsten Menschen in der menschlichen Geschichte überhaupt, und ich möchte keineswegs Abwertendes und Abfälliges über diesen Diasporajuden sagen, außer, daß er Tora, so wie es die Lehrer und Weisen in Jerusalem und Umgebung gesehen haben, nicht verstand und daß er schwerwiegende persönliche Probleme damit hatte. Denn eines ist aus seinen Interpretationen – die ja Prototyp späterer christlicher Lehren waren – nicht herauszulesen, daß er eben das merkte und verstand, was jeder Mensch im Städtle oder in einer jüdischen Gemeinde als selbstverständlich empfindet, nämlich, daß durch die Mizwoth – durch die Gebote – ihm kein Joch aufgebürdet wird; sondern ihm durch einen Gnadenakt Gottes eine Leuchte auf den Pfad seines Lebens gegeben ist, der ansonsten ein Weg im Dunkeln wäre. Denn die Gebote Gottes – ich meine hier weniger die Ritualgebote und den Opferkult, sondern hauptsächlich die moralischen und ethischen Satzungen der Bibel – sind die Wegweiser, die es dem Menschen erst ermöglichen, in Harmonie mit der Schöpfung in der Gesellschaft zu existieren. Wenn man die Gesetze – so glaubt ein Jude – von sich abwirft, dann hat man sich nicht eines Gewichts entledigt, sondern man hat eine Wegführung verlassen, die zumindest zum Frieden und zur Brüderlichkeit in der menschlichen Gesellschaft führt. Ich möchte dies nicht zu hoch ansetzen. Ich spreche nicht von einer großen Erlösung am Ende der Zeit, denn die jüdische eschatologische Denkweise zielt ja horizontal vorwärts in die Geschichte, indem sie von einer messianischen Zeit des Friedens, der Brüderlichkeit und der Harmonie innerhalb der menschlichen Gesellschaft und innerhalb des geschichtlichen Rahmens spricht. Erlauben Sie mir, diese Gedanken jetzt so stehen zu lassen und nicht weiter zu erläutern. Man kann für sie bestimmt noch und noch Beweise zitieren, und man kann sie auch anfechten. Ich möchte aber jetzt meine Richtung ändern und Ihnen etwas vortragen, was eigentlich dem Vorhergesagten widerspricht oder zu widersprechen scheint.

Ich stelle fest, das Christentum hat trotz allem einen Teil der Zielsetzung des Judentums übernommen – die Zielsetzung des Judentums, den Kampf und den Streit gegen Heidentum und Götzendienst zu führen. Ich glaube, dies ist schon eine bemerkenswerte Aussage, die auch mir selbst immer wieder Grund zum ernsten Nachdenken gegeben hat. Man könnte sagen, das Christentum sei des Judentums bester Exportartikel. Die gleiche Richtung vertritt Professor Samuel Sandmehl, ein jüdischer Leben-Jesu Forscher und Neutestamentler. Er meinte, vergleicht man Judentum und Christentum miteinander, erscheint es einem, als wären sie weit voneinander entfernt und stünden auf unterschiedlichen Seiten. Stellt man aber diese beiden dritten Elementen gegenüber, Ideologien anderer Art und anderen Inhalts, z.B. extrem gesagt, dem Kommunismus oder Nazismus, sieht man plötzlich, daß Judentum und Christentum eigentlich auf derselben Seite des Zaunes stehen, zusammen eine Minorität in der Gesellschaft, mit dem Rücken zur Wand. Also doch Gemeinsamkeit? Trotz gewaltiger Unterschiede – die noch auszudiskutieren sind – haben wir eine Gemeinschaft des Zweckes.

Erlauben Sie mir, Ihnen in ein paar Minuten einige meiner Wachträume mitzuteilen. Vielleicht helfen sie, diesen anscheinenden Widerspruch zu lösen.

Ich habe ein Problem mit Paulus! Habe es immer gehabt und werde es wahrscheinlich noch weiter haben. Wie die Sprüche der Väter sagen, so lange eine Auseinandersetzung die Ziele des Himmels vertritt, d.h. man Wahrheit sucht, wird sie Früchte tragen. Ist eine Auseinandersetzung nicht dem Himmel gewidmet und gilt sie nicht der Suche nach Wahrheit, wird sie steril bleiben und keine Früchte zeitigen. Hier und jetzt ist mein Problem nicht Paulus als solcher, sondern sein Gleichnis vom guten Ölbaum. Die berühmten Kapitel (Römerbrief 9–11 und 12) werden immer wieder als Basis des jüdisch-christlichen Dialogs herangezogen. Sie erinnern sich: „Nicht du trägst die Wurzeln ..." Der schöne Ölbaum, der mich eigentlich doch wohlstimmen sollte, denn hier wird mir als Juden attestiert, ich sei der gute Ölbaum und ihr, meine lieben Christen, seid aufgepfropfte wilde Zweige, gibt mir ein ernstes Problem auf. Ich will gar nicht dieser Ölbaum sein, und ich will auch nicht, daß die Christen sich als wilde aufgepfropfte Zweige fühlen sollen. Es ist ein Bild, daß ich als nicht sehr hilfreich empfinde. Das Gleichnis steckt mir ein wenig im Hals. Ich erkläre Ihnen ganz klipp und klar: für mich gibt es nur einen guten Ölbaum – vielleicht ist es gar kein Ölbaum, sondern einfach ein Baum – und dieser Baum ist Israel, und er ist nichts anderes als Israel, und zwar das alte und neue zugleich, das immerwährende Israel. Träger des Bundes und der Verheißung Gottes. Dieser Baum, dieses Volk Israel, lebt, trotz aller seiner Häßlichkeiten und Mängel, aber auch mit seiner Unsterblichkeit und in der Liebe Gottes, einmal für immer gegeben. Wilde Zweige aufgepfropft? Ich glaube nicht! Ja, es gab verdorrte Zweige, verkrümmte Zweige, abgefallene Zweige, aber alle ein Teil Israels. Nicht immer ein geradegewachsener schöner Baum; es gab manchmal schwere Zeiten der Dürre, aber immer einfach Israel. Die Verheißung Israels, das Erbe Israels, die Aufgabe Israels, sie sind Israel vorbehalten und bleiben ausschließlich Israel vorbehalten. In dieser Konstellation gibt es keine aufgepfropften Zweige. Auch als Christ würde ich mich vehement wehren gegen dieses Bild, ein aufgepfropfter wilder Zweig auf diesem Baum zu sein, der doch ganz was anderes ist. Bin ich nun eine Olive, oder bin ich eine Birne, oder bin ich gar ein Apfel, vielleicht ein halbes Ding, weder noch? Ich möchte Ihnen ein Gleichnis vorschlagen, ein Bild, das ich eher annehmen kann und das mir besser gefällt. Ich sehe ein komplexes unterirdisches Wurzelsystem, aus dem heraus über der Erdoberfläche zumindest zwei Bäume wachsen. Zwei Bäume mit ihrer eigenen jeweiligen Form und Wesentlichkeit. Sie sind voneinander verschieden, aber gemeinsam haben sie die Kraft zu wachsen, mit ihrer Krone zu schützen und Früchte hervorzubringen. Auch saugen sie Kraft aus dem gemeinsamen Wurzelsystem. Bei dem Baum Israel sehe ich das so: Der Baum Israel besteht integral weiter als Israel, ohne Zugabe und ohne Abstriche außer dem, was Israel immer selbst über die Zeiten abgeworfen oder abgelegt hat; waren wir doch ein hartnäckiges, sündhaftes Volk von Zeit zu Zeit. Sie kennen die Geschichte des jüdischen Volkes. Wir haben oft viel verloren. Manchmal war der Baum ziemlich dürr und kahl, aber er lebte, und aus seiner lebendigen Wurzel sproß, wenn am wenigsten erwartet, neues Leben, und er grünte wieder, um Zeuge Gottes zu sein – wie es der Prophet verlangte – ein Zeichen den Nationen. So sehe ich einen großgewachsenen Baum, so etwa wie eine Zypresse oder Pappel, von weitem sichtbar, aber mit einer engen Krone. Nur wenige können sich des Schattens dieses Baumes erfreuen. Anders der zweite Baum. Ich interpretiere einfach Jecheskel Kaufmann in meinen Worten. Er ist auch ein schöner Baum, zwar nicht so hochgewachsen – gut, darüber könnten wir diskutieren –, aber ausgestattet mit einer sehr breiten Krone – wie eine große alte Eiche –, unter deren Schatten viele Schirm und Schutz finden können. Anders ausgedrückt, zwei Bäume, von denen jeder eine andere Funktion erfüllt, die aber in ihrer Gültigkeit gleichwertig sind und die sich aus demselben Boden nähren. Welcher Mensch kann sich arrogant anmaßen, Gott vorzuschreiben, daß er nur einen Baum wachsen lassen darf, daß, wenn er seinen Willen weiter verbreiten möchte, sein Wort unter die Völker getragen haben will, zu botanischen Finessen greifen und Zweige auf etwas bereits Existierendes pfropfen muß. Vielleicht gibt es sogar drei Bäume, denn vielleicht hat der Islam auch seine Aufgaben zu erfüllen. Wer weiß, wieviele andere Wege des Glaubens außerdem und gleichermaßen ihre Anhänger auf einem uns fremden Weg zu Gott führen? Ich will Ihnen sagen, was sich mir aus solch einer Konstellation, die man bestimmt noch besser und genauer durchdenken muß und kann, ergibt: Keiner, weder Jude noch Christ, muß beweisen, daß er der Andere ist. Man kann es sein lassen, dem Anderen wohlwollend auf den Rükken zu klopfen, ihm zu versichern, daß man ihm doch auch ein bißchen Luft zum Leben lassen will, solange er nicht den Anspruch erhebt, auf gleicher Ebene zu stehen. Die Wege Gottes sind uns verborgen, aber wir wissen, daß er unser Gutes will. Er hat uns seine Wege vorgezeichnet, damit der Mensch auf ihnen wandle und in Frieden und Harmonie in der Schöpfung lebe. Gibt es nur einen Weg? Kann Gott sich nicht unterschiedliche Instrumente erwählen, auf daß sein Wille geschehe? Ich glaube, wir sollten uns in Bescheidenheit üben und sagen, daß wir diese Möglichkeiten ins Auge fassen sollten.

Es gibt den Bund Israels mit einer Aufgabenstellung, die nach den Worten der Bibel ganz die seine ist. Und es gibt einen neuen Bund des Christentums, aus dem gleichen Boden genährt, selbstverständlich irgendwie parallel laufend – denn in entgegengesetzte Richtungen kann er wohl kaum führen –, der eigenständig wertvoll ist. Ich kann nicht sagen – keiner von uns darf wagen, es zu tun –, der eine Bund sei besser als der andere. Der eine Mensch liegt wohl und kühl bewahrt unter der breiten Krone der Eiche, auf der anderen Seite ergötzt sich ein anderer unter der eindrucksvollen Höhe der Pappel. Wichtig ist, wohin man eigentlich gestellt worden ist. Bin ich der Hüter der Pappel oder der Pfleger der Eiche? Das Bedeutende ist, jeder dieser Bäume hat seine Aufgabe und seine Position. Und so kommen wir zurück auf das, was Jecheskel Kaufmann sagte und was eigentlich historische Tatsache ist: Das Christentum hat das Wort Gottes in alle Ecken der Welt getragen, hat das erreicht, was das Judentum alleine wohl nicht hätte erreichen können.

Der eine das Zeichen, der andere das Mittel, beide gleichermaßen nutzbringend und sich ergänzend. Was sich daraus ergibt, ist eigentlich bahnbrechend. Wir können miteinander wachsen, können nebeneinander existieren, weil wir uns gegenseitig nicht mehr den Rang ablaufen müssen. Wir können uns dem widmen, zu dem wir eigentlich berufen sind: Letaken haolam bemalchut schadai – die Welt aufzurichten als das Königreich Gottes. Ich glaube, die Aufgabe des Judentums war im Grundsatz nie anders als die Aufgabe des Christentums.

Sollte Ihnen das präsentierte Bild so nicht ganz gefallen, habe ich noch eine kleine Variante zu offerieren. Sie wirkt ein bißchen botanisch gekünstelt, aber was soll's!

Wir könnten sagen, daß diese beiden Bäume nicht parallel nebeneinander wachsen, sondern daß sie in der Form eines V auseinanderklaffen, aus einem Stamm, der vom Boden her sich trennt, aber an der Wurzel zusammenhängt. Und wenn es Ihnen hilft – mich stört es nicht –, würde ich sagen, dieser Punkt, an dem die beiden Bäume zusammengewachsen sind, wo sie sich trennen, an diesem Punkt ist Jesus von Nazareth angesiedelt. Er ist gemeinsames Gut und die Quelle eines doppelten Segens für die Menschheit: als Jude trägt er den Segen Israels mit; als Wurzel des Christentums begründet er den Segen, der durch die Verbreitung des Gotteswortes durch das Christentum über alle seine Hunderte von Millionen Anhänger gebracht wurde. Adam Riese hat uns gezeigt, wie man addiert. Eins und eins sind zwei und damit zumindest immer mehr als nur eins!

Ich lebe gerne in meinem Volke Israel und bewundere den neben mir wachsenden Baum des Christentums. Hätte man die Dinge vor und während zweitausend Jahren so gesehen, wäre uns die blutige und tragische Geschichte unserer bisherigen Beziehungen erspart geblieben.

Sie sehen also, eine Universitätsvorlesung war es nicht, eher war es eine Übung in religiösen Phantasien.

SCHALOM

Dialogpredigt über Jesaja 11,1–10

Henry G. Brandt und Martin Stöhr

Henry G. Brandt:
„Schalom" – Friede mit dir! So grüßt man sich beim Bäcker, beim Schuster, im Supermarkt, auf der Straße, in der Schule und überall. „Schalom" – Friede, so segnet man Söhne und Töchter, so segnet man die Gemeinde, das neugeborene Kind, das Brautpaar unter dem Hochzeitsbaldachin. „Schalom" – Friede, das wünscht man für den aus der Welt der Lebenden Geschiedenen.

Nicht jeder Mensch versteht dasselbe unter dem Ausdruck „Friede", nicht jeder definiert und fühlt ihn auf gleiche Weise. Was für den einen Friede ist, kann für den anderen Unruhe bedeuten. Der Eremit glaubt, in seiner fernen Höhle seinen Frieden gefunden zu haben, ein anderer findet ihn auf stillen Waldpfaden, einsamen Gipfeln, in der Stille seines Kämmerchens oder in der weihevollen Ruhe eines Gotteshauses. Andere wieder, von Einsamkeit und Stille bedrückt, suchen Frieden inmitten anderer Menschen, im Kreise der Familie, am Arbeitsplatz, in Gruppen, im Theater und manche erstaunlicherweise sogar im Getümmel und im Gehetze der Großstadt.

Aber es läßt sich auch Übereinstimmendes finden in dem, was zum Frieden gehört. Wir denken an eine Situation, in der der Mensch in freier Gesellschaft, im vollen Besitz seiner Rechte, ohne Krieg, Terror, Unterdrückung und soziale Unruhen existieren kann.

Der vollkommene, ideale Friede steht in unserem Glauben in Beziehung zum Anbruch des Messianischen Zeitalters. Und so haben unsere Propheten und andere soziale Reformer immer versucht, diesen Idealzustand zu verbildlichen. Eine der berühmtesten Stellen in der biblischen Literatur ist im 11. Kapitel Jesajas enthalten. In dieser Vision, in welcher der Prophet die Vollendung aller Erdenbewohner, ob Mensch oder Tier, darstellen will, geht er noch weit über den Rahmen seiner anderen großen messianischen Botschaften hinaus. Während er dort eine Gesellschaftsordnung ohne Krieg und Waffen beschreibt, in der alle Menschen ohne Angst und Furcht sicher leben können, ist für Jesaja hier der gewaltsame Tod überhaupt aus dem Erfahrungsbereich aller Lebewesen, ob Mensch, ob Tier, verschwunden. Es ist ein scheinbar idyllisches Bild. Beim oberflächlichen Lesen oder Hören finden es die meisten bezaubernd und niedlich, und man malt sich im Geiste – viele Künstler auch auf der Leinwand – hübsche Bildchen, auf denen Löwen und Lämmer artig nebeneinander grasen. Selten denkt man tiefer darüber nach. Selbst zeitgenössische Kommentatoren scheinen ohne viel Vorbehalte an diese Verse heranzugehen. So schreibt etwa Salomon Freehof – wahrhaftig kein Fundamentalist –: „Die fleischfressenden Tiere werden aufhören, Fleisch zu fressen – sie werden Stroh fressen – und sie werden es nicht mehr nötig haben, für Fraß zu töten." J.H. Hertz erklärt, der universelle Friede wird sich auch auf die Tierwelt erstrecken. Weder werden die wilden Tiere die schwachen und zahmen Tiere fressen, noch werden Mensch und Tier einander fürchten.

Damit sind wir kaum über mittelalterliche Einsichten hinaus, und selbst damals dürfte ein buchstäbliches Verständnis dieser Verse Unbehagen ausgelöst haben. Schon zum Beispiel David Kimchi sieht in der Auslegung des Jesajatextes einen Widerspruch etwa gegen das Mißverständnis, der messianische

Friede werde auf Israel beschränkt sein: Alle Menschen, weltweit, werden friedlich und rechtschaffen miteinander leben können.

Fragen wir heute nach der Bedeutung dessen, was Jesajas Prophezeiung sagen will, dann kommen zwei Möglichkeiten, sie zu verstehen, nicht mehr in Frage: Zum einen die räumliche Beschränkung der Vision auf das Land Israel; zum anderen eine wörtliche Auslegung, die Jesajas Vision als übernatürliches Wunder verstehen will.

Deshalb möchte ich unserem Abschnitt folgende zwei Aussagen entnehmen: Der Friede ist unteilbar! Der Friede kann verwirklicht werden!

Der Friede ist unteilbar. Das haben wir aus langer und schmerzhafter Erfahrung gelernt. Wie eine eiternde Wunde irgendwo am Körper den ganzen Leib in Mitleidenschaft zieht, so haben Krieg, Terror und Unterdrückung in irgendeinem Teil der Welt auch Folgen für die übrigen Völker und Nationen, selbst wenn sie von dem Konflikt gar nicht unmittelbar betroffen sind. Diese gegenseitige Abhängigkeit hat sich in den letzten Jahren fortschreitend vergrößert. Man muß nur an den Vietnam-Konflikt oder den Jom-Kippur-Krieg denken.

Die Welt ist klein geworden. Es ist schon deshalb undenkbar, sich den wahren, wirklichen Frieden geographisch begrenzt vorzustellen. Ganz abgesehen davon, daß es für den Menschen, für den Gott etwas bedeutet, keinen inneren Frieden geben kann, solange er seine Mitmenschen im Unglück weiß. Mein Friede ist dein Friede. Dein Friede ist mein Friede. Gottes Friede ist nicht reserviert für einige Privilegierte. Er läßt darum auch die, die noch einmal davongekommen sind, nicht in Frieden, sondern verlangt ihre Solidarität.

Der Friede ist unteilbar. Dennoch kann er anhand eines Modells beschrieben werden. Jesaja schreibt diese wunderbare Aufgabe niemand anderem zu als dem Volk Israel in seinem Land, das er anderswo „Leuchte der Völker" und „Zeugen Gottes" nennt. Israel wird das exemplarische Beispiel geben, und Völker und ihre Regenten werden ihm nacheifern, „denn die Wurzel Isais wird ein Baum, der steht zum Richtscheit für die Völker, ihm werden Nationen nachgehen". „Von Zion wird Weisung ausgehen, und das Wort des Ewigen von Jerusalem." Was Frieden ist, das soll, gültig für die ganze Welt, an Israel als dem Beispiel des Friedens deutlich werden.

Und wie läßt sich nun dieser Friede beschreiben, wie wird er Realität? Beschreibt Jesaja die ersehnte messianische Zeit wirklich in Bildern idyllischer Pastoralen? Oder sind diese Bilder Allegorie oder ein Stimmungsbild?

Es gehört zu unseren grundsätzlichen Vorstellungen, das messianische Zeitalter als Ziel und Krönung einer geschichtlichen Entwicklung zu verstehen, innerhalb, nicht außerhalb menschlicher Geschichte, und zu denken, daß es diese Welt und diese Menschen betreffen wird.

Würde auf wunderbare, übernatürliche Weise alles verändert, dann wäre die menschliche Geschichte außer Kraft gesetzt. Würden die Tiere andere Instinkte und Gewohnheiten aufweisen, als wir sie kennen, anders zeugen und sich vermehren als bisher, dann wäre der Löwe kein Löwe mehr, der Wolf kein Wolf, der Bär kein Bär. Dann wäre aber vielleicht der Mensch auch kein Mensch mehr, sondern ein fades, blasses Wesen ohne Wißbegier und Schaffensdrang und deshalb auch ohne Gewissen oder Verdienst. So hätte er dann auch gleich geschaffen werden können, hätte nicht streben, kämpfen und sich quälen müssen, um Gott und sich selber näher zu kommen. Was wäre dann der Sinn menschlicher Existenz durch Jahrtausende der Geschichte? Und was wäre der Sinn allen menschlichen Ringens um den Frieden gewesen und aller Opfer, die immer wieder Menschen für den Frieden gebracht haben?

In einer durch ein Wunder veränderten Welt wäre aber auch die Natur nicht mehr Natur. In jener romantischen Welt, in der nur Gras gefressen wird, müßten Wurm, Käfer, Ameise und Fisch vom Frieden ausgeschlossen sein. Und paßt das langsame Dahinsiechen eines alten Tieres besser in das idyllische Friedensbild als der schnelle Tod durch Schlag oder Biß eines Raubtieres, das seine Nahrung sucht? Ist die von Gott geschaffene Natur so schlecht, daß sie auf den Kopf gestellt werden muß, um das messianische Zeitalter anbrechen zu lassen?

Unsere messianische Hoffnung gilt der Menschheit in unserer Welt, so wie sie ist! Wir glauben, es liegt in unseren Händen, bereits morgen das messianische Zeitalter anbrechen zu lassen oder doch in den Tagen unserer Kinder und Enkelkinder. Wir kennen den genauen Zeitpunkt nicht, glauben aber doch, der universelle Friede warte schon an der Ecke, wenn wir nur auf Gottes Wegen wandeln würden.

Der Begriff „Schalom" – Friede hat viele Facetten und ist schon in der Bibel unterschiedlich gebraucht worden. Alle Bedeutungen zusammen ergeben erst das vollständige Bild. So bedeutet „Schalom" unter anderem: Sicherheit; ganz, vollständig sein; Gesundheit und Wohlergehen; Integrität, Heil und Gnade; Bündnis und Loyalität; Ende eines Kriegszustandes; Unterwerfung des Bösen, und natürlich, auch Frieden im idealen, allumfassenden Sinn: Brüderlichkeit, Verständnis und Liebe.

Schalom ist weder Pazifismus noch einfach Abwesenheit von Streit und Krieg. Er ist treffend als Harmonie der Gegensätze bezeichnet worden. Im menschlichen Miteinander bedeutet das die positive Zusammenarbeit von Menschen verschiedener Ansichten, Charaktere und Temperamente. Keine Gegensätze und Unterschiede können ein Alibi dafür sein, daß wir der Welt diesen Frieden verweigern. Diese Harmonie der Gegensätze beschreibt meines Erachtens den messianischen Friedensgedanken aufs vortrefflichste und öffnet uns das Verständnis der Vision Jesajas.

Indem der Prophet seine Gedanken durch Beispiele aus der Tierwelt illustriert, lehrt er uns, daß der ideale Friede sich über die Menschheit hinaus auf die ganze Natur erstrecken wird –

und man kann folgern, daß neben der Fauna auch die Flora mit einbezogen sein wird. Friede bedingt auch Harmonie in und mit der Natur, das heißt die Abkehr von jeder mutwilligen und willkürlichen Gewalt, die das ökologische Gleichgewicht stört. Tier- und Pflanzenwelt werden, wie in der Schöpfung vorgesehen, ungestört existieren, was weder beim Menschen noch in der Natur die Abschaffung des Todes bedeuten wird. „Und ein kleiner Knabe wird sie leiten" – die besondere Aufgabe des Menschen mit seiner höheren Intelligenz, dem schon in der Schöpfungsgeschichte die Herrschaft zugesprochen wurde, wird auch im messianischen Friedenszeitalter erhalten bleiben. Aber er wird sie im vollen Bewußtsein seiner Verantwortung ausüben. Kurz gesagt, der Mensch wird die Einheit Gottes und die Einheit der Schöpfung in ihrem Zusammenhang begreifen und in dieser Einheit leben.

Diese Lehre und dieses Beispiel werden von Zion und Jerusalem ausgehen, und das Reis aus Isais Stamm wird in Rechtschaffenheit und Gerechtigkeit herrschen und alle Völker werden ihm nachfolgen.

Wie verhält sich das alles zur Friedlosigkeit um uns herum und zu den düsteren Prognosen einer zunehmenden Zerstörung der Welt? Wer so fragt, der läßt leicht resigniert die Hände in den Schoß sinken. Die Antwort auf unsere Frage liegt bei uns, beim Menschen. Deshalb ist es nutzlos, passiv auf ein Wunder zu warten, wenn wir schon heute beginnen können, den wirklichen Frieden mit eigenen Händen zu schaffen. „Schalom larachok velakarov" – Frieden dem Fernen und dem Nahen – ruft uns der Prophet Jesaja zu. Könnte dieser Ruf den messianischen Frieden nicht in Reichweite bringen?

Martin Stöhr:
„Und an der Spitze des Tannenbaumes hing ein silbrig gekleideter rotwangiger Engel, der in bestimmten Abständen seine Lippen voneinander hob und ‚Frieden' flüsterte, ‚Frieden'." Dieser Satz steht in Heinrich Bölls Weihnachtssatire „Nicht nur zur Weihnachtszeit". Böll spießt jenen Weihnachtsflitter auf, mit dem eine große Koalition von Sentimentalität und Konsumterror die biblische Botschaft für Christen und Nichtchristen zugehängt hat.

Das Wort „Frieden" kommt in unserem Abschnitt aus dem Propheten Jesaja nicht vor, wohl aber die damit gemeinte Wirklichkeit. Künstler und Philosophen, Glaubende und Ungläubige, Experten und Laien kennen das Bild und benutzen es zur Beschreibung der Hoffnung, die alternativlos und allein Leben für Menschen und Natur bedeutet. Frieden auf Erden – oder ein Leben auf Erden ist unmöglich. Angesichts der Bedrohungssysteme und Vernichtungspotentiale, die Menschen, ihre Blöcke und Lager gegeneinander setzen, ist die biblische Friedensbotschaft heute zum Leitfaden für Realpolitik geworden. Aber das poetische Bild meint mehr als den Nichtkrieg: Raubtiere und wehrlose Kinder essen, schlafen und spielen zusammen. Die Idylle liegt nahe. Der Prophet räumt sie zur Seite, wenn er den Inhalt des Bildes klärt: Keine Bosheit und nichts Verderbliches wird man tun. Die Macht der Bosheit ist folglich nicht hinzunehmen. Gottes Lernziel mit den Menschen, nicht nur für Fachleute (und deswegen wird es hier in allen verständlichen Bildern beschrieben), heißt: Bosheit wie Unrecht, Haß wie Friedlosigkeit, Unverstand und Verständnislosigkeit werden dem Angriff durch ihre Gegenziele und der Zersetzung durch ihre Gegenwirklichkeiten ausgesetzt. Diesen heilbringenden Prozeß beginnt der angekündigte Nachfolger der Davidschen Königsfamilie. Er fängt an, die friedenstiftende Hoffnung zu realisieren. Er gewinnt und setzt neue Nachfolger in Bewegung. Sie sind „auf meinem heiligen Berg", von Zion also und von der in seinem Umkreis zur Welt gekommenen

Heilsgeschichte belehrt und angestoßen. Dorther beziehen sie ihre Orientierung. Der winzige Flecken auf der Landkarte des Nahen Ostens, auf dem Israel sitzt, gefährdet und vertrieben, zurückgekehrt und bedrängt, ist zugleich der Ort, wo der Weg Gottes zu den Menschen irdisch und menschlich wurde, erfahrbar und begehbar für Menschen, auch wenn der Weg Gottes sich nie in ein menschliches Wegenetz auflösen ließ. Dazu konstruierten die Menschen zuviel Abwege und Sackgassen aus den Wegen Gottes.

Die Propheten stehen mitten in diesen Gefährdungen als Wegmarken Gottes. In jeder Generation läßt er einige Menschen mit klarem Blick leben und auftreten, die sinnlose Wege von sinnvollen unterscheiden können. Jesaja ist einer von ihnen. In der Situation seiner Zeit ist Israel, mitten im Interessengebiet der damaligen Großmächte lebend, ständig in der Versuchung, sich der Großmachtpolitik zu verschreiben. Dort tritt Jesaja auf.

Ehe man sein Wort und seine Bilder vom zukünftigen Friedensreich „schön" findet, muß man hören, wie massiv seine (und Gottes!) Kritik an der herrschenden Macht ist. Das regierende Königshaus wird wie ein Baum gefällt. Ein Stumpf bleibt übrig: „Siehe der Herr, der Gott der Heerscharen, zerschlägt die Äste der Krone mit Schreckensgewalt, und die Hochgewachsenen sind gefällt, und die Hohen sinken nieder. Zusammengehauen wird das Dickicht des Waldes mit dem Eisen, und der Libanon fällt durch einen Herrlichen."

Eine vernichtende Katastrophe für Jerusalem steht ins Haus. Die königliche Familie der Davididen wird, und das ist massive Kritik an eben diesem Königtum, in die Katastrophe so hineingezogen, daß außer einem Stumpf nichts bleibt. Ein Rückgriff auf die Anfänge des Königtums, auf Isai, die Chance des totalen Neuanfangs ist allerdings gegeben. Die Kritik des Propheten im Interesse einer besseren Zukunft und eines neuen Lebens trifft radikal die heiligsten Traditionen und die etablierte Macht. Man darf nicht vergessen, wie die Königspsalmen den König als Anwalt der Kleinen und Anwaltlosen beschreiben, um die Schärfe der Kritik recht zu verstehen. Der Weg in die Zukunft ist nicht ohne kritische Auseinandersetzung mit bestehenden Überlieferungen und Machtverhältnissen zu gewinnen. Jesaja nimmt politisch zu den turbulenten und kriegerischen Auseinandersetzungen seiner Zeit, seines Landes und seiner Nachbarstaaten Stellung. Die Konflikte und Perversionen im eigenen Gesellschaftsgefüge werden beim Namen genannt. Wenn Politik die Bemühung um ein menschliches Leben und Zusammenleben bedeutet, dann kann der nicht schweigen, der über Sinn und Ziel des Menschen sich von Gott, nach dessen Ebenbild er und seinesgleichen geschaffen ist, belehren läßt. Man darf sich nicht vorstellen, dies sei eine Form frommer Existenz, die ihre Urteile über Gott und die Welt eben auch noch in Stammtischmanier auf die Politik ausdehnt. Eine friedvollere und gerechtere Zukunft läßt sich nicht aus Elfenbeintürmen, von grünen Tischen, von Stammtischen oder von abgeschiedenen Altären aus avisieren. Eine doppelte Auseinandersetzung belastet Jesaja. Einmal die bei seiner Beauftragung entdeckte Distanz zum lebendigen Gott: „Weh mir, ich bin verloren! Ich bin ein Mensch mit unreinen Lippen und wohne unter einem Volk mit unreinen Lippen" (6,5). Zum anderen erfährt er die Entfremdung von der Normalität der Machtverhältnisse und Glaubenspraxis in seinem Volk. Man darf nicht meinen, er sei weltfremd. Er steht fremd und kritisch der Einrichtung der derzeitigen (Um-)Welt gegenüber; aber gerade im Interesse einer Welt, die mehr Gerechtigkeit und Frieden, heilvolle und keine unheilvolle Zukunft für Kinder und Natur ermöglicht. Gerade seine Nähe zu Gott, in die er ihn berufen hat, läßt ihn seine Distanz erkennen. Und doch macht er sich an die Arbeit, Alternativen zum Bestehenden aufzuzeigen. Damit fängt der Frieden an.

Der Hinweis auf die schwangere junge Frau, die einen Sohn gebären wird („... und die Herrschaft kommt auf seine Schulter, und er wird genannt: Wunderrat, starker Gott, Ewigvater,

Friedefürst ..." 9,6) und der Hinweis auf das aus dem abgehackten Stumpf Isais aufblühende Reis beziehen sich auf konkrete Figuren der Geschichte. Wir wissen nicht genau, ob an die Geburt des Königssohns Hiskia zu denken ist, dem tatsächlich ein weitgreifender Erneuerungsprozeß des Volkes zu verdanken ist. Oder ob es sich um junge Frauen im allgemeinen handelt, die ihre Kinder „Immanuel", d.h. „Gott mit uns", nennen werden, also Neubürger des erwarteten Gottesreiches. Es ist bekanntlich Ziel und Hoffnung aller Wege Gottes mit den Menschen: All ihre Reiche der Unfreiheit und des Unfriedens sollen sich in das Reich der Freiheit und des Friedens verwandeln. Diese große Hoffnung propagiert und lebt Jesaja.

Die Christen haben mit den Juden diese messianische Hoffnung gemeinsam, die klärend und verändernd ins Diesseits eingreift. In der Tat war Hiskia schon ein Stück Erfüllung, wie die Heimkehr aus dem Exil nach der Katastrophe Jerusalems ein weiteres Stück der Verwirklichung des Angesagten war. Und immer blieb jener große Überschuß an neu gestifteter Hoffnung und an messianischer Erwartung. Von ihm sagen wir Christen, sie sei in Jesus von Nazareth, dem Messias, erfüllt. Von ihm sagen wir zugleich: Mit ihm war das Reich Gottes präsent und real. Und doch warten wir auf seine messianische, alles verwandelnde und alles erneuernde Wiederkunft. Wir schauen, wie die Juden, zurück auf eine Geschichte der Verwirklichung dessen, was wir glauben, lieben und hoffen. Da werden Gefangene frei, Tote lebendig, Armen wird das Evangelium gebracht, Blinde sehen und Lahme gehen. Da gab es Brot und Gerechtigkeit, Befreiung und Ermutigung (Jes. 5,35 und 61 und Matth. 11). Und zugleich schauen wir vorwärts auf einen neuen Himmel, eine neue Erde, in der der Tod und seine Bundesgenossen, wie Krieg und Hunger, Leid und Elend, besiegt sein werden.

Es ist klar, was hier von einem einzigen gesagt ist und was in einzigartiger Weise zum Verständnis von Leben und Werk Jesu von Nazareth mit Recht gesagt wurde, bleibt nicht das

Werk von einzelnen, von Heroen der Weltgeschichte. Gott nimmt durch seine Boten, seinen Sohn, seine Knechte, alle seine Kinder in seinen Dienst, ruft sie zu seiner Erkenntnis, zum Kampf gegen das Böse. Er ermöglicht ihn und ermutigt dazu, so daß jeder in seiner Nachfolge sich an dem Werk beteiligen kann, „mit Gerechtigkeit Geringen zum Recht zu verhelfen" und „in Geradheit für die Armen im Land einzutreten" (11,4). Sich mit Gerechtigkeit und Treue zu kleiden und zu umgeben ist dann keine Utopie, keine in den Idealen hängenbleibende Irrealität, sondern eine Wirklichkeit, die auf der Erde vorkommt, wenn sich Menschen finden, die in dieser Richtung denken, Phantasie und Aktivität entwickeln.

Das alles muß gesagt werden, um deutlich zu machen, daß der Friede, der den Hauptteil des Bildes ausmacht, nicht ohne soziale Gerechtigkeit zu haben ist, die vor allem den Armen helfend nachgeht und den Mächtigen mit Widerspruch gegenübertritt. Frieden und Gerechtigkeit sind die aneinandergekoppelten Lernziele des Reiches Gottes.

Es ist nicht von ungefähr, daß die junge Frau Maria, nachdem sie erfahren hat, daß sie den Immanuel gebären soll, der in einzigartiger Weise als „Gott mit uns" gilt, diese Töne aus Psalmen und Propheten nur wiederholt: „Er hat Macht geübt mit seinen Armen, er hat zerstreut, die hochmütig sind in ihres Herzens Sinn, er hat Gewaltige von den Thronen gestoßen und Niedrige erhöht. Hungrige hat er mit Gütern gefüllt und Reiche leer hinweg geschickt. Er hat sich Israels, seines Knechtes, angenommen ..." (Luk. 1,51 ff.)

Alles das hat er getan und wird er tun. Vergangene Erfahrungen werden sich zuverlässig, Gott steht dafür ein, in Zukunft wieder machen lassen. Wie Gott die Welt geschaffen hat, wird er sie neu schaffen. Die Perversion und Vernichtung des Menschen und der Menschlichkeit ist in diesem Programm Gottes nicht vorgesehen. Er will die Menschen, die Juden und die Christen besonders, für diesen Lern- und Lebensprozeß gewinnen. Das Volk Gottes, wenn auch gespalten in Juden und Christen, spaltet nicht den einen Willen Gottes, Mitarbeiter in aller Welt für Frieden und Gerechtigkeit zu suchen. Sie suchen und leben Alternativen zum Bestehenden und zum Üblichen.

Aber an dieser Stelle gibt es noch ein Problem: Im Neuen wie im Alten Testament gibt es eine machtkritische Einstellung. Sie hat nichts mit den (spieß-)bürgerlichen Vorurteilen zu tun, als korrumpiere Machtbesitz automatisch, als sei Macht prinzipiell böse, als mache Politik schmutzige Finger. Diese kritische Haltung zur Macht wird im Lobgesang Marias wie bei den Propheten im Verhalten Jesu wie der frühen Christenheit deutlich. Es ist die Anerkennung des 1. Gebotes, die eindeutige Klarstellung, wo die letzte Instanz und wo die vorletzten Größen etwas zu sagen haben. Es ist die scharfe Wachsamkeit, ob die Herren und Machtverhältnisse der Welt sich für den Menschen, seine Gerechtigkeit und vor allem für die Armen auswirken oder gegen sie. Deswegen heißt es vom Herren aller Herren: „Er schlägt die Gewalttätigen mit dem Stab seines Mundes und tötet den Frevler mit seiner Lippen Hauch" (11,4).

Die theokratische Versuchung des Menschen, sein zu wollen wie Gott, sich zum Obermenschen aufzuschwingen und dementsprechend aus den Mitmenschen Untermenschen zu machen, führt sehr schnell dazu, die Lippen mit der Faust, das Wort mit dem Schwert zu vertauschen und zuzuschlagen. Dieser Versuchung sind die Christen nicht selten erlegen. Christliche Waffensegnung und Großinquisition, christliche Staatsvergötzung und Anbetung ökonomischer Potenz setzen sich mit Recht der kritischen Macht des Wortes Gottes aus. Ein einzigartiges Vertrauen in die Wirkungskraft des Gotteswortes spricht sich hier aus. Hier liegt die Zivilcourage der Christen (die auf dem Feld der Militärcourage eindrucksvoll Schreckliches geleistet haben) verankert. Ihre Einberufung zum Friedensdienst des schon regierenden Friedensherrschers und für das kommende Friedensreich ist die Einberufung zur gewaltfreien Aktion für die Gerechtigkeit. Die Wahrheit zu sagen, die

Dinge beim Namen zu nennen, zum Frieden zu erziehen, seine Bedingungen zu erforschen, die ihnen widerstehenden Mächte und Einstellungen beiseite zu räumen, den Frieden zu machen – das alles traut Gott denen zu, die er selig preist: die, die ihn kennen. Selig sind diese Friedensmacher. Salzspuren von ihnen genügen schon, um die Welt so zu verändern, daß Bosheit und Verderbliches nicht unwidersprochen und unwiderstanden Menschen und Humanität gefährden und zerstören können.

Man stelle sich nur vor, wir Christen lebten, was wir glauben.

Wie im Himmel so auf Erden
Katholikentag Berlin 1990

Die Worte „Wie im Himmel so auf Erden" überschreiben diesen Katholikentag. Es sind Worte, die Ziele setzen und Hoffnung schenken. Man muß sie natürlich lesen im Zusammenhang mit den Worten: „Sein Wille geschehe – im Himmel so auf Erden". Dieses Anerkennen der Macht – „Gottes Wille ist gut," sagt der Psalmist, „denn seine Gnade währet ewiglich" – und sein Wille muß ja zu unserem Besten sein. Man kann das Wort dann auch so verstehen: wie im Himmel – so auf Erden; wie im Himmel die gottgewollte Harmonie herrscht, so soll auch das menschliche Leben im Einklang mit dem Rhythmus der Umwelt und der Schöpfung im allgemeinen sein. „... wie im Himmel so auf Erden", diese Worte bezeichnen unseren Hunger, unser Streben nach dem inneren und nach dem äußeren Schalom, das Ganzsein, das Heilsein, welches ja, glaube ich, für uns alle die Nähe Gottes bedeutet. Aber es gibt auch eine andere Möglichkeit, wie man diese Worte verstehen kann, eine Möglichkeit, die von vielen, leider allzu vielen, genutzt wird: Sie werden zur Feststellung eines Tatbestandes, einer Beschreibung des konkret Existierenden – eine Gleichung sozusagen. „Wie im Himmel so auf Erden", ergo wie auf Erden so im Himmel. Eine fahrlässige, doch eine weitverbreitete Ansichtsweise. Im besten Fall wird sie von denen vertreten, die vom Geist so besessen sind, daß sie das materiell Existierende aus dem Blickfeld verlieren: Ihre Augen sind so auf den Himmel fixiert, daß sie die Welt und die darin lebenden Menschen und ihre Pein und ihr Leid nicht mehr sehen. Aber andere glauben, der Himmel sei auf die Erde gekommen. Die Gleichung „Himmel und Erde" lesen sie: „Machet euch den Himmel untertan." Sie wissen, sie wissen zu genau, wen Gott liebt oder wen er ablehnt. Sie wissen, wen er annimmt, und sie wissen auch – oder glauben zu wissen –, wen er verstoßen will. Sie entscheiden, wer Gottes Freund oder wer sein Feind ist. Sie beurteilen, wer gut oder sündig ist. Sie entscheiden, welche Waffen zu segnen sind und welche Lanzen Gott brechen wird. Sie nehmen sich das Recht, für Gott Recht zu sprechen. Sie rufen, um ein biblisches Wort etwas abzuändern: „Herr, Herr", aber sie wollen ihn zu ihrem dienstbaren Knecht machen. Gegen diese Vereinnahmung des Himmels stellt Jesaja als Kontrapunkt seine Worte: „Meine Gedanken sind nicht eure Gedanken, und eure Wege sind nicht meine Wege, spricht der Herr. So hoch der Himmel über der Erde ist, so hoch erhaben sind meine Wege über eure Wege." Hier werden Grenzen gezogen, hier werden Unterschiede apostrophiert. Mag der Mensch sein, wer er ist, Ebenbild Gottes, nur ein bißchen geringer als die Engel, mag er wirklich die Krone der Schöpfung sein, Verwalter dieser Welt, mag er auch Liebling Gottes sein, mag er das hehrste Wesen und die höchste Kreatur in der Schöpfung Gottes sein, trotzdem sind seine Gedanken nicht Gottes Gedanken und Gottes Gedanken nicht seine Gedanken. Des Menschen Wege bleiben seine eigenen, sie sind nicht Gottes Wege; denn Gott bleibt Gott und Mensch bleibt Mensch. Und Gott bleibt unfaßbar in seinem Wesen, in seiner Größe und in seiner Majestät. Fühlen wir auch seine Liebe, erfahren wir seine Barmherzigkeit, erfreuen wir uns seiner Führung und trotzdem – er bleibt Gott, Gott allein. Seine Gedanken sind nicht unsere Gedanken und seine Wege nicht unsere Wege. Wir wollen – soweit wir es menschenmöglich machen können – natürlich das Himmlische auch in irdische

Sprache übersetzen. Wir können Erde und Himmel in einer Aussage „wie im Himmel so auf Erden" gleichsetzen, aber nur dann, wenn es um seinen Willen geht. Sein Wille geschehe im Himmel wie auf Erden – nicht der unsere. Wenn es sich um Lobpreis handelt, da können wir einstimmen in die Chöre der Engel, die Himmel erzählen die Ehre Gottes, und die Feste verkündigt das Werk seiner Hände. Wir können einstimmen mit den Seraphimen: Heilig, heilig, heilig ist der Herr der Heerscharen. Wenn es um seinen Willen geht, wenn es um seinen Lobpreis geht, um den Gesang für seine Ehre, da sind wir, Himmel und Erde vereinigt, aber Erde ist nicht gleich Himmel, wenn es um Gedanken und Walten und Schalten geht. Dies rückt der Psalm zurecht, wenn er sagt: Die Himmel sind die Himmel des Herrn, aber die Erde hat er den Menschenkindern gegeben. Es mag wohl sein, daß dieses Prophetenwort in direktem Zusammenhang mit einem Aufruf an die Bösewichte, Frevler und Sünder, zu Gott zurückzukehren, steht. Daß dieses Wort die Absicht vertritt, die Größe von Gottes Barmherzigkeit, verglichen mit der des Menschen, darzustellen, daß da, wo der Mensch nicht mehr verzeihen will, da, wo seine Geduld, auch im besten Fall, reißt, daß Gottes Gedanken und Wege nicht wie die des Menschen sind: Denn wenn auch der Sünder am letzten Tag seines Lebens zurückkehrt, Gott wird ihn sofort empfangen.

Doch die Aussage, daß Gottes Wege nicht unsere Wege sind, seine Gedanken nicht unsere, hat eine allgemeinere Gültigkeit als nur in diesem Fall. Sie ist von universeller Aussagekraft, sie legt Grundsätzliches fest. Entmutigen soll sie uns keineswegs. Denn wenn wir auch den Unterschied zwischen Gottes Wegen und Gedanken und den unseren anerkennen, wenn wir uns mal zur Abwechslung in etwas Bescheidenheit üben, wenn wir als Menschen uns nicht auf Gottes Thron schwingen wollen und uns ihm gleichsetzen, dann bedeutet das noch keineswegs Entfremdung oder Ferne. Er hat uns die Erde gegeben, wie man in der Haggada zu Pessach sagt: Dajenum – das ist doch schon genug. Das ist doch schon mehr als genug: Die Erde zu verwalten, zu behüten, aufzubauen als ein Königreich Gottes, d.h., eine Welt des Friedens und der Brüderlichkeit und der solidarischen Verantwortung zu errichten. Ist das nicht genug herausfordernde Aufgabe für uns? Eine Aufgabe, die wir, wären wir auf uns allein gestellt, nicht erfüllen könnten, die uns total überfordern würde. Aber wir sind eben nicht allein gelassen, wir sind nicht führungslos. Sagt nicht die Tora im fünften Mosebuch in den Worten dieses großen Führers Israels: „Vom Himmel hat er dich seine Stimme hören lassen, daß er dich unterweise, und auf Erden hat er dich sein großes Feuer sehen lassen, und seine Worte hast du aus dem Feuer gehört." Wir sind doch – und ist das nicht das größte Gnadenzeichen überhaupt – im Besitz des Hinweises, wie wir als Menschen auf der Welt leben sollen, wie wir unsere zwischenmenschlichen Beziehungen gestalten müssen, damit wir gottgefällig leben. Wir müssen es nicht erraten, wir müssen es nicht durch Wissenschaft eruieren. Wir brauchen nur mit offenen Herzen und mit offenen Augen und mit Menschen- und Gottesliebe in die Bibel zu blicken, da steht es – zumindest grundsätzlich – geschrieben. Wir sind freie, frei wählende Menschen, und als solche haben wir die Verantwortung für unsere Erde in die Hand gelegt bekommen. Nicht Marionetten, an Fäden gezogen, und Roboter, vorprogrammiert, sondern freie, frei wählende Menschen, die Verantwortung tragen für ihre Entscheidungen, die für deren Konsequenzen aber einstehen müssen. Da gibt es kein Ausweichen, und da gibt es kein Abdanken. Eine Aufgabe, die wir erfüllen müssen und durch die wir Mitarbeiter am Werke der Schöpfung Gottes werden. Es kommt auf uns an, ob die Erde ein Stückchen Himmel werden kann, es kommt auf uns an, ob sie es wird und wie weit Gottes Gegenwart, die ja hier bei uns ist, sich zumindest fühlbar machen kann in unserer Mitte. Und deshalb kommen wir an den praktischen Dingen dieser Welt nicht vorbei. Wir müssen uns dem Alltag stellen. Wir können vielleicht die großen Gedanken, das Grundsätzliche anderen überlassen. Wir müssen uns darum kümmern, wie es bei uns, in unserer Nähe, in unserem Umfeld beschaffen ist. Keiner baut die Welt für uns. Diesen Job haben wir übernommen, und er steht in unserer Verantwortung. Und so wenden wir unsere Gedanken in dieser Stunde und zu diesem Anlaß auch dieser Zeit zu. Es ist doch kein selbstverständlicher Anlaß: in diesem Moment stehen Juden und Christen im gemeinsamen Gebet anläßlich des Katholikentages vor Gott. Wer hätte das vor nicht allzu vielen Jahren für möglich gehalten? Nicht nur, weil es anzunehmen war, es gäbe keine Juden mehr in diesem Land, aber auch weil es vom Grundsätzlichen her gar nicht denkbar war. Wir stehen hier zusammen, nicht, um irgendwelche Formen zu erfüllen, sondern, ich glaube, ehrlich und aufrichtig, weil wir es so wollen. Keiner hat uns dazu gezwungen, jeder einzelne ist freiwillig hier, um gemeinsam zu beten, zu denken und zu danken. Wir stehen hier inmitten dieser versehrten Stadt, versehrt und verwundet und nun wieder zusammenwachsend. Und wir stehen hier in einer Zeit, da viele Völker friedlich und erfolgreich das Joch der Tyrannei abschütteln und die Macht des Freiheitswillens des Menschen demonstrieren.

Wir sehen Möglichkeiten, daß die riesigen, zerstörerischen Waffenberge endlich abgebaut werden, wir erfahren das Unerwartete, daß Grenzen fallen, daß lang schwelende Konflikte beigelegt werden. Und, ach, was gäbe ich dafür, daß einer von ihnen der Konflikt in Israel wäre! Aber gerade jetzt, in dieser bedeutenden, bemerkenswerten Zeit, wachsen auch in unserer Mitte, in unserem Umfeld wieder dumpfes Vorurteil und blinder Haß, borniter Nationalismus und Fremdenfeindschaft. Gerade diese Stunde der Freiheit benutzend, kommen wieder Kräfte auf, von denen wir dachten, daß sie zumindest auf lange Zeit – ja wir hofften auf immer – besiegt wären. Inmitten des Jubels der Befreiten trommeln die sehr lebendigen Ewig-Gestrigen zu ihren Fahnen, beschwören ethnische Abneigungen und religiösen Fanatismus. Von der Warte meines Volkes aus gesehen, sagt uns der Name Pamjat wieder etwas Furchtbares, und in hellen Scharen fliehen Juden aus der Sowjetunion, nach der Perestroika, weil die Pogrome wieder drohen. Neonazis, auch in unserer Mitte, in West und Ost, in allen Farben schillernd und auf allen Ebenen verrohter Dummheit agierend, treiben wieder ihr Unwesen. Feiges Grabschänden in Kapantra, aber auch in Oldenburg. Aber noch eine Warnung: Es gibt in unserer Mitte die Verengung unseres Blickfeldes auf uns selbst oder unsere Nachbarn, wir sehen in diesen Tagen nur, was in unserer Gegend geschieht, und wir vergessen die, für die wir vor einem Jahr noch so in Sorge waren. Der Hunger droht noch immer in Afrika, Menschen wandern und leiden in vielen anderen Teilen der Welt. Wir dürfen sie aus unserem Handeln, aus unseren Gebeten nicht ausschließen, was immer auch die Stunde hier uns bringt. Also, wir haben alle Hände voll zu tun. Und deshalb stehen wir hier gemeinsam: Christen und Juden, Juden und Christen. Verwurzelt in der qualvollen Erinnerung an die Vergangenheit, bewußt der Verengung und Entfremdung in neunzehn Jahrhunderten. Trotzdem stehen wir heute hier, um zu versuchen, belehrt und durch Leiden und Scheitern vielleicht geläutert, zusammen die Zukunft zu gestalten, soweit es in unserer Macht steht. Wir stehen heute hier, um ein Stückchen Himmel auf diese Erde zu bringen in Antwort auf das Wort, das geschrieben steht: Ich rufe heute Himmel und Erde gegen euch zu Zeugen an, Leben und Tod habe ich euch vorgelegt, Segen und Fluch. So erwähle das Leben, auf daß du am Leben bleibst – du und deine Nachkommen.

Glaubensgespräche
in der Marktkirche Hannover

Hans Werner Dannowski

Am Anfang der Gespräche zwichen dem Landesrabbiner und dem Stadtsuperintendenten von Hannover stand eine einfache Verabredung. Wir wollten nicht einer „Streitkultur" ein neues Kapitel hinzufügen. Glaubensgespräche wollten wir beide miteinander führen. Wir wollten versuchen, voneinander zu lernen.

Im Januar 1986 begann die Reihe des Jüdisch-Christlichen Dialogs in der evangelisch-lutherischen Marktkirche in Hannover. Drei Gesprächsnachmittage in Folge, jeweils an einem Mittwoch um 17 Uhr. Die Reihe „Treffpunkt Marktkirche", die das ganze Jahr hindurch am Mittwochnachmittag lief, begann in jedem Jahr mit dem Christlich-Jüdischen Dialog: Das zeigte das Gewicht dieser Gespräche an. Im Altarraum saßen zwei Männer an zwei Tischen einander gegenüber. Die Themen waren festgelegt, sonst aber nichts. Die Spontaneität des Gesprächs sollte einen weiten Spielraum haben. Immer mehr wuchs aus dem Kennenlernen Freundschaft. Das war offensichtlich spürbar: Daß nicht der eine den anderen reinzulegen versuchte oder über den anderen dominieren wollte. Manchmal waren wir so ins Gespräch vertieft, daß die Besucher des „Treffpunkts" es nicht wagten, uns zu unterbrechen. Oft gab es lange und intensive Gespräche mit den Anwesenden.

Denn die Resonanz war überwältigend für uns beide. Mehrere hundert Besucherinnen und Besucher waren jeweils an den drei Nachmittagen in der Marktkirche. Die Gespräche gerieten zu einer hannoverschen Institution. Die Atmosphäre der freundschaftlichen Intensität der Dialoge sprang offenbar über. Wie überhaupt die engen Beziehungen des „vierblättrigen Kleeblatts"– der katholische Propst Dr. Joop Bergsma und der evangelische Landessuperintendent Hartmut Badenhop gehörten noch dazu – das geistliche Klima in der Stadt Hannover mitprägten.

Einige der Themen, über die wir diskutierten, werden als Anregung für andere möglicherweise interessieren. 1986 sprachen wir über grundlegende Glaubensfragen (Die Erfahrung Gottes, Die Geltung des Gesetzes, Wer war Jesus?); 1987 über das Doppelgebot der Liebe und über Abraham als Glaubensvater; 1988 faßten wir die Lebenseinschnitte ins Auge (Beschneidung und Taufe, Ehe, Tod und Auferstehung), 1989 gestaltete Glaubensformen (Achtzehn-Gebet und Vaterunser, Sabbat und Sonntag, Die Bedeutung der Feste). 1990 analysierten wir verschiedene Bibeltexte (Das Paradies, Isaaks Opferung – Isaaks Bindung, Das Gleichnis vom Verlorenen Sohn), 1991 das verschiedene und das gemeinsame Zeit- und Geschichtsverständnis. Biblische Gestalten waren natürlich immer wieder ein beliebtes Thema (etwa 1994). Der 10. Jüdisch-Christliche Dialog fiel mit dem Weggang von Landesrabbiner Brandt aus Hannover zusammen (Juden und Christen vor der Bergpredigt). Ein letztes Mal habe ich noch das Gespräch im Januar 1996 mit dem aus Dortmund anreisenden Henry G. Brandt geführt (Der ungekündigte Bund, Der leidende Gottesknecht, Zwei Glaubensweisen). Die thematische Tradition mit dem Januar-Auftakt wird in der Marktkirche bis heute fortgeführt. Aber einen kompetenten jüdisch-theologischen Gesprächspartner haben die christlichen Theologinnen und Theologen in dieser Stadt nicht mehr. Die Erinnerung an jene Zeit ist mit der leisen Trauer des anscheinend Unwiederbringlichen gemischt.

Was der christliche Gesprächspartner und die Christen in dieser Stadt überhaupt gelernt haben, ist nicht in wenige Worte zu fassen. Wie tief das Christentum im Judentum wurzelt, haben wir allmählich immer mehr begriffen. Ganze Bereiche des Neuen Testament kommen in neuer Schärfe heraus, wenn man sich den jüdischen Kontext ganz klar gemacht hat. Auch die Differenzen und Akzentuierungen bekommen Schärfe und Prägnanz. Erst wenn man sich beispielsweise die Bindung des jüdischen Gesetzes an seine Erfüllbarkeit vor Augen geführt hat, kommt die Forderung Jesu, schon den begehrlichen Blick oder den zornigen Gedanken als Gesetzesübertretung zu markieren, in neuen Koordinaten zu stehen. So schreit alles in mir nach einer Fortsetzung solcher Gespräche, die den fremden wie den eigenen Glauben im Gespräch unter Freunden auszuloten suchen. Man muß sich manchmal auch mit der Rekapitulation von Erinnerungen begnügen, habe ich langsam eingesehen. An anderen Orten werden die Dialoge hoffentlich weitergehen.

Dortmunder Dialoge

Günter Birkmann

Bereits vor seinem Wechsel vom Landesrabbinat in Hannover nach Dortmund ging Henry Brandt der Ruf voraus, die Begegnung von Juden und Christen sowie das gemeinsame theologische Gespräch zu suchen und zu fördern. In der evangelischen Marktkirche in Hannover hatte er mit christlichen Theologen die Tradition des öffentlichen biblisch-theologischen Diskurses begonnen.

Brandt hat diese Tradition mit nach Dortmund gebracht und die örtliche Gesellschaft für Christlich-Jüdische Zusammenarbeit gebeten, solche Gespräche zu organisieren. Seit 1996 haben fünf solcher öffentlicher Foren stattgefunden. Die Reihe begann im August 1996 in der Dortmunder Petrikirche mit dem Austausch über Genesis/Bereschit 22,1–19 „Bindung oder Opferung Isaaks?". Gesprächspartner war der evangelische Hochschullehrer und langjährige Vorsitzende der Dortmunder Gesellschaft, Prof. Dr. Johann Friedrich Konrad. Es folgten zwei theologische Gespräche mit dem Landesrabbiner, die sich neutestamentlichen Themen zuwandten: „Der Glaube Jesu und der Glaube an Jesus" sowie „Paulus im Widerstreit". Von christlicher Seite beteiligten sich der evangelische Superintendent Klaus Philipps und der katholische Pfarrer Günther Keine.

Große Resonanz fand das Gespräch über „Sünde-Schuld-Vergebung" 1999 mit Landesrabbiner Brandt und Superintendent Philipps, das zeitlich mit dem Diskussionsprozeß in der Evangelischen Kirche von Westfalen über die Hauptvorlage „Gott hat sein Volk nicht verstoßen" zusammenfiel, an der Brandt ebenfalls mitgearbeitet hat. Es folgten Gespräche über „Schöpfung" mit dem Dortmunder Dechanten Wolfgang Dembski und über „Religion und Politik" mit dem Bochumer Neutestamentler Klaus Wengst, das im folgenden inhaltlich skizziert wird.

Kennzeichnend für nahezu jedes dieser Gespräche war einerseits die Offenheit des Rabbiners, auch solche Themen der christlichen Partner ernst zu nehmen, die aus jüdischer Sicht eher peripher erscheinen, andererseits seine nachdrückliche Warnung vor oberflächlicher theologischer Harmonie. Spannung kam immer dann auf, wenn Brandt an die christlichen Partner kritische Fragen stellte, etwa nach der Erbsünde, der Trinität, der christologischen Interpretation des Tenach, den judenfeindlichen Texten im Neuen Testament, der Judenmission. Viele Teilnehmer bestätigten immer wieder, daß man dem Rabbiner gut zuhören könne. Meist ohne schriftliches Manuskript stellte er sich auf die Gesprächspartner ein, griff ihr Anliegen auf und führte es zu den grundlegenden Glaubenstraditionen weiter.

Mit diesen Gesprächen hat der Rabbiner eine Form des gemeinsamen Interpretierens biblischer Texte entwickelt, die den Zuhörern ermöglicht, die jeweiligen Auslegungstraditionen wahrzunehmen und in ihrer Verschiedenheit zu respektieren. Brandt hat das christlich-jüdische Gespräch in seinem eigentlichen Sinn in Hannover und Dortmund wiederbelebt und damit an eine Tradition des liberalen Judentums angeknüpft, von der viele nach der Schoa annahmen, daß sie in Deutschland keine Chance haben würde.

Die Wirkung solcher Gespräche mit insgesamt vielen hundert Teilnehmern ist schwer abzuschätzen. Für manche christliche Besucher war es die erste Begegnung mit einem Rabbiner, dazu noch einem liberalen. Für sie wurde aus dem Reden über Juden ein eindrückliches Gespräch mit einem gebildeten Juden, der Vorurteile ins Wanken brachte. Die aktive Beteiligung der jüdischen Gemeinde blieb eher bescheiden. Neben den bekannten Sprach- und Verstehensschwierigkeiten der Zuwanderer spielt sicher auch eine Rolle, daß die Tagesordnung der Gemeinde andere Themen als dringlich kennzeichnet, z.B. soziale und religiöse Integration, Vertrautwerden mit Liturgie und jüdischem Leben, Entwicklung der Bildungsarbeit in den Gemeindegruppen. Um so bemerkenswerter ist die Bereitschaft der Dortmunder Jüdischen Gemeinde, für die theologischen Gespräche wie für andere Veranstaltungen der GCJZ Gemeinderäume zur Verfügung zu stellen. Wer dem Rabbiner von jüdischer Seite entgegenhält, daß er sich zu sehr im christlich-jüdischen Dialog engagiere, übersieht dabei leicht, daß die öffentliche Präsenz des Rabbiners auch den jüdischen Gemeinden und ihrer Stellung im öffentlichen Leben zugute kommt. Brandt ist persönlich zutiefst davon überzeugt, daß durch Begegnung und Dialog antijüdische Klischees abgebaut werden und gegenseitiges Verstehen wachsen kann.

Dialog zu Religion und Politik
Henry G. Brandt und Klaus Wengst

Unter diesem Thema fand am 16. Juni 2002 in Dortmund ein öffentliches theologisches Gespräch zwischen Landesrabbiner Dr. Henry G. Brandt und Professor Dr. Klaus Wengst von der Evangelisch-Theologischen Fakultät der Ruhr-Universität Bochum statt.

BRANDT: Die theologischen Gespräche liegen mir sehr am Herzen. Sie sind ein Instrument der Verständigung sowohl für die jüdische Gemeinschaft als auch für die christliche. Dieses Gespräch steht in einer Reihe vorangegangener Gespräche und ist damit bereits ein Teil unseres kulturellen Kalenders geworden. Wenn wir an dieser Tradition festhalten, werden die Vorurteile weichen und das gegenseitige Verstehen wachsen.

Unser heutiges Thema rückt nicht eine konfessionelle Auseinandersetzung in den Mittelpunkt. Es geht vielmehr um Kriterien für den richtigen und falschen Umgang mit der Bibel bzw. den heiligen Schriften. Dabei ist es schwierig, objektiv falsche und richtige Kriterien zu benennen. Was wir als richtig erkennen, sehen Siedler in der Westbank oder islamische Fundamentalisten, aber auch christliche Fundamentalisten – z.B. in den Südstaaten der USA – ganz anders. Wer den Mißbrauch heiliger Schriften verhindern will, kann sich nicht damit helfen, daß er für eine Trennung von Religion und Politik eintritt. Aus jüdischer Sicht ist eine solche Trennung gar nicht möglich, da die Tora lebensbestimmend sein und alle Bereiche des Lebens umfassen soll. Diese Grund- und Wertorientierung hat auch unser politisches Verhalten zu bestimmen.

WENGST: Als Neutestamentler beziehe ich mich hier in erster Linie auf das Neue Testament. Das geschieht aus diesem pragmatischen Grund und nicht etwa deshalb, weil das Neue Testament die „eigentlich" christliche Bibel sei und man mit dem Alten Testament nicht eben viel zu tun habe. Es gibt das Neue Testament nicht ohne das Alte; ohne die jüdische Bibel hängt es in der Luft.

Die im Neuen Testament vorliegenden Schriften sind nicht schon je einzeln als kanonische Texte geschrieben oder je für sich kanonisch geworden. Sie sind das vielmehr geworden als zum „Neuen Testament" gesammelte Texte, als Bestandteil einer mit ihnen als zweitem Teil entstehenden christlichen Bibel zusammen mit der beibehaltenen jüdischen Bibel als erstem Teil. Als kanonische Texte sind sie normativ. Die Normativität kanonischer Texte besteht nicht darin, daß sie einfach zitiert werden könnten. Das ist bei heiligen Texten so; sie haben ihre Funktion in der Zitation. Kanonische Texte bedürfen der Auslegung. Dafür sind sie eine normative Vorgabe. Aber die Norm ist nicht einfach abrufbar, sondern sie muß im Auslegungsprozeß immer wieder erst neu gewonnen werden.

BRANDT: Die Tora ist aus jüdischer Sicht eher ein kanonischer als ein heiliger Text. Entscheidend ist die Art und Weise, in der ich die Tora lese. Die Tora ist nicht irgendeine schriftliche Überlieferung. Tora und Sinai gehören zusammen. Nur so können wir daran festhalten, daß in der Tora etwas Unveränderliches, Ewiges liegt, das göttliche Autorität hat. Die Tora als Weisung schließt eine Werteskala und Vorbilder ein, die uns führen und mahnen. Die Tora selbst geht davon aus, daß sie Leitfaden und Wegweiser für die Politik bzw. für die politisch Verantwortlichen ist. Dies wird besonders deutlich in den Worten an die Regenten. In 5. Mose 17,14–20 wird beschrieben, wie der König sein soll. Er soll sich nicht viele Rosse zulegen und das Volk nicht wieder in die Knechtschaft nach Ägypten führen. In 1. Samuel 8,10–18 wird sehr konkret deutlich, wohin übergroße Steuerlast und Korruption führen. Die Tora enthält eine Vielzahl gesellschaftlicher Normen, die auch für die gegenwärtige Politik Richtschnur sein könnten.

WENGST: Die Gruppen, die erste Träger und Überlieferer der dann zum Neuen Testament gesammelten Texte waren, setzten sich in sozialer Hinsicht in ihrer ganz großen Mehrheit aus kleinen Leuten zusammen, die keine politische Verantwortung trugen und auch gar nicht wahrnehmen konnten. Dennoch finden sich im Neuen Testament Aussagen, die in den politischen Bereich ausgezogen werden können. Dabei ist das berühmte Wort Jesu „Gebt dem Kaiser, was des Kaisers ist, aber Gott, was Gottes ist!" keine Problemlösung, sondern eine Problemstellung für diejenigen, die sich auf das bestehende System eingelassen haben, wie der Denar mit dem Kaiserbild zeigt, den Jesus sie aus ihrer Tasche holen läßt. Wie müssen sie sich verhalten, die doch Bild Gottes sind und also ganz und gar Gott gehören?

In der Seligpreisung in Matthäus 5,9 wird indirekt dazu aufgefordert, Frieden zu stiften. In dieser aktiven Weise ist das Wort „friedfertig" zur Zeit Luthers verstanden worden – als

„Frieden fertigen". Die in den Seligpreisungen in Matthäus 5,3–9 genannten Verhaltensweisen werden in Vers 10 auf den Begriff der „Gerechtigkeit" gebracht. Das aber heißt, daß der Frieden, um den es sich zu bemühen gilt, die Signatur der Gerechtigkeit haben muß.

BRANDT: Zum inneren Kreis der schriftlichen Tora gehört als zweiter Kreis die mündliche Tora. Sie schließt die gesamte Auslegungstradition des Judentums bis auf den heutigen Tag ein. Die mündliche Tora ist Beleg für die Flexibilität der Tora. Sie ermöglicht es, auf aktuelle Fragen Antworten zu finden. Dabei geht es nicht um das bloße Zitieren von Bibelworten. Wir müssen uns heute bemühen, auf den Grundsätzen der schriftlichen Tora für Probleme unserer Zeit Orientierung zu finden. Die Weisungen zur Sicherung des Existenzminimums, wie sie etwa in 5. Mose 24,6 für die damalige Zeit am Beispiel des unteren und oberen Mühlsteins veranschaulicht werden, bleiben auch im Zeitalter der Globalisierung aktuell. Wenn uns die Bibel auffordert, der Gerechtigkeit nachzujagen, liegt darin auch eine Orientierung für die Politik. Obwohl die Tora das Gebot der Feindesliebe so nicht kennt, heißt es in 2. Mose 23,5: „Wenn du den Esel deines Feindes unter seiner Last liegen siehst, ... so hilf mit ihm zusammen dem Tier auf." Dies würden wir heute als „vertrauensbildende Maßnahmen" zwischen verfeindeten Menschen und Völkern bezeichnen.

Die sich anschließende Diskussion mit dem Plenum konzentrierte sich auf Fragen der Friedens- und Nahostpolitik. In diesem Zusammenhang warnte Brandt davor, die heiligen Schriften für die Tagespolitik zu mißbrauchen. Mit der Bibel könne man keine Grenzen ziehen.

BRANDT: Was in Israel/Palästina auf beiden Seiten geschieht, läßt sich nicht mit der Bibel rechtfertigen. Der israelische Staat hat die Pflicht – wie jeder andere Staat auch –, seine Bürger zu schützen. Wer dem Blutvergießen untätig zusieht, macht sich schuldig. Von daher lehne ich einen prinzipiellen Pazifismus ab. Erst in der messianischen Zeit können wir alle Pazifisten sein.

WENGST: Wieso werden Fragen nach dem Staat Israel an den Landesrabbiner gerichtet? Warum fragen wir uns nicht selbst – wenn denn Christinnen und Christen von der Wurzel her mit dem Judentum verbunden sind und wenn es den Staat Israel nur gibt aufgrund der biblisch verheißenen konstitutiven Verbindung von jüdischem Volk und Land Israel? Wo bleibt da unsere Solidarität mit Israel? Mir ist der absolute Pazifismus abhanden gekommen, als ich das erste Mal in Israel war: Wenn ich will, daß es diesen Staat mit diesen Menschen an diesem Ort gibt, kann ich kein Pazifist sein.

BRANDT: Wir sollten in der politischen Beurteilung realistisch bleiben, uns gründlich informieren und alle Umstände in Betracht ziehen. Wo wir in unserem Umfeld ausgestreckte Hände sehen, sollten wir sie ergreifen und uns für ein friedliches Miteinander einsetzen. Wir haben schon einiges erreicht, wenn die Gewalt aus dem Nahen Osten nicht auf uns überschwappt.

WENGST: Am Schluß meines Beitrags möchte ich Christinnen und Christen darauf hinweisen, welch starkes Orientierungspotential für Friedenshandeln in der Feier des Abendmahls liegt: Sie proklamiert und praktiziert Versöhnung untereinander; sie gewährt gleichberechtigte Teilhabe an dem, was elementar notwendig ist, wofür das Brot steht, aber zugleich gewährt sie auch Teilhabe an sozusagen elementarem Luxus, der Freude, wofür der Wein steht; im Miteinanderteilen bekommen alle daran Anteil und jede und jeder genug; sie erhalten die Gaben dieser Feier als Wegzehrung für unterwegs, damit wir „unsere Füße richten auf den Weg des Friedens" (Lukas 1,79).

Studienkurs in der Evangelischen Stadtakademie Bochum
Einführung in das Judentum

Manfred Keller

Als „Pionierunternehmen" bezeichnete Henry G. Brandt den Studienkurs „Einführung in das Judentum" 1999–2000. An fünfundzwanzig Kursabenden zu je vier Stunden gab der Landesrabbiner vor vierzig bis fünfzig Teilnehmern eine Einführung in die theologischen Grundlagen und die religiöse Praxis des jüdischen Glaubens.

Das Interesse am Judentum hat in Deutschland während der letzten Jahre spürbar zugenommen. Dementsprechend gibt es nicht wenige Angebote der Weiterbildung – Vorträge, Ausstellungen, Studienfahrten – zu jüdischer Religion und Geschichte. In Volkshochschulen und kirchlichen Einrichtungen der Erwachsenenbildung wird dabei in aller Regel das Judentum aus nichtjüdischer oder auch aus dezidiert christlicher Perspektive dargestellt. Das Besondere des Bochumer Langzeit-Kurses bestand darin, daß die Darstellung aus jüdischer Sicht gegeben wurde: Ein Rabbiner, ein jüdischer Gelehrter, entfaltete sein Verständnis jüdischen Glaubens und jüdischen Lebens vor Christen und Juden, vor Zweiflern, Skeptikern und Gläubigen. Er tat dies authentisch aus jüdischen Quellen und in einer dem Judentum eigenen Darstellungsweise.

Es war Teil des Konzepts, daß nicht eine Vortragsreihe angeboten werden sollte, sondern ein Studienkurs, in dem mündliche und schriftliche Informationen sowie Lektüre und Gespräche zusammengehörten. Vorbild war das Jüdische Lehrhaus. Dort wird ein Lernen praktiziert, das Prozeßcharakter hat. Der Zeitraum von zwei Jahren hat es ermöglicht, einen Weg zu gehen und einen Lernprozeß zu initiieren. Das Lehren und Lernen beschränkte sich jedoch nicht auf die kognitive Vermittlung von Informationen. Exemplarische Teilhabe an Fest und Feier im jüdischen Jahreslauf und das Aufgreifen aktueller Fragestellungen und Probleme führten zu lebendiger Begegnung mit jüdischem Leben und Denken heute. Zum Konzept des Kurses gehörte konstitutiv, die Schoa nicht zu vergessen, aber die Fixierung auf dieses Trauma aufzubrechen und den Blick auf die Wurzeln des Judentums in der Hebräischen Bibel und der rabbinischen Tradition zu lenken. Nicht zuletzt sollte der Studienkurs die Vielfalt des Judentums ins Blickfeld rücken und zeigen, wie sich jüdisches Gemeindeleben aktuell in Deutschland wieder formiert, unter großen Spannungen und Konflikten, aber mit erstaunlicher Vitalität. Natürlich wurden nicht alle diese „Lernziele" an jedem Kursabend samt und sonders erreicht. Zum Trost und in weiser Bescheidung erinnerte der Rabbiner gelegentlich an die talmudische Warnung: „Wer alles fangen will, fängt am Ende nichts."

Henry Brandt hatte sich nicht leichten Herzens auf dieses Unternehmen eingelassen, ist doch der Terminkalender des westfälischen Landesrabbiners zum einen durch die vielfältigen Aufgaben in seinen zehn Gemeinden zwischen Bochum und Minden ausgefüllt, zum anderen durch Verpflichtungen als Vorsitzender des KoordinierungsRates der Gesellschaften für Christlich-Jüdische Zusammenarbeit. Deshalb mußten die Mitarbeiter der Stadtakademie dem Landesrabbiner bei der Erstellung der Kursmaterialien zuarbeiten. Die ausgewählten Materialien, die nur zum internen Seminargebrauch vervielfältigt wurden, waren verschiedenen Standardwerken zum Judentum entnommen. Neben Texten der „Haggada" (aramäisch „Erzählung") zu den Festen im Jahreslauf standen Beispiele der „Halacha" (hebräisch „Gehen, Wandeln"), in denen die ethische Weisung überliefert wird, die auch heute die Lebensführung jüdischer Menschen bestimmt. Die Texte dienten als Grundlage für jeweils eine Seminarsitzung, in deren Verlauf dann die thematische Reflexion und Diskussion erfolgte. Ergänzt durch Bildmaterial, individuelle „Fundstücke" zum Thema sowie persönliche Notizen und gesammelt in der von der Evangelischen Stadtakademie bereitgestellten Arbeitsmappe entwickelten die Kursteilnehmer/-innen ihre sehr persönlichen „Kursbücher" zum Verständnis des Judentums.

Durchgehend und bei jedem Einzelthema wurde auf die Verknüpfung der Praxis des religiösen Lebens mit der theologischen Lehre Wert gelegt. Den Teilnehmern ist im Verlauf der Seminarabende deutlich geworden, daß Judentum nicht als System von Glaubenswahrheiten erfaßt werden kann, so sehr Glaubensinhalte das religiöse Leben der Juden mitprägen. Deutlich wurde auch, daß es *das Judentum* nicht gibt, sondern daß es eine komplexe, vielgestaltige Tradition ist, die an einer gewissenhaften Rückbindung – auch historischer Art – ebenso interessiert ist wie an Fragen der aktuellen Lebensgestaltung. Fasziniert waren die Teilnehmer von der Art, wie Rabbiner Brandt mit der Gruppe Theologie trieb: lebendig, anschaulich und mit großer Erzählfreude. Zu den besonderen Erfahrungen dieses Kurses zählt sicher der Umgang mit der Hebräischen Bibel, mit dem Talmud und mit „jüngeren" Lehrern des Judentums, z.B. Maimonides im Mittelalter oder Leo Baeck im 20. Jahrhundert.

Das Curriculum der „Einführung in das Judentum" konzentrierte sich auf die Praxis des religiösen Lebens und die ihr zu Grunde liegenden theologischen Auffassungen. Anschaulich schilderte der Rabbiner die Feste im Jahreskreis und führte ein in das religiöse Brauchtum, in die Symbole und Rituale. Er erzählte, er sang, er blies das Schofarhorn und entzündete die Kerzen der Chanukkia. Aber bei aller Freude an den Ritualen trat er leidenschaftlich dem Mißverständnis entgegen, das

Judentum sei eine ritualistische Religion. Um dieses Fehlurteil gar nicht erst aufkommen zu lassen, setzte er bei den theologischen Axiomen des Glaubens ein, beim Menschenbild und beim Gottesbild, wohl wissend, daß es dem Menschen verwehrt ist, sich ein Bild des Ewigen zu machen, dessen Name unaussprechlich ist. Auch für den liberalen Rabbiner stehen am Anfang der Theologie und des Glaubens die Selbstmitteilung Gottes in seiner Schöpfung, in der Erwählung Israels und in dem Bund mit seinem Volk. „Deshalb", so der von der Marine kommende Brandt, „müssen wir am Anfang ins tiefste Ende springen, müssen tauchen lernen, und können erst dann an die Luft zurück, um uns die konkreten Dinge anzuschauen, die kleinen und die großen."

Die Bochumer „Einführung in das Judentum" war ein Angebot für Christen, die den Blick für die jüdischen Wurzeln ihres Glaubens schärfen und in der Begegnung mit dem Judentum das eigene Christsein besser verstehen wollen. Eingeladen waren aber auch Juden, die den eigenen Glauben besser verstehen und praktizieren wollen. Diese Zielgruppe wurde leider kaum erreicht. Von jüdischer Seite gab es nur einen ständigen Teilnehmer und sporadisch einige Gäste. Diese geringe Resonanz erklärt sich vor allem aus den Sprachschwierigkeiten und der mangelnden religiösen Sozialisation der jüdischen Neueinwanderer aus der ehemaligen Sowjetunion, wo der jüdische Glaube weder gelehrt noch ausgeübt werden durfte.

Für die christlichen Teilnehmer und ihre Sichtweise des Judentums ist in dem zweijährigen Kurs etwas in Bewegung gekommen. Gerade die Authentizität der Kenntnisvermittlung hat bei ihnen ein verändertes Denken, einen neuen Umgang mit der jüdischen und damit auch der eigenen christlichen Tradition eröffnet. Dadurch haben sie zugleich bessere Voraussetzungen gewonnen für eine ebenso engagierte wie qualifizierte Teilnahme am christlich-jüdischen Gespräch.

BEITRÄGE ZUR NEUORIENTIERUNG VON KIRCHE UND JUDENTUM

Henry G. Brandt und die Synodalerklärung der Evangelisch-Lutherischen Kirche Hannover

Hans Werner Dannowski

Eine Gruppe von Männern und Frauen sitzt im kleinen Sitzungssaal des Landeskirchenamtes in der Roten Reihe in Hannover um einen Tisch herum. Synodale der Hannoverschen Landessynode sind dabei, eine Studentin, die in Jerusalem studiert, ein Neutestamentler der Uni Göttingen, Professor Joachim Perels von der Uni Hannover. Und der damalige hannoversche Landesrabbiner, Henry G. Brandt, sitzt mit am Tisch. Es ist der 1. September 1993. Die kirchenleitenden Gremien der Ev.-Luth. Landeskirche Hannovers haben einen Sonderausschuß „Kirche und Judentum" zusammengerufen, der ein Wort der Landeskirche vorbereiten soll, das die Synode diskutieren und in einer eigenen Resolution verabschieden kann. Am 25. November 1995, also nur zwei Jahre später, verabschiedet die Landessynode einstimmig, nach einer intensiven Diskussion, die Erklärung zum Thema Kirche und Judentum, in der sie die zentralen Aussagen der Ausschußarbeit aufnimmt, und gibt das gesamte Arbeitspapier an die Gemeinden und Mitglieder der Landeskirche mit präzisen Empfehlungen weiter. „Wir beklagen die Schuld unserer Kirche an den Juden. Die Fehler und Versäumnisse belasten bis heute die Glaubwürdigkeit unseres Zeugnisses. Sie verpflichten uns, unsere Beziehungen zu Juden und zum Judentum neu zu bedenken und zu gestalten". Und dann werden die theologischen topoi benannt und kritisch hinterfragt, die zum Antisemitismus geführt oder beigetragen haben. Das Verhalten der eigenen Landeskirche zu den „nicht-arischen" Pastoren wird, mit Namensnennung, konkret gemacht, das weitgehende Schweigen der Kirche zum 9. November 1938 (die Synagoge in Hannover stand fast direkt neben dem Landeskirchenamt). Die Unterschrift von Landesbischof D. Marahrens unter die „Fünf Sätze" des Kirchenministers Kerrl vom 20. Juni 1939 wird nicht verschwiegen, die in dem geradezu perversen Satz gipfeln, es gäbe „im Bereich des Glaubens keinen schärferen Gegensatz als den zwischen der Botschaft Jesu Christi und der jüdischen Religion". Judenmission im Sinne eines Proselytismus wird strikt abgelehnt, „christliches Zeugnis kann nur als ein ganzheitliches Lebenszeugnis im Respekt vor der Überzeugung anderer gegeben werden". Nicht nur in die Vergangenheit, auch in die Gegenwart und Zukunft weist das Wort des Ausschusses und der Synode. „Wir sind dankbar für die uns nach der Zeit der Verbrechen gegebene Chance zur Umkehr. Wir empfinden sie als eine von Gott gegebene unverdiente Frist, unser Verhältnis zum Judentum neu zu bestimmen." Dankbar sind wir auch dafür, daß nach Auschwitz jüdische Menschen sich bereit gefunden haben, mit uns gemeinsam die Schrift zu lesen." Die zum Schluß empfohlene Aufarbeitung der Geschichte in den Kirchengemeinden und Einrichtungen, die Neubearbeitung biblischer Texte und theologischer Sprache, der entschlossene Kampf gegen Antisemitismus und tief verankerte Ausgrenzungen und Verhaltensweisen gegenüber Andersgläubigen benennen natürlich ein Programm, das noch lange nicht abgeschlossen ist und sich in veränderten weltgeschichtlichen Situationen, wie wir sie im Augenblick erleben, mit neuer Dringlichkeit, aber auch in einem neuen Koordinatensystem präsentiert. Spät, sehr spät, aber nicht zu spät, denke ich, hat sich die Evangelisch-Lutherische Landeskirche zu ihrer Verantwortung an dem Versagen der Kirchen im Dritten Reich bekannt.

Ich habe zur Vorbereitung dieses Beitrags noch einmal die Protokolle dieses Sonderausschusses, bei dem ich als Synodaler mit dabei war, durchgelesen. Die entscheidende Bedeutung der Mitarbeit des jüdischen Rabbiners bei dieser Arbeit eines christlichen Gremiums an einer öffentlichen Stellungnahme ist mir dabei umfassend deutlich geworden. Christliche Gottesdienste sollten „Gottesdienste in Israels Gegenwart" sein, hat der Sonderausschuß formuliert. Exemplarisch war dies hier durchbuchstabiert, daß eine Erklärung zu einem wechselseitigen Verhältnis zwischen Juden und Christen nicht in Abwesenheit, sondern nur in Anwesenheit des Partners sach- und personengerecht formuliert werden kann.

Henry G. Brandt hat bei den Diskussionen in diesem Sonderausschuß überwiegend zugehört. An ein hervorragendes Arbeitsklima erinnere ich mich, das durchaus Unterschiede erkennen ließ zu den offenen oder versteckten heftigen Auseinandersetzungen in den anderen Synodalausschüssen, in denen ich war. Die Anwesenheit Brandts wird daran seinen Anteil haben. Aber auch das Bewußtsein, daß es hier um einen zentralen Punkt unserer eigenen Positionsbestimmung ging. An den Dreh- und Angelpunkten war die Stimme Brandts zu hören. „Wir dürfen dabei den Blick nicht einseitig auf die Praxis richten. Die Klärung der Fundamente, die historische Verankerung dessen, worüber wir uns zu verständigen suchen, ist gleichrangig wichtig. Wir stehen in der Beziehung zwischen Christen und Juden noch am Neuanfang. Die Hannoversche Landessynode hat bislang geschwiegen. Wo stehen wir heute, Juden und Christen, nach dem Holocaust?" Und dann kamen immer wieder auch die Lieblingsthemen Brandts von seiner Seite aus in die Diskussion. Die Aussagen der Hebräischen Bibel über die Treue und Verläßlichkeit Gottes dürfen wir nicht unterschlagen. „Stellt man sie in Frage, wie will man dann die Erwählung der Christenheit begründen?"

Der Kommentar von Henry G. Brandt, nachdem die Synode die Erklärung des Sonderausschusses sich angeeignet hat, begrüßt die verabschiedete Stellungnahme rundherum, ist aber weit entfernt von geruhsamer Zufriedenheit. „Für unser aller Wohl und Heil hoffe ich, daß die Hannoversche Landeskirche mit Herz und Tatkraft eindeutig zu ihren Worten stehen wird und daß dadurch das Licht von Gottes Liebe und Wahrheit stärker als bisher in unserer Mitte wirksam werden kann."

In den Begegnungen mit Henry G. Brandt hat sich mir die Einsicht Martin Bubers immer neu bestätigt: Nur im Dialog können Menschen wie Institutionen ihre eigene Identität suchen und finden, auch das Verhältnis zu ihrer eigenen Schuld. Ohne die Dialogbereitschaft des jüdischen Partners hätten die Christen nie ihre eigene Geschichte überdenken und aufarbeiten können. So bleiben wir aufeinander angewiesen. Nur im gemeinsamen Ringen um die Wahrheit werden Kirche und Judentum, davon bin ich fest überzeugt, eine je eigene Zukunft haben.

Henry G. Brandt und die Synodalerklärung der Evangelischen Kirche von Westfalen

Manfred Keller

In Anwesenheit von Landesrabbiner Henry G. Brandt tat die Synode der Evangelischen Kirche von Westfalen am 4. November 1999 einen entscheidenden Schritt zur theologischen Neuorientierung ihres Verhältnisses zum Judentum. Bei nur drei Gegenstimmen und neun Enthaltungen nahm das aus 206 Abgeordneten bestehende Kirchenparlament eine Synodalerklärung zum Verhältnis von Christen und Juden an, die eine klare Position theologischen Umdenkens und kirchlicher Erneuerung repräsentiert.

Der Tradition der westfälischen Kirche entsprechend war dem Beschluß der Landessynode ein breiter Diskussionsprozeß auf allen Ebenen vorausgegangen: in den Kirchengemeinden, den Kirchenkreisen und den Gremien der Landeskirche. Als Diskussionsgrundlage diente ein ausführliches Arbeitspapier, die sogenannte „Hauptvorlage" zum Thema „Christen und Juden" unter dem biblischen Motto „Gott hat sein Volk nicht verstoßen". Das Motto ist ein Halbsatz. Vollständig lautet der Vers im Römerbrief des Paulus: „Gott hat sein Volk nicht verstoßen, das er zuvor erwählt hat." Damit ist die theologische Grundorientierung der westfälischen Hauptvorlage genannt: die bleibende Erwählung Israels durch den *einen* Gott von Juden und Christen. Biblischer Leitsatz für das Nachdenken über die Beziehung zwischen Juden und Christen ist die

Botschaft von der Treue Gottes, die wie ein roter Faden das Alte und das Neue Testament durchzieht.

Die Hauptvorlage „Christen und Juden", die binnen Jahresfrist 1997/98 von einem synodalen Ausschuß erarbeitet worden war, wurde am 9. November 1998 offiziell auf der Synodaltagung an die Gemeinden und Kirchenkreise in Westfalen übergeben, wiederum in Gegenwart von Landesrabbiner Brandt. Das Datum der Übergabe bezeichnete unmißverständlich die historische Grundorientierung für die Revision der Beziehung von Juden und Christen. Am 9. November 1938 waren in Deutschland Synagogen niedergebrannt, jüdische Geschäfte und Wohnungen zerstört, Jüdinnen und Juden an Leib und Leben bedroht worden. Das alles geschah unter den Augen und unter Beteiligung von Christen, vor allem aber ungehindert von kirchlichen Protesten. Die Pogromnacht von November 1938 war das Fanal für die Vernichtung der Juden in Europa. Sechzig Jahre nach dem Novemberpogrom – das sollte der symbolische Termin sagen – war eine grundlegende Erneuerung des Verhältnisses von Kirche und Judentum überfällig. Jede einzelne Kirchengemeinde sollte aus dem Gedenken an die Pogromnacht und die Schoa ihre aktuelle Verantwortung herleiten und den Weg der Erneuerung mitgehen.

Das Engagement von Henry Brandt in diesem Erneuerungsprozeß der Evangelischen Kirche von Westfalen bestand aber nicht nur in Akten der Repräsentation bei den Tagungen der Landessynode 1998 und 1999. Als einer der Exponenten des jüdisch-christlichen Dialogs in Deutschland kannte Brandt die Gesprächslage in den Gliedkirchen der EKD. Ihm lag daran, daß endlich Konsequenzen aus der theologischen Einsicht in die bleibende Erwählung Israels gezogen wurden. Ebenso sehr war ihm daran gelegen, die Kirchen zu einer klaren Absage an die Judenmission zu bewegen. Brandt wußte, daß es seit 1984 in Westfalen ernsthafte Bemühungen um ein neues Verhältnis von Christen und Juden gab, und kannte die vorsichtige, mit viel Gelehrsamkeit befrachtete Ausarbeitung des „Ständigen Theologischen Ausschusses" der Landessynode von 1988, die aber theologisch keinen Schritt nach vorn bedeutete. Brandt wußte auch, daß eine neue Etappe der Diskussion in der westfälischen Landeskirche durch den Synodalausschuß „Christen und Juden" begonnen hatte, der 1994 ein Papier unter der Fragestellung „Wer sind wir als Kirche Jesu Christi im Angesicht Israels?" vorlegte und per Synodalbeschluß die Bitte an die Kirchenleitung richtete, möglichst bald das Verhältnis von Christen und Juden in einer Hauptvorlage zum Thema der gesamten Landeskirche zu machen.

Als der neugewählte Präses Manfred Sorg im Jahre 1996 seinen Antrittsbesuch beim Landesverband der Jüdischen Gemeinden in Dortmund machte, bat der Rabbiner – wie er sich 1998 in seinem Grußwort vor der Landessynode erinnerte – den Präses „damals herzlichst und sehr persönlich, das Thema der Beziehungen zwischen Juden und Christen aufzugreifen". Er fügte hinzu: „Ich ließ mir kaum träumen, daß wir drei Jahre später an einem Papier dieser Art arbeiten würden, und daß es jetzt auch die Öffentlichkeit erreicht. Ich sehe darin einen großen Schritt vorwärts."

In der Kommission, die den Text der Hauptvorlage „Christen und Juden" erstellte, hatte der Landesrabbiner 1997/98 als „Ständiger Gast" offiziell mitgearbeitet. Seine Kenntnis der jüdischen Religion, der jüdischen Geschichte und der Hermeneutik jüdischer Schriftauslegung erwies sich für die christlichen Ausschußmitglieder als hilfreich und wichtig. Unabhängig von seinen Gesprächsbeiträgen bewirkte allein seine Teilnahme, daß die Diskussionen „im Angesicht Israels" und nicht davon abgewandt geführt wurden. Für die Hauptvorlage lieferte Brandt einen eigenen Beitrag zur Auslegung der Tora, in dem er den jüdischen Umgang mit biblischen Texten und mit der rabbinischen Tradition in aller Kürze skizziert.

Brandts Text „Zum jüdischen Schriftverständnis" beginnt mit der Feststellung: „Im Judentum mangelt es nicht an Schriften. Doch in seinem Zentrum steht *die Schrift*: Ausgangs- und

Höhepunkt von allem, was je geschrieben wurde und noch geschrieben werden wird. – Dies ist die Hebräische Bibel – das Alte Testament. ... Herzstück und tragendes Fundament dieses Buches ist die Tora – die fünf Bücher Mose." Als entscheidend hebt Brandt den Doppelaspekt von Grundlegung und Weiterentwicklung der Tora hervor: „Ein rabbinischer Spruch lehrt: ‚Überackere und überackere sie immer wieder, denn alles, was du suchst, ist in ihr.'" Jüdische Hermeneutik spricht hier von der „mündlichen Tora", die als Verstehensweg und Ausfaltung der „schriftlichen Tora" von Anbeginn mitgegeben war. Brandt resümiert: „Die sich auf die schriftliche Lehre (Bibel) aufbauende ‚mündliche' Tora – der Talmud und seine Folgewerke – können am besten in diesem Licht verstanden werden."

Im Hauptteil des kleinen Aufsatzes „Zum jüdischen Schriftverständnis" zeigt Brandt, daß im Mittelpunkt des Interesses jüdischer Schriftauslegung die Umsetzung der Lehre in eine konkrete Lebenspraxis steht: „Das Ziel des Sich-Befassens mit der Schrift bleibt die Ergründung der Halacha, d.h. des Weges, den der Mensch (im rituellen Bereich: der jüdische Mensch) gehen soll, um gott- und menschengefällig sein Leben in Harmonie mit dem Schöpfer zu gestalten."

In seinem Grußwort zur Einbringung der Hauptvorlage „Christen und Juden" in den landeskirchlichen Beratungsprozeß am 9. November 1998 faßte der Landesrabbiner seine Eindrücke von der Arbeit im Vorbereitungsausschuß zusammen: „Es wurde hart gerungen. Ich möchte Ihnen hier sagen, daß ich tief beeindruckt war von dem intensiven Ernst, mit dem die Mitglieder dieser Kommission ans Werk gegangen sind." Er lobte die Kompetenz und Lernbereitschaft der Ausschußmitglieder, die – von Ausnahmen abgesehen – einen klaren Kurs theologischen Umdenkens und kirchlicher Erneuerung gesteuert hätten. Brandt fuhr dann allerdings fort: „In den Gemeinden wird das anders sein. Dort treffen Sie auf das Volk. Dort finden sich oft die tief verankerten, tief verwurzelten

Vorurteile. ... Dieses Dokument ist kein Selbstläufer. Man kann es niemandem einfach in die Hand geben und sagen: Vogel friß! Eine enorme Verantwortung und Herausforderung liegt auf Ihren Schultern." Um den Bewußtseinswandel in den Kirchengemeinden voranzutreiben, wandte sich der Landesrabbiner insbesondere an die Pfarrerinnen und Pfarrer unter den Synodalen: „Ich würde Ihnen gerne das Angebot machen, daß die Rabbiner meines Landesverbandes Ihnen dutzendfach zur Verfügung stehen, um mit Ihnen in die Gemeinden zu gehen und zu erklären und zu helfen, wie ich es mit meinen bescheidenen Kenntnissen in der Kommission zu tun versucht habe. Aber Sie sehen den gesamten Bestand des Rabbinats in Westfalen vor sich stehen." Scherzhaft ernannte Brandt die Pfarrerinnen und Pfarrer zu „Hilfssheriffs", gleichsam zu Rabbinatsassistenten, um dann in vollem Ernst fortzufahren: „Es gab in Deutschland ein herausragendes, vielfach besetztes Rabbinat. Aufgrund des Geschehens, dessen wir heute [sc. am 9. November] gedenken, haben Sie die heilige Pflicht, die Multiplikatoren für uns zu sein. Für dieses Anliegen wird man oft keine Lorbeeren ernten können, denn da wird Ihnen aus dem Untergrund noch viel entgegenschlagen."

Brandt schloß allerdings nicht mit dem ernüchternden Hinweis auf zu erwartende Widerstände, sondern mit der ermutigenden Erinnerung an die Hilfe des *einen* Gottes von Juden und Christen und der Hoffnung auf das Gelingen des Werkes: „Wenn es nur Ihre Aufgabe wäre [sc. die Erneuerung zu leisten], hätte ich vielleicht Grund zu zweifeln, aber Immanuel, Gott, ist mit uns. ... Ich hoffe und bete, daß, wenn wir uns, so Gott will, in einem Jahr wieder treffen und dann die Konsequenzen aus der Arbeit dieses Jahres in Ihrer Kirche ziehen, wir am Ende jubeln können ob der getanen Arbeit und des erreichten Resultates und gemeinsam anstimmen: Halleluja!"

Als die westfälische Landessynode im November 1999 zu der abschließenden Beratung über die Hauptvorlage „Christen und Juden" zusammenkam, hatten sich diese Hoffnungen weitgehend erfüllt. Die Evangelische Kirche von Westfalen konnte auf einen breiten Diskussionsprozeß zurückblicken, der nicht zuletzt durch die Gesprächsbereitschaft von Landesrabbiner Henry Brandt wesentliche Impulse erfahren hatte. In Pfarrkonferenzen, Akademieveranstaltungen und Gemeindevorträgen hatte er für Umkehr und Erneuerung geworben, hatte Einsichten geweckt und ein positives Gesprächsklima geschaffen. Jetzt am Ende der Beratungen appellierte er an die Synodalen, den Diskussionsprozeß nicht abzuschließen und auch keinen Schlußstrich unter die Vergangenheit zu ziehen.

Die Synode entsprach diesem Anliegen, indem sie erklärte: „Die Landessynode bittet alle Kirchengemeinden, Kirchenkreise und Einrichtungen, die Arbeit am Thema der Hauptvorlage in all ihren Handlungsfeldern weiterzuführen." Zugleich hielt sie fest: „In unserer Gesellschaft und Kirche erkennen wir den Wunsch, die Schuldgeschichte als abgeschlossen zu betrachten und sogar zu bestreiten. Antisemitische Äußerungen finden in der Öffentlichkeit wieder Resonanz. Rechtsradikale Einstellungen entladen sich in Gewalt. Dem stellen wir uns entschieden entgegen. ... Wir sind dankbar, daß trotz unserer Schuldgeschichte jüdische Menschen wieder bei uns leben, das Gespräch mit uns führen und an den Orten ihrer Gemeinden mit uns zusammenarbeiten. Sie mahnen uns, für die Wahrung von Menschenwürde und Menschenrechten einzutreten."

In seinem Grußwort vor der abschließenden Beratung der Synodalerklärung machte der Landesrabbiner den Synodalen ihre Chance bewußt, für den Bereich der Evangelischen Kirche von Westfalen „eine Wende in einem historischen Prozeß einzuleiten". Diese Wende könne dazu führen, daß – mit Martin Buber gesprochen – nach fast zweitausend Jahren der „Vergegnung" in Zukunft „geschwisterliche Begegnung" zwischen Juden und Christen trete.

Um eine solche Wende herbeizuführen, von der Signalwirkung auch für andere Kirchen ausgehen werde, nannte Brandt abschließend noch einmal die beiden theologischen Punkte, die eine Wende in der Beziehung zwischen Juden und Christen begründen. Der erste Punkt ist das Vertrauen in die Treue Gottes, die den Grund bildet für die bleibende Erwählung Israels. Der zweite Punkt ist die Absage an jede Form der Judenmission. Der Synodalbeschluß folgte den Intentionen des Landesrabbiners und bestätigte sein Engagement. Im Alltag der Gemeinden wird aber noch viel zu tun sein, um die Gemeinschaft von Christen und Juden zu realisieren.

Die Landessynode selbst steht demnächst vor der Aufgabe, über eine Änderung der westfälischen Kirchenordnung zu beraten, die den konstitutiven Bezug der Kirche zum Judentum festhalten soll.

Ist der Dialog wirklich schon ein Dialog?

Leichtfertig spricht und schreibt man in unseren Tagen viel über den christlich-jüdischen Dialog. Doch muß die Frage gestattet sein, ob dieser Begriff den Sachverhalt richtig beschreibt. Ein Dialog ist ein Gespräch zwischen qualitativ sowie quantitativ vergleichbaren Partnern. Die sich uns in Deutschland darstellenden Bedingungen, in deren Rahmen sich die jüdisch-christlichen Beziehungen abspielen, sind dermaßen, daß die genannten Bedingungen schwerlich erfüllt sind. Schon die äußeren Umstände ergeben einen derartigen Mangel an Symmetrie, daß sie den Begriff Dialog als maßlos überzogen erscheinen lassen. Diese Feststellung soll keineswegs die Tatsache verneinen, daß ein Dialog, der diesen Namen verdient, wünschenswert ist und befürwortet werden soll.

Der angesammelte Schutt der Geschichte ist noch lange nicht weggeräumt und die Kamine von Auschwitz und die Erinnerungen an die Pogrome und Verfolgungen vieler Jahrhunderte werfen noch immer ihre bedrückenden Schatten auf unsere Zeit. Zu tief waren die geschlagenen Wunden, um schon geheilt zu sein, um nicht feinfühlig und schmerzvoll auf die Großwetterlage auch heute zu reagieren. Dies allein ist schon genug, um in Deutschland aus Juden Gesprächspartner voller Argwohn und Zurückhaltung zu machen. Das mag nicht immer hilfreich sein, ist aber natürlich und muß demgemäß verstanden und akzeptiert werden. Dazu kommt noch die Disparität in der Zahl. Nicht nur, daß es überhaupt verhältnismäßig wenig Juden in der Bundesrepublik gibt und noch weniger solche, die dialogfähig und -willig sind. Diese Wenigen sehen sich so vielen Ansprüchen gegenüber, daß sie von Zeit und Kraft her völlig überfordert sind. Auch die jüdischen Organisationen und Einrichtungen – sei es auf bundesweiter oder lokaler Ebene – sind in keiner Weise ausgestattet, um in allen notwendigen Bereichen den vielen christlichen Organisationen, Institutionen und Amtsstellen in einem interreligiösen Dialog gleichwertig gegenüberzustehen.

Für die in den letzten Jahren in die jüdischen Gemeinden gekommenen neuen Zuwanderer aus der ehemaligen Sowjetunion ist das christlich-jüdische Gespräch sowieso kein Thema, da sie sich erst mit ihrem Judentum und ihrer jüdischen Identität auseinandersetzen müssen. Unter den älteren Mitgliedern, die zum großen Teil Überlebende der Schoa oder deren Kinder sind, herrscht weit verbreitet noch Unverständnis, ja sogar Ablehnung gegenüber solch einem Dialog. Von dieser Seite kommt oft beißende Kritik wenn nicht gar Häme, sobald in den christlich-jüdischen Beziehungen wieder einmal – wie nicht selten – ein Rückschlag zu verzeichnen ist. Noch einmal gilt hier zu sagen, daß dies natürlich wenig hilfreich ist, aber einfach verstanden und ertragen werden muß. Zu all dem kommt noch die grundlegende Problematik, wie der Gesprächspartner den jeweils anderen in dem Gesamtbild seiner Weltanschauungen wahrnimmt. Auch in dieser Beziehung gibt es von beiden Seiten viele Varianten.

Die fast zwei Jahrtausende dauernde Vergegnung hat tiefe Spuren hinterlassen. Man sieht den anderen nicht, wie er wirklich ist, zum Guten oder zum Schlechten, sondern ein verzerrtes Bild, das sich durch die Lehren und Erfahrungen der Jahrhunderte gebildet hat. Die dem Menschen eigene Trägheit bremst, wenn es gilt, eingefleischte Sicht- und Denkweisen zu ändern, besonders im Bereich von Vorurteilen und Verachtung gegenüber anderen, mit denen man sich ja ganz wohl fühlt. Noch schwerer wird der Prozeß des Umdenkens, wenn damit das Eingeständnis eigener Schwäche, Schuld und Versagen verlangt wird. Auch jüdischerseits fällt es vielen schwer, die Rolle des Opfers abzulegen, um sich mit Selbstbewußtsein der Bereitschaft zum Risiko auszusetzen, die eine Öffnung gegenüber anderen – vermeintlich oder wirklich – mit sich bringt.

Also noch einmal die Frage – ist der Dialog wirklich schon ein Dialog? Sind wir nicht noch immer in einer Phase des Sich-aneinander-Herantastens; auf der Suche nach angebrachten und vertretbaren Ausdrücken der Erinnerung und des Gedenkens und in der Forschung nach den Ursachen der so negativ verlaufenen Beziehungen zwischen Juden und Christen, Judentum und Christentum? Es finden auf unterschiedlichen Ebenen, in größeren und kleineren Kreisen, Gespräche mit einem Austausch von Fragen sowie von Wissen und Einsichten statt. Vielerorts wird versucht, durch ein besseres Kennenlernen des Anderen Vorurteile abzubauen, Zusammenhänge und Verflechtungen, Verwandtes und Unterscheidendes, Gemeinsames und Trennendes festzustellen und zu akzeptieren. Wobei auch hier wieder eine fast vollständige Einseitigkeit zu Tage tritt. Wo man hinblickt, und hier besonders in den Gesellschaften für Christlich-Jüdische Zusammenarbeit, gibt es Vorträge und andere Arten von Veranstaltungen, die über das Judentum informieren. Man fragt nach allen Aspekten jüdischer Religiosität und Kultur, der Fest- und Feiertage, des Brauchtums und anderer spezifisch jüdischer Gepflogenheiten. Man singt Klezmer und tanzt israelische Tänze. Die jüdischen Gemeinden in Deutschland können den Ansturm von Synagogenbesuchern kaum bewältigen. All dies ist im Sinne der besseren Verständigung ein lobenswerter Fortschritt. Doch wo findet man parallel eine informative Veranstaltung, die Aspekte des Christentums für Juden beleuchtet? Auch in dieser Hinsicht kann doch von einem Dialog noch gar nicht die Rede sein. Denn solch einer verlangt, daß das Sich-Kennenlernen auf Gegenseitigkeit beruht. Also stehen wir wirklich noch ganz am Anfang.

Wir stecken noch in dem Stadium, in dem verhältnismäßig Wenige christlicherseits, zusammen mit einigen sehr, sehr Wenigen auf jüdischer Seite, in Pionierarbeit beschäftigt sind, Brücken der Verständigung und des Verstehens zu bauen, in der Hoffnung, daß sie bald oder später eine tragende Grundlage dafür bilden können. So wie bei jedem Bauvorhaben, ist es vor Beginn der Arbeiten am Objekt notwendig, Pläne zu erstellen und das Baumaterial vorzubereiten. Dies beschreibt auch den jetzigen Sachverhalt des christlich-jüdischen Gespräches. Es sind erste, noch baufällige Verbindungsbrücken über die Gräben gezogen als Vorbereitung auf das größere Werk. Doch viel Arbeit ist von beiden Seiten noch intern zu leisten; das heißt, Selbstfindung als Vorspann zu dem Treffen mit dem Gegenüber. Die vorher bereits beschriebenen Umstände haben dazu geführt, daß auf jüdischer Seite hierzu die Möglichkeiten und der Wille noch begrenzt sind. Es bleibt zu hoffen, daß es eine Frage der Zeit ist, vorausgesetzt, daß sich unsere Gesellschaft in den Bahnen der Demokratie, der Freiheit und des Friedens weiterentwickelt.

Auf christlicher Seite sind schon Ergebnisse der Vorarbeiten zu verzeichnen, wenn auch manche noch zweifeln lassen, ob sie die notwendige Tragfähigkeit der noch zu errichtenden Brücke gewährleisten können. Doch vieles ist bereits erreicht und in diesem Zusammenhang darf man auf die verschiedenen Erklärungen und Verlautbarungen der großen Kirchen und ihrer zugehörigen Institutionen verweisen. Doch noch immer bleiben Punkte, wo der Fortschritt lahmt, und gerade dahin blicken Juden mit besonders intensivem Interesse, so z.B. ob man bereit ist, die bleibende Verheißung und den fortdauernden Bund Gottes mit Israel zu akzeptieren. Ein anderer Lakmustest wird in der Frage nach der Mission unter den Juden in Theorie und Praxis gesehen. Dazu wird eine Absage erwartet, ohne Wenn und Aber.

Um zu einem wirklichen Dialog zu gelangen, wird es unumgänglich sein, daß man sich zu gegebener Zeit auch jüdischerseits intensiver und objektiver als bisher mit dem Christentum beschäftigt. Denn Dialog beruht eben auf Wissen um den Anderen und nicht nur auf gutem Willen und guten Absichten. Wann die Zeit dafür kommen wird, ist noch zu früh zu prognostizieren.

Die Gesellschaften für Christlich-Jüdische Zusammenarbeit und ihre Dachorganisation, der Deutsche KoordinierungsRat, haben im Bereich der christlich-jüdischen Beziehungen und des Gesprächs miteinander eine bedeutende Rolle zu spielen. Aber sie können nicht alle in diesem Bereich anstehenden Probleme lösen, denn der „Dialog" oder besser gesagt, die Gespräche miteinander, finden auf unterschiedlichen Ebenen statt. Zum einen ist es das Gespräch der Theologen, die in ihrem akademischen und intellektuellen Bereich sich mit anstehenden grundsätzlichen Fragen beschäftigen. Auch im politischen Bereich existieren Kontakte und Gespräche, die bedauerlicherweise nicht immer glücklich verlaufen, weil meistens die Chemie der Politik sich schlecht mit der theologischen verträgt. Andere Organisationen und Verbände beschäftigen sich zumindest teilweise mit der Thematik zwischenkonfessioneller Beziehungen, so z.B. die Deutsch-Israelische Gesellschaft und die verschiedenen interkonfessionellen Gesprächs- und Gebetskreise. Auch einschlägige Studiengänge an verschiedenen Hochschulen und Seminaren sind hier zu erwähnen. Besonders zu bemängeln ist, daß das meiste des Erarbeiteten wenig Tiefenwirkung zeigt und an den Wurzeln unserer Gesellschaft wenig wahrgenommen wird. Gerade deshalb ist es unabdingbar zu versuchen, Pfarrer und Pastoren, Lehrer und Erzieher als Multiplikatoren für die Anliegen des jüdisch-christlichen Gespräches zu gewinnen. In diese Arbeit eingebettet sind auch die Gesellschaften für Christlich-Jüdische Zusammenarbeit.

Wie ihr Name schon sagt, sollen sie Stätten sein, an denen man als Jude und Christ zusammenarbeitet, zum einen, um das gegenseitige Kennenlernen zu fördern, um Kenntnisse zu vermitteln, gemeinsame Erinnerungs- und Gedenkarbeit zu leisten, und zum anderen, sich gemeinsam in relevanten sozialethischen Aktivitäten zu engagieren, wenn es um das Wohl der Gesellschaft geht. Eine weitere Aufgabe, die sich diese Gesellschaften gestellt haben, ist, sich gegen jede Art von Vorurteil und Diskriminierung, aber ganz besonders gegen jede Manifestation von blindem Antijudaismus zu stellen. Manchmal wird ihnen vorgeworfen, daß sie in diesem oder jenem Bereich nicht tätig geworden sind oder sich zu diesem oder jenem Ereignis nicht geäußert haben. Mag die Kritik manchmal zum Teil berechtigt sein, so ist es in den meisten Fällen doch so, daß das Angemahnte gar nicht in den beabsichtigten Tätigkeitsbereich der Gesellschaften fällt, die ja nicht alles für alle tun und leisten können. Sie sind im Bereich der christlich-jüdischen Beziehung Oasen in einer Wildnis, die im Zusammenwirken miteinander versuchen, durch Bewässerung neue Flächen für ein fruchtbares Ganzes zu schaffen. Das bedarf noch großer Anstrengungen und vieler Arbeit über lange Zeit hinweg.

ANHANG

Veröffentlichungsnachweise

SIMCHAT TORA – JÜDISCHE WELTEN:
Judentum hat viele Gesichter
(S. 41–43)
Veröffentlicht in: Allgemeine
Jüdische Wochenzeitung, 10/96
v. 15.05.1996.
Das Scheitern des Ebenbildes Gottes (S. 48–57)
Veröffentlicht in: Dem Vergessen entgegentreten: Reden zum
50. Jahrestag der Pogrome 1938,
hrsg. v. Henry G. Brandt/Michael Daxner/Leo Trepp, Oldenburg 1989.

CHAG SAMEACH – JÜDISCHES AM FEIERTAG:
Die Freiheit des Menschen (S. 58–60)
Radioansprache 09.04.1990.
Blaupause für die Schöpfung
(S. 61–63)
Veröffentlicht in: Allgemeine
Jüdische Wochenzeitung 11/98
v. 28.05. 1998.
Der Mensch muß sich ändern
(S. 64–66)
Radioansprache 10.08.1984.

Die Synagoge weint (S. 67–69)
Radioansprache 21.09.1984.
Aus den Tiefen rufe ich dich,
o Gott (S. 70–73)
Radioansprache 04.12.1986.
Der Lulaw steht für menschliche
Tugenden (S. 74–76)
Veröffentlicht in: Jüdische Allgemeine, 20/01 v. 26.09. 2001.
Gottes Wort ist nicht im Himmel
(S. 77–79)
Radioansprache 30.09.1983.
Im Licht erkennt der Mensch den
sicheren Weg (S. 80–82)
Radioansprache 21.12.1984.
An einen Morgen glauben (S. 83–85)
Radioansprache 01.03.1985.

SCHABBAT SCHALOM – TORALESEN HEISST VERSTEHEN:
Ein guter Name ist besser als viel
Reichtum (S. 86–89)
Radioansprache 14.10.1983
Nicht in Vollkommenheit geboren
(S. 90–92)
Radioansprache 11.11.1983.
Allein – von Angst erfüllt (S. 93– 95)
Radioansprache 30.11.1990.

Der Mensch denkt und Gott lenkt (S. 96–98)
Radioansprache 24.01.1997.
Es ist nicht gut, daß der Mensch allein sei (S. 99–101)
Radioansprache 21.02.1997.
Der Mann, der Schlimmeres verhütet (S. 102–105)
Veröffentlicht in: Allgemeine Jüdische Wochenzeitung, 4/00 v. 17.02. 2000.
Meine Kinder haben mich besiegt (S. 106–109)
Radioansprache 14.03.1997.
Du bist ein Deserteur (S. 110–112)
Radioansprache 26.05.1995.
Beten mit ganzem Herzen und mit ganzer Seele (S. 113–115)
Radioansprache 13.05.1994.
Es gibt keinen Menschen, der nicht seine Stunde hat (S. 116–119)
Radioansprache 19.06.1987.
Die Hauptsache zur Hauptsache machen (S. 120–123)
Radioanspracheansprache 24.07.1981.
Himmelwärts erhobenen Hauptes (S. 124–126}
Radioansprache 25.09.1981.

Anmerkung:
Bei den Radioansprachen handelt es sich ausschließlich um religiöse Gemeinschaftsfeiern der israelitischen Kultusgemeinden in Bayern, ausgestrahlt im Bayerischen Rundfunk.

ANSPRACHEN DES JÜDISCHEN VORSITZENDEN DES DKR:
50 Jahre Gesellschaft für Christlich-Jüdische Zusammenarbeit (S. 146–149)
Veröffentlicht in: 50 Jahre Gesellschaft für Christlich-Jüdiche Zusammenarbeit Düsseldorf e.V., Düsseldorf 2001.
Verwirklichte Hoffnung – 40 Jahre Staat Israel (S. 150–152)
Veröffentlicht in: Dokumentation WdB, hrsg. v. DKR, Bad Nauheim 1988.
Europa – Erbe und Auftrag (S. 153–155)
Veröffentlicht in: Dokumentation WdB, hrsg. v. DKR, Bad Nauheim 1992.
Wenn nicht ich, wer? Wenn nicht jetzt, wann? (S. 156–159)
Veröffentlicht in: Dokumentation WdB, hrsg. v. DKR, Bad Nauheim 1998.
... denn er ist wie Du (S. 160–162)
Veröffentlicht in: Dokumentation WdB, hrsg. v. DKR, Bad Nauheim 2001.
Über Grenzen hinweg zu neuer Gemeinschaft (S. 163–166)
Veröffentlicht in: Dokumentation WdB, hrsg. v. DKR, Bad Nauheim 1991.
Gehen zwei zusammen, ohne daß sie sich verständigt hätten
40 Jahre Christlich-Jüdischer Dialog (S. 167–169)
Veröffentlicht in: Dokumentation WdB, hrsg. v. DKR, Bad Nauheim 1989.
1945–1995: Aus der Befreiung leben (S. 170–174)

Veröffentlicht in: Dokumentation WdB, hrsg. v. DKR, Bad Nauheim 1995.

WdB = Woche der Brüderlichkeit

DKR = Deutscher KoordinierungsRat der Gesellschaften für Christlich-Jüdische Zusammenarbeit

JÜDISCH-CHRISTLICHE DIALOGE VOR ORT:

Judentum und Christentum – Zwei Glaubensweisen (S. 175–184)
Veröffentlicht in: Christen und Juden. Ein notwendiger Dialog, hrsg. v. Niedersächsische Landeszentrale für politische Bildung, Hannover 1988.

Schalom: Dialogpredigt zu Jesaia 11,1–10 (S. 185–197)
Veröffentlicht in: Altes Testament heute gesagt, hrsg. v. Dieter Schoeneich, Gütersloh 1977.

Wie im Himmel so auf Erden Katholikentag 1990 (S. 198–203)
Veröffentlicht in: Wie im Himmel so auf Erden. Dokumentation 90. Katholikentag 1990 Berlin, hrsg. v. Zentralkomitee der Deutschen Katholiken, Paderborn 1991.

BEITRÄGE ZUR NEUORIENTIERUNG VON KIRCHE UND JUDENTUM:

Verhandlungen der Landessynode der EKvW 1998 und 1999, o.O./o.J.

Hauptvorlage 1999 EKvW, hrsg. v. Landeskirchenamt, Bielefeld 1998.

Ist der Dialog wirklich schon ein Dialog? (S. 229–234)
Veröffentlicht in: Der Dialog zwischen Juden und Christen. Versuche des Gesprächs nach Auschwitz, hrsg. v. Hans Erler/Ansgar Koschel, Frankfurt/New York 1999, S. 75–79.

Abbildungsnachweise

Umschlag
  Foto: Bertold Fernkorn
Recklinghausen 1997
  Foto: Bertold Fernkorn
1984: Vorstand des Deutschen Ko‑ordinierungsRates
  Foto: KAN-Bild/Frankfurt a.M.
Duisburg 1985
  Foto: KAN-Bild/Frankfurt a.M.
Woche der Brüderlichkeit 1985
  Foto: KAN-Bild/Frankfurt a.M.
Woche der Brüderlichkeit 1998
  Foto: Andreas Heddergott
Woche der Brüderlichkeit 2000
  Foto: epd
Hannover 1992
  Foto: Fender, Archiv des Referats Öffentlichkeitsarbeit Hannover
Landessynode 1998
  Foto: Bertold Fernkorn
Dortmunder Dialoge 2002
  Foto: Jürgen A. Appelhans
Alle anderen Bildmaterialien stammen aus dem Privatarchiv von Henry G. Brandt.

Autorinnen und Autoren

Birkmann, Günter, Jahrgang 1945, Pfarrer, Schulreferent in den Vereinigten Kirchenkreisen Dortmund; Evangelischer Vorsitzender der Gesellschaft für Christlich-Jüdische Zusammenarbeit Dortmund.

Brandt, Henry G., Dr. h.c., Jahrgang 1927, Landesrabbiner von Westfalen-Lippe; Jüdischer Vorsitzender des Deutschen KoordinierungsRates der Gesellschaften für Christlich-Jüdische Zusammenarbeit.

Dannowski, Hans Werner, Jahrgang 1933, Stadtsuperintendent i.R., Hannover.

Keller, Manfred, Dr. theol., Jahrgang 1940, Pfarrer; Leiter der Evangelischen Stadtakademie Bochum; Synodalbeauftragter für den Christlich-Jüdischen Dialog im Kirchenkreis Bochum.

Klapsing-Reich, Anke, M.A., Jahrgang 1961, Autorin; Redakteurin bei den „RuhrNachrichten"; Mitbegründerin des Jüdischen Museums Westfalen, Dorsten.

Nachama, Andreas, Dr. phil., Jahrgang 1951, Historiker und Rabbiner; bis 2001 Vorstandsvorsitzender der Jüdischen Gemeinde zu Berlin; Geschäftsführender Direktor der Stiftung „Topographie des Terrors".

Schumann, Sara-Ruth, Jahrgang 1938, seit 1992 Vorsitzende der Jüdischen Gemeinde zu Oldenburg; Vorstandsmitglied des Deutschen KoordinierungsRates.

Stöhr, Martin, Dr. theol., Jahrgang 1932, Prof. em. für Systematische Theologie an der Universität/Gesamthochschule Siegen; bis 1984 Evangelischer Vorsitzender des Deutschen KoordinierungsRates.

Wengst, Klaus, Dr. theol., Jahrgang 1942, Professor für Neues Testament an der Ev.-Theol. Fakultät der Ruhr-Universität Bochum; Vorsitzender der Arbeitsgemeinschaft „Juden und Christen" beim Deutschen Evangelischen Kirchentag.

TABULA GRATULATORIA

für

Dr. h.c. Henry G. Brandt

zum 75. Geburtstag
am 25. September 2002

Thea Altaras, Dr. h.c.	Gießen
Elisabeth Ameling	Dortmund

Hartmut Anders-Hoepgen, Superintendent der
Vereinigten Kirchenkreise Dortmund

Peter Antes, Dr. Dr.	Hannover

Arbeitsgemeinschaft Kirche und Judentum in Thüringen

Udo Arnoldi, Pfarrer Dr., Evangelische Kirchengemeinde Neheim	Arnsberg
Ernst-August und Alisa Bach	Burgwedel

Michael Bachmann, Dr., Universität Siegen

Hartmut Badenhop, Landessuperintendent i.R.	Hannover
Elmar Balster, Jüdische Allgemeine	Berlin

Hans-Martin Barth, Dr., Philipps-Universität Marburg

Dieter Beese, Dr., Superintendent des
Evangelischen Kirchenkreises Münster

Gabriele Behler, Ministerin für Schule, Wissenschaft und Forschung des Landes NRW	Düsseldorf
Gisela Behnel	Bochum
Ingrid und Rolf Bellmann	Bielefeld
Deidre Berger, Director of The American Jewish Committee Office Berlin	Berlin

Christoph Berthold, Superintendent des
Evangelischen Kirchenkreises Paderborn

Wolfgang Bienert, Dr., Philipps-Universität Marburg

Marianne Bigler Anit, Dr.	Zürich

Günter Birkmann, Gesellschaft für
Christlich-Jüdische Zusammenarbeit Dortmund

Bistum Essen

Bistum Münster

Günter Bitterberg, Evangelischer Vorsitzender der Gesellschaft
für Christlich-Jüdische Zusammenarbeit Paderborn

Renate Blätgen   Bochum

Bernd und Sonja Bloß   Görlitz

Michael Bob   Berlin

Annette Mirjam Böckler, Dr., Abraham Geiger Kolleg   Berlin

Adalbert Böning   Hagen

Ruth Borenstein, Vorsitzende Wizo Gruppe Hannover

Günter Brakelmann, Dr.   Bochum

Katharina von Bremen, Evangelische Akademie Iserlohn

Alexander Brenner, Dr.,
Vorsitzender der Jüdischen Gemeinde zu Berlin

Edna Brocke, Dr.   Moers

Sr. Gaudentia Bröker,
Gesellschaft für Christlich-Jüdische Zusammenarbeit
Recklinghausen e.V.

Jochen Brorhilker, NL-Leiter Ernst & Young AG   Dortmund

Karl Brozik, Dr., Claims Conference   Frankfurt

Ingrid Brune   Gütersloh

Reinhard Bürger, Dechant   Dortmund

Monika Bunk   Marburg

Peter Burkowski, Superintendent des
Evangelischen Kirchenkreises Recklinghausen

Norbert Busch, Pfarrer   Dortmund

Alfred Buß, Superintendent des
Evangelischen Kirchenkreises Unna

Heidi und Karl-Heinz Cichowski   Bochum

Wolfgang Clement, Ministerpräsident
des Landes Nordrhein-Westfalen   Düsseldorf

Andreas Coersmeier, Propst	Dortmund
Jannice und Michael Cohnen	Düsseldorf
Diethelm Conrad, Dr., Philipps-Universität Marburg	
Gudrun B. Dannemann	Herdecke
Hans Werner Dannowski, Superintendent i.R.	Hannover
Wolfgang Dembski, Dechant	Dortmund
Deutscher KoordinierungsRat der Gesellschaften für Christlich-Jüdische Zusammenarbeit	Bad Nauheim
Franka Dicke	Hattingen
Detlef Dieckmann-von Bünau	Siegen
Detlev Dormeyer, Dr., Universität Dortmund	
Carl Drepper, Pfarrer	Dortmund
Hermann Düringer, Pfarrer Dr., Evangelische Akademie Arnoldshain	Schmitten
Jürgen Ebach, Dr., Ruhr-Universität Bochum	
Günter Ebbrecht, Dr., Leiter des Instituts für Kirche und Gesellschaft der EKvW Iserlohn	
Sarah, David und Gert Eckel	Berlin
Sr. Johanna Eichmann, Verein für Jüdische Geschichte und Religion e.V.	Dorsten
Christoph Elsas, Dr., Philipps-Universität Marburg	
Richard Erny, Dr.	Bochum
Erzbischof Johannes Joachim Kardinal Degenhardt † Erzbistum Paderborn	
Evangelisch-Theologische Fakultät der Ruhr-Universität Bochum	
Evangelische Akademikerschaft Westfalen	
Evangelische Fachhochschule Rheinland-Westfalen-Lippe	
Evangelische Stadtakademie Bochum	

Evangelischer Kirchenkreis Bielefeld

Evangelischer Kirchenkreis Bochum

Evangelischer Kirchenkreis Gütersloh

Evangelischer Kirchenkreis Hattingen-Witten

Evangelischer Kirchenkreis Lübbecke

Evangelischer Kirchenkreis Siegen

Evangelischer Kirchenkreis Soest

Evangelischer Kirchenkreis Vlotho

Evangelischer Kirchenkreis Wittgenstein

Paul und Ruth Felder	Delray Beach (USA)
Friedrich-Wilhelm Felderhoff	Bochum
Christiane Fork	Bochum
Dorothee Franke-Herber, Superintendentin des Evangelischen Kirchenkreises Gelsenkirchen und Wattenscheid	
Jerry und Margy Freimark	Philadelphia (USA)
Freunde des Jüdischen Krankenhauses Berlin e.V.	Berlin
Ulrich Froese, Geschäftsführer Augusta-Kranken-Anstalt GmbH	Bochum
Karl-Ludwig Galle	Nordhorn
Helmut Gatzen, Dr.	Gütersloh
Gerd und Ruth Geldermann	Iserlohn

Gesellschaft für Christlich-Jüdische Zusammenarbeit
Augsburg und Schwaben e.V.

Gesellschaft für Christlich-Jüdische Zusammenarbeit
Bad Hersfeld-Rotenburg e.V.

Gesellschaft für Christlich-Jüdische Zusammenarbeit
Berlin e.V.

Gesellschaft für Christlich-Jüdische Zusammenarbeit
in Bonn e.V.

Gesellschaft für Christlich-Jüdische Zusammenarbeit Darmstadt e.V.

Gesellschaft für Christlich-Jüdische Zusammenarbeit Dillenburg e.V.

Gesellschaft für Christlich-Jüdische Zusammenarbeit Dortmund e.V.

Gesellschaft für Christlich-Jüdische Zusammenarbeit Dresden e.V.

Gesellschaft für Christlich-Jüdische Zusammenarbeit in Düsseldorf e.V.

Gesellschaft für Christlich-Jüdische Zusammenarbeit in Essen e.V.

Gesellschaft für Christlich-Jüdische Zusammenarbeit in Franken e.V.

Gesellschaft für Christlich-Jüdische Zusammenarbeit in Frankfurt/M. e.V.

Gesellschaft für Christlich-Jüdische Zusammenarbeit Gelsenkirchen e.V.

Gesellschaft für Christlich-Jüdische Zusammenarbeit Gießen-Wetzlar e.V.

Gesellschaft für Christlich-Jüdische Zusammenarbeit in Görlitz e.V.

Gesellschaft für Christlich-Jüdische Zusammenarbeit Hagen und Umgebung e.V.

Gesellschaft für Christlich-Jüdische Zusammenarbeit in Lippe e.V.

Gesellschaft für Christlich-Jüdische Zusammenarbeit in Lübeck e.V.

Gesellschaft für Christlich-Jüdische Zusammenarbeit Marburg e.V.

Gesellschaft für Christlich-Jüdische Zusammenarbeit Moers e.V.

Gesellschaft für Christlich-Jüdische Zusammenarbeit
Münster e.V.

Gesellschaft für Christlich-Jüdische Zusammenarbeit
Niedersachsen-Ost e.V., Königslutter

Gesellschaft für Christlich-Jüdische Zusammenarbeit
Offenbach e.V.

Gesellschaft für Christlich-Jüdische Zusammenarbeit
Paderborn e.V.

Gesellschaft für Christlich-Jüdische Zusammenarbeit
Stuttgart e.V.

Gesellschaft für Christlich-Jüdische Zusammenarbeit
Wetterau e.V.

Lina und Hans-Gerhard Gödeken,
Ökumenische Arbeitsgruppe Synagogenweg Norden

Reinhard Goebel	Mainz
Goethe-Schule	Bochum
Siegfried Graumann, Diakon	Braunschweig
Ernst Martin Greiling	Lüdenscheid
Ela Griepenkerl, Pastorin	Lüneburg
Margit Grundmann	Bochum
Friedrich und Rosemarie Haar	Dortmund
Walter Haas, Vorsitzender DGB Bezirk NRW	Düsseldorf
Hannelore Häken	Dortmund
Wilfried Hagemann, Dr.	Münster
Udo Halama, Pfarrer, Ausschuß Christen und Juden der EKvW	Bielefeld

Arno S. Hamburger, 1. Vorsitzender der
Israelitischen Kultusgemeinde Nürnberg

Jürgen Hansen	Bochum

Wolfgang Harnisch, Dr., Philipps-Universität Marburg

Judith Hart, Jüdische Allgemeine	Berlin
Inge Hartwig	Witten
Dorothea Hausdorf	Dortmund
Reinhard Hausen	Erwitte
Ursula Heeger	Witten

Walter Hempelmann, Superintendent des Evangelischen Kirchenkreises Halle

Ines Henn, 1. Vorsitzende der Buber-Rosenzweig-Stiftung, Vorstand des Freundeskreises Yad Vashem in Deutschland — Wiesbaden

Albert Henz, Superintendent des Evangelischen Kirchenkreises Iserlohn

Karsten Gottfried Herbers, Pfarrer	Herne
Anna-Maria Hetebrij	Bochum
Evelyn Hillnhütter	Bochum
Johanna Hirsch	Herford

Günther Högl, Dr., Direktor des Stadtarchivs Dortmund

Fritz Hofmann, Dr., Regierungsschuldirektor i.R. Dortmund

Ingrid Homann, Pastorin — Lübeck

Ernst-Ulrich Huster, Dr., Rektor der Evangelischen Fachhochschule Rheinland-Westfalen-Lippe — Bochum

Institut für Evangelische Theologie an der Universität Paderborn

Andor Izsák — Hannover

Traugott Jähnichen, Dr., Ruhr-Universität Bochum

Herbert Jochum, Dr., Christlich-Jüdische Arbeitsgemeinschaft des Saarlandes — Illingen

Jüdische Gemeinde Bochum-Herne-Hattingen

Jüdische Gemeinde Gelsenkirchen

Jüdische Gemeinde Gießen

Jüdische Gemeinde Göttingen

Jüdische Gemeinde Groß Dortmund

Jüdische Gemeinde Hagen

Jüdische Gemeinde Hameln

Jüdische Gemeinde Herford-Detmold

Jüdische Gemeinde Münster

Jüdische Gemeinde Paderborn

Jüdische Kultusgemeinde Bielefeld

Jüdische Kultusgemeinde Minden und Umgebung

Jüdische Liberale Gemeinde Köln

Jüdisches Museum Berlin

Harald Jüttner, 1. Vorsitzender der
Jüdischen Gemeinde Göttingen

Christoph und Friederike Kändler	Herford
Ferdinand Kamp	Bochum

Roman Kanarek, 1. Vorsitzender der
Jüdischen Gemeinde Hagen

Lieselotte Keienburg	Iserlohn
Günther Keine, Pfarrer i.R.	Dortmund
Erika Keller	Bochum
Manfred Keller, Dr.	Bochum
Walter Kellermann, Dr., und Frau Marcelle	London

Rainer Kessler, Dr., Philipps-Universität Marburg

Horst Artur Keßeler, Gesellschaft für
Christlich-Jüdische Zusammenarbeit Mönchengladbach

Kirchliche Hochschule Bethel	Bielefeld
Anke Klapsing-Reich	Dorsten

Matthias Klose-Henrichs, Pfarrer	Dortmund
Carl-Peter Klusmann, Pfarrer i.R.	Dortmund
Gerda E.H. Koch	Recklinghausen
Manfred Kock, Präses	Düsseldorf
Johann-Friedrich Konrad, Dr.	Dortmund
Marlies Kornberger	Bochum

Dietrich Korsch, Dr., Philipps-Universität Marburg

Bettina Kratz-Ritter, Dr., Gesellschaft für
Christlich-Jüdische Zusammenarbeit Göttingen

Antje Kraus, Dr.	Bochum

Rolf Krebs, Superintendent des
Evangelischen Kirchenkreises Steinfurt-Coesfeld-Borken

Bruno Kresing, Generalvikar, Apostolischer Protonotar
Erzbistum Paderborn

Susanne Krieweth	Bochum
Friederun Krohn	Dortmund

Hans-Georg Küppers, Dr.,
Beigeordneter der Stadt Bochum für Kultur,
Bildung und Wissenschaft

Erich-Wolfgang und Gerharda Lage	Bielefeld
Landesverband der Jüdischen Gemeinden von Westfalen	Dortmund
Landesvereinigung der Arbeitgeberverbände Nordrhein-Westfalen, Jochen F. Kirchhoff, Dr.	Düsseldorf

Landschaftsverband Westfalen-Lippe

Gerhard Langemeyer, Dr.,
Oberbürgermeister der Stadt Dortmund

Michael Langer, Dr., Universität Dortmund/Regensburg

Edelgard Lehnhardt	Herne

Gabor Lengyel, ehem. Vorsitzender der Jüdischen Gemeinde Braunschweig, und Frau Aniko	Sehnde
Nathan Peter Levinson, Dr.	Jerusalem
Christel Lewin, Gesellschaft für Christlich-Jüdische Zusammenarbeit Recklinghausen e.V.	
Liberale Jüdische Gemeinde Hannover e.V.	
Gunter Liebig	Bochum
Hans-Martin Linnemann, Präses i.R.	Bielefeld
Dietrich und Ingrid Lipps	Bielefeld
Peter Luthe, Katholisches Forum Bochum	
Hans Maaß, Dr.	Karlsruhe
Magen David Adom Förderkreis Berlin e.V.	Berlin
Klaus Majoress, Superintendent des Evangelischen Kirchenkreises Lüdenscheid-Plettenberg	
Auguste-Dorothee Mankel, Dr.	Bochum
Martin Maschke	Steinhagen
Karl-Heinz Menzel	Bochum
Edda Mertins, Evangelische Vorsitzende und Sprecherin der Gesellschaft für Christlich-Jüdische Zusammenarbeit Osnabrück	
Albert Meyer	Berlin
Sibylle Meyer-Rabingen	Melle
Dan Moses, Israel Discount Bank	Berlin
Detlef Mucks-Büker, Superintendent des Evangelischen Kirchenkreises Gladbeck-Bottrop-Dorsten	
Andreas Nachama, Rabbiner Dr.	Berlin
Nes Ammim, Verein zur Förderung einer christlichen Siedlung in Israel e.V.	Düsseldorf
Wolfgang Nethöfel, Dr., Philipps-Universität Marburg	

Norbert Neu, Dechant	Dortmund
Erhard Nierhaus, Superintendent, Beauftragter der EKvW für den christlich-jüdischen Dialog	Hamm
Gerrit Noltensmeier, Landessuperintendent der Lippischen Landeskirche	
Wolfgang M. Nossen, Jüdische Landesgemeinde Thüringen	Erfurt
Ökumenische Arbeitsgruppe Synagogenweg Norden	
Wilfried Oertel, Schulreferent Kirchenkreis Arnsberg	
Amnon Orbach, Jüdische Gemeinde Marburg	
Adelgund und Claus Pasdika	Bochum
Margarethe und Wolfgang Petri	Herford
Klaus Philipps, Superintendent des Evangelischen Kirchenkreises Dortmund-Süd	
Sabine Naomi Pistor	Marburg
Abi Pitum, Dr.	München
Doris Prüß-Böhmer	Hamm
Christine Purschwitz	Bochum
Sibylle Quack, Dr., Geschäftsführerin der Stiftung „Denkmal für die ermordeten Juden Europas"	Berlin
Johannes Rau, Dr. h.c., Bundespräsident	Berlin
Wolfgang Raupach-Rudnick, Pastor, Beauftragter für Kirche und Judentum der Evangelisch-Lutherischen Landeskirche Hannovers	
Eleonore Rittmann, Gesellschaft für Christlich-Jüdische Begegnung Oberschwaben e.V.	
Ute Rode	Bochum
Dieter Rogalla, Dr.	Sprockhövel
Heike Rosenthal, Dr.	Bochum
Sigrid Rüdiger	Bochum

Thomas Ruster, Dr., Universität Dortmund

Alfred Salomon — Bochum

Salomon Ludwig Steinheim-Institut für deutsch-jüdische Geschichte an der Gerhard Mercator-Universität Duisburg

Christa Schäfer-Lichtenberger, Dr., Kirchliche Hochschule Bethel — Bielefeld

Elisabeth Schäffer, Superintendentin des Evangelischen Kirchenkreises Minden

Berndt Schaller, Dr., Evangelischer Präsident des Deutschen KoordinierungsRates der Gesellschaften für Christlich-Jüdische Zusammenarbeit — Göttingen

Wolfgang Scheel, Dr. — Hannover

Michael Scheimann, Vorstandsvorsitzender der Jüdischen Kultusgemeinde Kreis Recklinghausen

Anita Schieck — Rheine

Barbara Schlag, Bürgermeisterin der Stadt Norden

Herbert Schmalstieg, Dr. h.c., Oberbürgermeister der Landeshauptstadt Hannover

Ilona Schmidt — Dortmund

Ruth Ursula Schmidt — Dortmund

Hans Werner Schneider, Superintendent des Evangelischen Kirchenkreises Tecklenburg

Hubert Schneider, Dr., Erinnern für die Zukunft e.V. — Bochum

Julius H. Schoeps, Moses Mendelssohn Zentrum — Potsdam

Ulrike Schrader, Dr., Begegnungsstätte Alte Synagoge Wuppertal

Marianne Schulte zu Sodingen — Witten

Eva Schulz-Jander, Dr., Katholische Präsidentin des Deutschen KoordinierungsRates der Gesellschaften für Christlich-Jüdische Zusammenarbeit — Kassel

Sara-Ruth Schumann, 1. Vorsitzende der
Jüdischen Gemeinde zu Oldenburg

Jürgen Schwark, Dr., Gesellschaft für
Christlich-Jüdische Zusammenarbeit Recklinghausen e.V.

Katharina Seidler, 1. Vorsitzende des Landesverbandes der
Israelitischen Kultusgemeinden von Niedersachsen e.V.

Renate Siebrasse   Bochum

Heidi Sieg   Bochum

Hermann Simon, Direktor der Stiftung
„Neue Synagoge Berlin – Centrum Judaicum"   Berlin

Rudolf W. Sirsch, Generalsekretär des
Deutschen KoordinierungsRates   Bad Nauheim

Fred Sobiech, Superintendent   Bochum

Klaus Sombrowsky, Pfarrer   Hattingen

Manfred Sorg, Präses   Bielefeld

Elisabeth Spaleck   Bochum

Paul Spiegel, Präsident des Zentralrats der
Juden in Deutschland   Berlin

Ursula Spuler-Stegemann, Dr.   Marburg

Paul-Gerhard Stamm, Superintendent des
Evangelischen Kirchenkreises Dortmund-Mitte-Nordost

Angela Standhartinger, Dr., Philipps-Universität Marburg

Franz-Josef Stevens, Leiter des Amtes für Kultur
und Weiterbildung der Stadt Dorsten

Martin Stöhr, Dr.   Bad Vilbel

H.-Ruth Strupp, Vorsitzende der Gesellschaft
für Christlich-Jüdische Zusammenarbeit Fulda e.V.

Ernst-Otto Stüber, Oberbürgermeister der Stadt Bochum

Jörg Stüdemann, Stadtrat   Dortmund

Synagoge Hüttenweg, Jüdische Gemeinde zu Berlin

Anne Tanzeglock	Bochum
Franz und Marianne Tölle	Dortmund
Anne Uehren	Bochum
Union progressiver Juden in Deutschland e.V.	Berlin
Verband der Metall- und Elektro-Industrie NRW e.V., Michael Jäger, Präsident	Düsseldorf
Eleonore Verbeck	Neuenhaus
Volkshochschule Dortmund	Dortmund
Birgit Vollmar	Wetter
Johannes Volker Wagner, Dr., Stadtarchiv Bochum	
Gotthilf Wahl	Münster
Klaus Wengst	Bochum
Dieter Wentzek, Superintendent des Evangelischen Kirchenkreises Hagen	
Wolfgang Werbeck, Superintendent i.R.	Bochum
Westfälische Wilhelms-Universität Münster, Evangelisch-Theologische Fakultät	
Westfälische Wilhelms-Universität Münster, Katholisch-Theologische Fakultät	
Gregor J. und Ingrid Wettberg	Garbsen
Alfons Wiegel, Pfarrer	Dortmund
Christian Wiese, Dr., Universität Erfurt	
Wilhelm Winkelmann, Superintendent i.R.	Siegen
Heinrich Winter, Pfarrer Dr., Gesellschaft für Christlich-Jüdische Zusammenarbeit Minden e.V.	
Sigrid Wirtz	Bochum
Hermann Zabel	Hagen
Henry und Maya Zehden	Berlin